管理与沟通智慧

陈清清　虞华君　**主　编**

金大伟　李登峰　**副主编**

U0331270

上海交通大學出版社
SHANGHAI JIAO TONG UNIVERSITY PRESS

图书在版编目(CIP)数据

管理与沟通智慧/ 陈清清,虞华君主编. —上海:
上海交通大学出版社,2023.1 (2023.9重印)
ISBN 978 - 7 - 313 - 27466 - 3

Ⅰ.①管… Ⅱ.①陈… ②虞… Ⅲ.①企业管理—组
织管理学 Ⅳ.①F272.9

中国版本图书馆 CIP 数据核字(2022)第 223421 号

管理与沟通智慧

GUANLI YU GOUTONG ZHIHUI

主　　编:陈清清　虞华君
出版发行:上海交通大学出版社　　　　　　　　地　　址:上海市番禺路 951 号
邮政编码:200030　　　　　　　　　　　　　　电　　话:021 - 64071208
印　　制:上海文浩包装科技有限公司　　　　　经　　销:全国新华书店
开　　本:787 mm×1092 mm　1/16　　　　　　印　　张:13.5
字　　数:255 千字
版　　次:2023 年 1 月第 1 版　　　　　　　　　印　　次:2023 年 9 月第 4 次印刷
书　　号:ISBN 978 - 7 - 313 - 27466 - 3
定　　价:68.00 元

丛书编委会

前　言 | Foreword

　　管理与沟通是现代企业发展与员工个人成长的重要手段。管理是明确方向、提升效能、达成目标的专业技能,沟通是衔接认知、达成共识、形成合力的重要桥梁。

　　管理与沟通对现代企业有着非常重要的价值与意义。首先,有助于形成更加统一的企业经营理念。通过管理与沟通,企业将有更加一致的工作目标,形成更加明确的经营理念,在开展各项经营管理活动时保持一致的行动力。其次,管理与沟通有助于促使企业更加高效地运转。现代企业立足有效管理与沟通模式,推进企业深化细化各项管理环节与举措,不断完善和优化工作计划,润滑各个管理环节和职能部门间的配合,持续提升企业的运转效率。再次,管理与沟通有助于形成更优良的企业文化。企业管理与沟通的方式方法也是企业文化的重要组成部分,持续改进管理与沟通的方式方法,有助于不断完善和优化企业行为模式和制度体系,进而形成更加优秀的企业文化。最后,管理与沟通有助于持续增强企业危机应对能力。现代企业面临危机的情形更为常态化,出现危机的次数也变得更加频繁,破坏性也变得更加严重。如何有效化解企业内部员工关系、外部经营环境、产品品牌威胁等多重危机,成为现代企业必须面对和应对的重要事项,立足管理与沟通的基本理念,有助于进一步化解企业面临的各项危机与挑战。

　　管理与沟通对员工的个人事业发展也有着极其重要的影响。一方面,积极有效的管理沟通行为有助于提升员工个人工作业绩。员工可以通过持续改善自身管理与沟通能力,不断提升个人发现问题、处理问题和解决问题的能力与水平,进一步提升个人工作绩效,为公司赢得更多的发展机会,也为个人获取更多的成长空间。另一方面,良好的管理沟通能力有助于员工之间、上下级之间、部门之间,甚至客户之间保持良好的沟通氛围,使各自的想法与思考能进行充分有效的沟通,并形成相互了解、认知与理解的局面,营造良好的人际氛围。

　　本书通过对管理与沟通相关知识的剖析与解读,使读者深化对管理与沟通的认识;同时,每一章节引入中国传统文化或管理学理论的经典语录,将有助于读者深刻领会管理与沟通的知识精髓,在学习和掌握相关知识的同时,也体会前人在管理与沟通方面的智慧。本书主要从八个方面对管理与沟通的相关理论进行阐释,具体涉及管理与沟通的基本理论、沟通技巧与自我沟通、文化培育与沟通、员工激励、组织管理与沟通、战略决策与管理、形象管理与礼仪,以及危机冲突中的沟通等相关知识。

管理与沟通不仅能促进企业组织的良性发展,也是个人成长的必备技能。读者通过对本书相关知识的学习,掌握管理与沟通的基本理论知识,领悟内在原理,并结合相关案例解析及实践探索的领悟,将有助于提升个人在组织内部与外部、上级与下级之间的沟通管理及协调能力,也将更深层次地领悟管理与沟通的智慧,从而最终实现自身综合素养的持续提升。

编　者

2022 年 10 月

目 录 | Contents

第一章　管理沟通概述 ··· 001

第一节　沟通概述 ·· 001

第二节　管理沟通概述 ·· 004

第三节　管理沟通理论 ·· 008

第四节　管理沟通的策略 ·· 011

第二章　沟通技巧与自我沟通 ·· 018

第一节　倾听 ·· 018

第二节　非语言沟通 ·· 023

第三节　演讲 ·· 030

第四节　自我沟通 ·· 035

第三章　文化培育与沟通 ·· 043

第一节　企业文化概述 ·· 043

第二节　企业沟通概述 ·· 049

第三节　企业文化建设 ·· 056

第四节　企业沟通管理 ·· 064

第五节　"文化沟通"新思维 ·· 072

第四章　员工激励 ·· 081

第一节　员工激励概述 ·· 081

第二节　员工激励理论 ·· 088

第三节　员工激励措施 ·· 096

第四节　员工激励长效机制建设 ·· 101

第五节　员工激励保障机制建设 ·· 107

第五章　组织管理与沟通 ························· 114

第一节　组织沟通概述 ························· 114

第二节　纵向沟通 ······························· 118

第三节　横向沟通 ······························· 124

第四节　团队沟通 ······························· 126

第五节　组织外部沟通 ························· 130

第六章　战略决策与管理 ························· 133

第一节　战略决策 ······························· 133

第二节　管理决策 ······························· 137

第三节　决策选择 ······························· 142

第四节　决策转化 ······························· 148

第五节　决策改进 ······························· 152

第七章　形象管理与礼仪 ························· 157

第一节　仪容礼仪 ······························· 157

第二节　服饰礼仪 ······························· 163

第三节　仪态礼仪 ······························· 169

第八章　危机冲突中的沟通 ····················· 185

第一节　危机管理与沟通 ····················· 185

第二节　冲突管理与沟通 ····················· 190

第三节　谈判 ··································· 194

参考文献 ··· 204

后记 ··· 207

第一章
管理沟通概述

爱人者，人恒爱之；敬人者，人恒敬之。

——孟子

第一节　沟　通　概　述

一、沟通的定义

沟通是我们社会生活中非常常见的现象。所谓沟通，就是将信息、思想和情感，用语言或者非语言的符号作为载体，从信息发出者传递给信息接收者的过程。该过程是双向的互动过程，目的是促成相互的理解以达成共同的目标。所以，沟通在拉丁文当中就有"共同化"的意思。

从沟通的概念，我们可以知道，日常生活中有些行为看似是沟通，其实并非真正意义上的沟通。比如我告诉了你某个信息，看起来是完成了沟通，但这并非真正意义上的沟通，因为信息的传递是单向的而不是双向的。此外，因为非语言也可以传递信息，所以虽然对方默不作声，好像是没有沟通，但是通过观察其表情与肢体动作，我们仍然可以了解到对方传递出来的情感或者观点，这也意味着完成了沟通。

二、沟通的模型

沟通是一个双向互动的过程，可以理解为一个循环往复的闭环，闭环当中有信息源、编码、渠道、信息接收者、解码、反馈六个主要环节。如图1-1所示。

信息源就是信息发出者。在信息正式发出

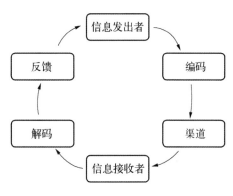

图1-1　沟通模式图

之前,应当先进行思考,"三思而后言",因为信息一旦发出,就会产生影响。信息源是沟通闭环的起点。

编码就是选择何种方式表达信息,可以用语言,也可以用非语言,文字、图形、声音都可以。不过,无论何种方式的选择,都会影响到沟通的效果,所以应当根据沟通的实际需要,进行合适的编码。

渠道就是编码完成之后信息传递的载体。当今社会的网络化程度越来越高,渠道的表现形式也是多种多样,既可以选择面对面的直接交流,也可以选择微信、钉钉等间接交流的渠道。可以根据时间、空间的实际情况,选择合适的渠道。

信息接收者即接收信息的一方,随着接收方式的不同,沟通的效果也有所差异。一般而言,接收方式主要是指人类获取信息的感官功能,比如听觉、视觉、触觉、嗅觉等。

解码就是信息接收者理解信息的过程。通常情况下,信息接收者很难100%理解所接收的信息。这是因为在解码的过程当中,会受到很多因素的影响,比如信息接收者的文化背景、价值取向、宗教信仰等等。所以沟通的双方应尽量使用同一种语言,同时抱有坦诚的交流态度,这是提高解码效率的基础。

反馈是沟通闭环的终点。在该环节,信息接收者将自己所理解的信息表达出来,信息发送者可以依此判断沟通的效果,该环节也体现了沟通双向互动的特点。反馈既可以是信息发出者的主动要求,也可以是信息接收者积极配合而给出的反馈。没有反馈,就不是真正的沟通。

上述六个环节在沟通模型中必不可少。需要注意的是,在这个过程中,充满各种各样的干扰因素,这将导致编码和解码过程中,信息会失真,比如沟通双方的性格差异,或者价值观的不同,又或者某一方健康状态欠佳等等,因此要特别注意这些干扰因素对于沟通效果的影响,尽可能避免或者减弱干扰,以达到最佳的沟通目的。

1990年1月25日19:40,Avianca航空公司52航班在南新泽西海岸上空11 277米的高空巡航。机上的油量可以维持近两个小时的航程。在正常情况下,飞机降落在纽约肯尼迪机场仅需半个小时的时间,所以机上的油量可以保证飞机安全降落。然而,此后发生了一系列事件导致飞机无法准时降落。首先,20:00,肯尼迪机场管理人员通知52航班的机组人员,由于严重的交通问题,他们必须在机场上空盘旋待命。20:45,52航班的副驾驶员向肯尼迪机场报告说他们的"燃料快用完了"。当飞机被延误时,一般情况下每架飞机都存在燃料问题。此时飞行员经常使用的话是"燃料不足""燃料快用完了"。地面管理员收到了这一信息,但在21:24之前,仍没有批准飞机降落。在此期间,52航班机组成员再也没有向肯尼迪机场传递任何有关情况十分危急的信息,但飞机座舱中的机组成员却相互紧张地通知,他们的燃料供给出现了危机。

21:24,52航班第一次试降失败。由于飞行高度太低以及能见度太差,无法保证安全着陆。当肯尼迪机场指示52航班进行第二次试降时,机组成员再次提到他们的燃料将要用尽。此时如果地面管理员知道52航班的危急情况,完全可以为其优先导航,而置所有的规则程序于不顾,以最快的速度引导其降落。但不可思议的是,飞行员却告诉地面管理员新分配的跑道"可行"。21:32,飞机的两个引擎失灵,一分钟后,另外两个也停止了工作,耗尽燃料的飞机终于在21:34坠毁,机上73名乘客和机组人员全部罹难。[①]

三、沟通的方式

在沟通的定义中,我们知道信息发出者对于发出的信息是具有控制权的,而信息接收者可以在接收到信息的基础上进行反馈。因此,从这两个维度,可以将沟通的方式分为四种,即告知、推销、征询、参与。在这四种方式中,信息发出者对于内容的主导程度递减,而信息接收者的反馈程度递增。

如果采用告知方式,比如常见的法律讲解、政策宣传等,意味着信息接收者很难对信息产生改变,是被动地接受,反馈的意愿不强烈,而信息发出者也不想获得听众的积极反馈。

在推销形式中,比如商业推销活动,厂家对于商品的信息具有一定的控制,但是顾客也会针对产品的价格、性能等提出自己的看法,因此信息接收者开始有了一定的参与和互动。

如果选择征询的方式,那么意味着信息发出者意图通过反馈,获取更多的信息,其主动性表现比较明显,因此征询的内容更具有开放性,允许接收信息的一方参与讨论,比如经常用到的问卷调查或者产品咨询会等。

最后就是参与的形式,该形式允许信息接收者畅所欲言,这在头脑风暴中表现得最为明显,因为参与度极高,因此也更具有创新性。在该形式中,信息发出者完全丧失了主导地位,更多的是积极推动信息接收者的参与,从而获取更多有价值的信息。

上述四种沟通方式,并没有好坏对错之分,应当根据沟通的目的和环境采取不同的沟通形式。如果形势紧急比如在战场中,更多采取以告知为主的形式;而在创新型企业当中,由于创意需要群策群力,就应当灵活选择,没有固定的形式。

---

① 张莉,刘宝巍.管理沟通[M].北京:高等教育出版社,2021.

第二节　管理沟通概述

一、管理沟通的定义

如果从字面意义上理解，"管理沟通"因为有"管理"二字，因此是与组织有关的沟通。任何组织都有追求的目标，因此管理沟通也是围绕组织目标而形成的，沟通的内容一般是以知识和信息为主，而信息传递的范围，既包括组织内部，也包括组织外部，因此管理沟通就是围绕组织目标而展开，并且存在于组织内部和组织外部的知识与信息的传递活动。

在管理沟通的过程中，人际沟通是基础。因为无论是组织内部还是组织外部，任何沟通都是人与人之间的沟通；而人作为人际沟通中的基础单位，又存在自我沟通，比如自我认知、自我反省等。组织之间的沟通更为复杂，比如谈判，考验的则是组织沟通能力的整体水平。

二、管理与沟通的关系

管理与沟通的关系非常密切。管理的成功，离不开高效的沟通，而沟通效果的好坏，也依赖有序的管理。下面我们将从管理的四大职能论述两者的关系。如图 1-2 所示。

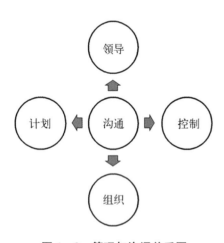

图 1-2　管理与沟通关系图

1. 计划

计划就是设置目标并确定由起始点到达预期目标的最佳路径的过程。依照此定义，要保证此过程的完成，必须先确立明确的目标，之后应当围绕此目标，通过各种方法，比如"头脑风暴"等，获得完成目标的若干预案，再经过科学的评估，从中找出较为合理的预案，然后整合所需的资源以形成科学合理的计划。这些资源包括主管项目的人员，完成项目所需要的资金、设备等。在这些资源中，最为重要的就是员工，也就是人的因素，其他资源的整合，都是围绕人来进行，都是由人来推动。在这个过程中，人与人之间必然会产生交流和沟通，无论是目标的确定，还是方案的讨论，抑或是方案的最终确定，当然也包括各种资源的调配都是如此。除了这个过程中的沟通，还包括思想的统一，这更加需要有效的沟通。只有先"同心"，才可以做到"协力"。"同心"，离不开沟通，"同心"要求所有人都能够认可同一个目标,能够为之努力;而在"协力"的过程中,既涉及上级和下级之间的纵向沟通,也包括平级之间的横向沟通。

2. 组织

组织的目的,就是在制定出目标以及方案之后,"因位设人",根据所需的职位,安排适合的人员,实现"人尽其用"。如果说计划的目的是为了"同心",那么组织则是为了"协力"。"协力"就是协调一致,是良好工作关系的外在呈现,而且这种呈现,则是人与人之间沟通的结果。在组织内部,人员关系的所有变化,都会对整个系统产生连带的影响,因此良好的沟通,对于人与人之间的协调、人与事之间的协调,都会产生积极的影响。

3. 领导

领导,其实就是"正己化人"的过程,"正己"包括领导者自身能力、品格的提升,"化人"则是对员工施加正面的影响,从而激励员工,获得员工的支持,所谓"得民心者得天下"。反之,一个领导者,即使其本人才华出众,但如果不懂得如何沟通,只会处处显示自己的"官威",意图以权威来服众,那么也将难以如愿。在现代管理研究中,卓越的领导者更善于沟通,通过沟通展现自己的人格魅力,以完成组织的目标。

在个人的经验中,最具有良好人际关系的人士,我可以列举三个人:一位是第二次世界大战时美国的陆军参谋长马歇尔将军,一位是曾任通用汽车公司总裁长达30余年的斯隆先生,还有一位是斯隆先生的高级主管之一杜瑞斯特。其中杜瑞斯特曾在美国经济萧条时期,替通用公司成功地开发了凯迪拉克牌汽车。此人不幸在第二次世界大战结束后不久去世,要不然很可能出任通用公司总裁。

这三位先生个性各不相同。马歇尔是职业军人,严肃忠诚,但不乏热情;斯隆生就一副"领导"模样,拘谨得体,有令人凛然不可侵犯之感;而杜瑞斯特则是一位具有德国"老海德堡"工匠气质的人,温暖而热情。但这三人有一项共同点:他们都能极大地激发员工的工作热情,令人乐于亲近。他们三人待人的方式虽各有不同,但都把人际关系建立在"贡献"的基础上。他们能与人密切合作,凡事都设身处地替别人着想。当然,他们也要面临许多严峻的人事决策,但是从来没有受到所谓人际关系的困扰。他们所做的人事决策,人人都视为理所当然。①

4. 控制

控制的基本职能,就是对完成目标过程中的错误,进行预防、查找和改正。因为

---

① 德鲁克.卓有成效的管理者[M].北京:机械工业出版社,2020.

在任务执行的过程中，员工可能会犯错误。我们知道，由于组织较强的系统性，一个错误可能引发一系列的错误，所以及时地发现错误极其重要。而发现错误依赖于正确的、及时的反馈，反馈必然离不开有效的沟通。发现错误以后，及时有效地提出修改意见并传达，以及执行这些纠偏的方案，都依赖于有效的沟通。所以说，离开了沟通，控制的职能几乎无法实现。

三、管理沟通的作用

1. 传递信息

管理沟通首要的作用，就是在组织中传递各种信息，以保证各项工作的顺利进行。著名管理学家彼得·德鲁克提到，管理沟通要解决的一个重要问题就是"受众能感知到沟通的信息内涵"。在组织内部，上下级之间的纵向沟通，如上级下达任务目标，或者下属汇报工作，都必须以信息传递的形式进行；而为了完成同一个目标，不同部门之间需要真诚地合作，即需要部门之间的横向沟通，这不是简单的信息传递，而是所传递的信息要让接收者正确地理解并做出及时的反馈，这个过程离不开管理沟通的原则和技巧。

2. 科学决策

管理沟通，有利于科学决策。任何一个组织，在完成目标的过程当中，虽然有各种预案，但是在实际执行的过程中，仍然无法避免不犯任何错误，毕竟，组织内外不可控的因素很多。为此，需要在此过程当中，不断地变化调整。而决策调整的基础，来源于及时、准确的信息，而这些信息又来源于有效的管理沟通。通过组织内部各个部门人员之间的有效沟通，决策者可以及时掌握影响组织目标完成的诸多因素，再通过积极的沟通，快速地制定出应对之策。

3. 激励士气

管理沟通，有助于激励士气。任何组织中的沟通，都是人与人之间的沟通。在沟通过程中，除了传递信息，人们还会传递当时的情感，而积极具有正能量的情感传递，会起到鼓舞人心的作用。彼得·德鲁克（Peter Drucker）在其名著《管理：使命、责任、实践》中认为，使企业的员工富有活力并使其具有成就感，对于企业而言具有非常重要的作用。《孙子兵法》中强调，要调动士兵的作战积极性，必须要做到"与众相得"，即管理者的目标应当与员工的个人目标相结合。正所谓"上下同欲者胜"，而这对管理者而言，只有通过有效地沟通才能实现。

4. 改善人际关系

管理沟通，有助于改善组织内部的人际关系。在 20 世纪 70 年代，亨利·明茨伯格（Henry Mintzberg）将管理者的角色分为 10 种类型，其中之一就是矛盾处理者。

"有些人习惯用'指导性语言'去教导、指正别人。他们不管自己懂不懂,也不管自己做得好不好,就习惯指导别人该怎么做。虽然,有时'善意的指导'确实对别人有益,但动不动就以这种态度来指正对方,常会引来别人的反感。"组织内部的员工,由于其价值观念、教育背景、文化环境等存在差异,必然在合作的过程中产生分歧。如果这些分歧不能够解决,就会演变为冲突,而冲突会造成紧张的人际关系,不利于组织力量的团结。为了化解冲突,解决分歧,就需要良好的管理沟通,让员工学会换位思考以及其他沟通技巧,彼此之间能够互相信任,团结无间。

四、管理沟通的种类

管理沟通可以从沟通符号、沟通方向、沟通结构三个方面进行分类,分别是语言和非语言沟通、上下行沟通以及正式和非正式沟通。

任何沟通都需要借助符号,而管理沟通中最为常见的就是语言符号和非语言符号,前者的使用更为明显和普遍,包括书面沟通和口头沟通,二者既有优点也有缺点,所以也有各自的适用范围。书面沟通的优点就是因为记录在案,所以随时可以进行检查核实。"清晰地记录文档帮助团队保持参与和专注,由于你有责任确保参与者在会议结束之前同意会议记录文档的内容,因此让参与者看到你所记录的内容非常重要。"①但是其缺点就是太耗时,而且书面沟通中难以进行快速有效地反馈。因此书面沟通更加适合长期而且复杂多变的沟通,需要以书面的形式存储重要的信息,比较常见的就是备忘录以及电子邮件等形式。口头沟通的优点就是快速传递和快速反馈,这在组织的面谈或电话会议中经常遇到,不过也正因为其"快"的特点,容易导致信息在快速传播的过程中发生扭曲和失真。

信息传递是从信息发出者到信息接收者,不过在组织中,因为存在结构和层级,所以信息的发出方和接收方,可能来自不同的层级,传递的方向也有上下左右之分。如果信息是从下往上传播,就为上行沟通,比如下属对上司的工作汇报。上行沟通的主要目的是提出观点和陈述真实情况,因此不应当压制该上行沟通,否则上层将因为没有掌握真实的数据,而导致决策失误。如果信息从上往下传递,就是下行沟通,通常下行沟通比上行沟通更加有效率。如果信息是同一等级的部门之间传递,就是平行沟通。该沟通方式由于受限于部门利益,沟通效果欠佳,需要相互尊重和坦诚相待,将组织目标放在第一位,否则会内耗加剧,终将导致组织利益受损。

信息在组织中流动,如果遵循一定的程序,就是正式沟通。其优点是沟通的内容比较准确,而且因为组织内部层级明确,信息接收者也很明确,但是因为组织结构的

---

① 威尔金森.引导的秘诀[M].北京:电子工业出版社,2021.

存在,会导致信息传递速度变慢,而且层级越多,信息的失真率也越高,常见的就是文件传达和汇报制度。

第三节　管理沟通理论

在人类的历史长河中,组织的历史同样非常悠久。既然有组织存在,那么组织中的沟通同样存在。关于如何管理组织,古今中外,皆有论述,但是组织管理中关于沟通的理论,则是工业革命后才开始出现的,并在此基础上不断发展和创新。管理者了解管理沟通相关理论的渊源,会更加深刻理解当下社会中涌现的各种管理沟通的理论,将理论用于实践中,自然更加得心应手,正是"行解相应"。

一、科学管理学派

任何理论都有其产生的背景。科学管理理论包括其他管理沟通的理论,都是从工业革命开始的,这是因为机械化生产,不仅导致了劳动分工,而且产生了管理者与被管理者,即上级和下属的关系,而且这种关系随着劳动分工的细密化,呈现出越来越复杂的趋势。对于管理者而言,如何适应这种趋势,并处理好其中的关系,成为一件关乎组织生存发展的重要大事。为此,不同的管理沟通的理论应运而生。

科学管理理论是在工业革命早期出现的。该理论特别重视对于工作细节的管理,同时也非常强调下级对上级的服从,认为只有这样,才可以提高工作生产的效率。

弗雷德里克·泰勒(Frederick Taylor)为该理论做出了重要的贡献,被称为"科学管理之父"。泰勒当时工作于美国费城的一家钢铁公司,在该公司担任管理岗位。在工作期间,他认真观察了每一个车间员工的工作细节,对工序中的不同环节都进行了测量,并对其进行改良。泰勒通过培训,让员工掌握了修改后的工作流程,切实提高了生产效率。泰勒相信通过这些科学的方法,可以将员工变成科学公式里的一个组成部分。

在泰勒研究的基础上,其他的学者进行了进一步研究,比较著名的就是弗兰克·吉尔布雷斯(Frank Gilbreth)。他曾经通过科学的计算,对砖瓦匠砌砖的动作数量进行了优化。原来砖瓦匠在砌外墙砖的时候,总共有 18 个动作,经过吉尔布雷斯的科学管理,减少到了 4.5 个;而对于室内的砌砖工作,吉尔布雷斯将其从 18 个减少到了 2 个。此外,吉尔布雷斯还发明了一种精密计时器,用以观察记录工作的时间。

科学管理理论的影响至今存在。比如我们所熟悉的麦当劳,其创始人雷·克拉克(Ray Kroc)所创立的管理体系,其背后显示出较为明显的科学管理的特征,比如强调纪律和规章制度,而且严格的标准化也使其推广更加迅速,也更有利于品牌形象的建立。

科学管理理论在创立之初,其对生产效率的提高,确实有目共睹,但是该理论存在一个非常严重的缺陷,即把员工当作没有感情的机器,认为员工只会接受命令工作。这种观点的弊端是大大扼杀了员工的积极性和创造性。员工缺乏积极主动的工作态度,对于管理者而言,就很难接收到来自工作第一线的及时反馈,不能快速地处理工作中的问题,极有可能导致危机发生;而员工缺乏了创造性,如果市场环境竞争激烈,那么组织难以长久地生存,更无法实现长足发展。

二、行政管理学派

行政管理学派几乎与科学管理学派同时出现,都是工业革命大生产历史环境的产物,不过二者的关注点不同。如前所述,科学管理理论聚焦于如何提高工人的工作效率,而行政管理理论则更加重视管理者所面临的诸多问题,比如管理的层级、权威的建立等。

行政管理学派的代表人物是亨利·法约尔(Henri Fayol)。法约尔经过研究,总结概括出 6 条管理沟通的原则。

1. 劳动分工原则

根据确定的组织目标,分割成若干个小目标,将每个小目标分配给能够胜任的员工。

2. 权力原则

管理者管理职能的实施,必须以被赋予权力为前提,而管理者个人权威的提升,除了权力之外,还应当通过展现自身的道德自律以及过人的技能水平等来实现。

3. 纪律原则

组织内的员工应当自觉遵守相关的规章制度,服从管理者的领导。

4. 统一指挥原则

在组织层级中的每一个人,都只能接受一个上级的命令。

5. 利益原则

个人利益服从集体利益。集体利益大于个人利益。

6. 等级链原则

组织从上到下存在一个管理链条,信息必须在该链条中传递。

法约尔在提出以上 6 条管理沟通的原则以后,发现其中存在一个问题,即上下等级的存在虽然有利于提高管理的效率,但是在信息传递的过程中,有时却会降低沟通的效率,特别是不同部门之间的员工进行沟通,往往需要将信息从下往上传递到某一管理者,再经该管理者将信息从上往下传递给另外一个员工。为解决该问题,法约尔在等级链的基础上,又提出了跳板理论(gangplank theory),即两个从属于不同管理者的员工可以被授权进行直接的沟通,而不需要经过层层汇报和审批,这大大提高了组织内部信息传递的速度。

三、人际关系学派

在 20 世纪 20—30 年代,哈佛大学的埃尔顿·梅奥(Elton Mayo)与其他一些教授进行了一系列实验,该实验因为是在伊利诺伊州的霍桑工厂进行的,所以被称为霍桑实验(Hawthorne Studies)。

在霍桑工厂中,管理者奉行的是科学管理的理论,所以管理者和工人之间并没有多少交流和沟通,严格的工厂制度和严密的工序设定,被认为是保证和提高生产效率的法宝。

在霍桑实验中,研究人员一开始的预设是通过改善工厂内的照明环境来提高工人的生产效率。但是在实验过程中,他们发现无论是改善照明还是不改善照明,工人的生产效率都在提高,甚至将照明条件变差,工人的工作效率仍有提高,工人会一直工作到因光线太过昏暗而无法工作为止。

研究人员所观察到的结果无法用科学管理的理论进行解释。后来经过分析和总结,他们认为在进行实验的过程中,研究人员为了进行实验的设计,曾经多次与工人进行面谈并咨询他们的意见,而正是这样的人际沟通,使得员工的社会需要与组织的管理决策能够统一。因此在该实验结束以后,埃尔顿·梅奥特别提出,作为组织的管理者应该加强与员工的沟通,倾听他们的想法。人际关系学给我们提供了另外一个角度,去思考组织中的沟通问题,让管理者有了更多的选择。

四、权变学派

"变则通,通则久",世界上的万事万物都在不断地变化,没有任何一个方法可以解决所有的问题,只有与时俱进才是最好的选择。权变学派的观点也是如此,在不同的情景当中,并没有唯一的最优解,所以管理沟通理论的选择,往往要根据不同的工作情境而加以变化。

20 世纪 50 年代以来,涌现出很多不同的管理理论,很多学者从不同的学科角度对管理者的行为进行了研究,比如麦格雷戈(McGregor)的 X 理论和 Y 理论。其中 X 理论更像是科学管理理论,强调对员工的控制,因为如果不加以严格监督,员工就会消极怠工;而 Y 理论则与之相反,认为员工具有被塑造的可能性,有不断发展的潜力,因此应当给员工创造利于他们成长的环境,从而提升员工工作的积极性、主动性以及创造性。还有现在为人所熟知的马斯洛(Maslow)的需求层次理论,人只有在满足最基本的生存需求之后,才会向着自我实现的目标前进,也就是古人所说的"仓廪实而知礼节,衣食足而知荣辱"。还有赫茨伯格(Herzberg)的激励模型,他总结出员工的两种基本需求,也就是保健因素和激励因素,而要想激励员工,仅仅依靠提高工资待遇和改善工作条件是不够的,更重要的是让员工对工作产生兴趣,更加具有责任感,当员工能从工作中获得成就感的时候,生产率自然就提高了。此外,还有李克特(Likert)的四类管理系统理论,即利用命令式、温和命令式、商议式和参与式。李克特认为开放式的管理模式,可以吸引员工积极参与决策过程,这对生产率的提高具有重要意义。

著名的管理学大师彼得·德鲁克的观点获得了很多人的认同。他认为一个成功的企业不仅仅是一个赚钱的机器,更应该是一个有着相互尊重和信任的人类社区,管理者对员工的信任和尊重特别重要。

行为管理理论的发展,促使了授权运动的出现。授权是与集权相反的一种管理理念,即相信员工并授权给他们,使其能更好更快地完成工作任务。

在上述管理理论呈现多元快速发展的同时,管理沟通的理论也获得了相应的发展,J. L. 奥斯汀(Austen)的语言行为理论(speech act theory)认为,沟通如果要产生效果,必须遵循某些沟通的规则。大卫·贝罗(David Berlo)则提出了一个双向沟通的模型。

关于组织理论,卡尔·维克(Karl Weick)认为组织是一个"生命体",因此有其发展变化不同阶段的特点,应当根据其变化的节奏,采取适当的应对策略,而且组织中的沟通网络也是如此,不可以"刻舟求剑"。

我们可以看到,20 世纪 50 年代以后,出现了关于管理、沟通、组织的众多理论。诸多理论对于管理者而言,在治理组织方面,确实提供了很多的工具和支持,但是"多则惑",如何选择管理以及沟通的理论,如何在某个理论下面选择不同的决策,确实又成为管理者重新要面对的问题。

第四节　管理沟通的策略

一、受众策略

首先我们要了解受众。受众有时候就是一个单独的个体,不过很多时候是一个群体,在这个群体里面,有些人影响力大,有些人影响力小,而这些影响力的大小会左右沟通的效果。比如说我们经常听到的"意见领袖",它虽然是一种非正式的称呼,但是由于在政治、经济或者其他某些领域具有比较大的影响力,特别是在当代社会,更可以借助互联网的力量,快速放大其作用,因此在进行沟通的时候不应该忽视他们的意见,要与他们进行沟通和协商。

而在组织内部,如果受众就是管理层当中的决策者,那么影响结果是决定性的。决策者的意见将会改变沟通当中的各个要素,比如会调整信息的内容,传播的渠道等等。

从受众接收信息的先后顺序来看,有的人先接收到信息,如果他们本身就是直接的受众,那么信息已经完成了传递,进入解码的过程。但是如果接收信息的最初受众并不是与沟通目的有关的直接受众,信息传递还要经历其他环节。那么,信息的最终接受就会出现扭曲和偏差。比如在组织的结构当中,信息会在不同层级中传递,过多的层级将有可能阻止信息的传递或者导致信息内容失真或产生偏差,继而导致直接受众无法获取信息,或者无法及时获取正确的、完整的信息。因此,信息发出者必须要明白,在信息到达直接受众的过程当中,会有哪些受众能够接触到信息并负责传递,从而想办法去保证信息传递的有效性。

在我们了解了受众的分类之后,还应当对受众的需求有所了解。受众需求的内容是多方面的,最为直接的需求就是利益需求。利益需求分为物质方面和精神层面,企业推出的产品和服务是物质方面,要考虑是否满足他们的需求;受众具有什么样的价值观念,追求的精神目标又如何,这些是精神层面。虽然"重赏之下必有勇夫",但是"志同道合"也是达成有效沟通的重要条件。

除了利益需求之外,还有与沟通的主题和内容相关的需求。比如受众对于沟通的主题是否感兴趣?是否了解?如果他们不了解的话,就要提供相关的背景资料。如果沟通信息当中有一些难以理解的专业术语,也要先行对这些术语进行解释。沟通的信息如果是受众比较熟悉的,就不需要提供其他的补充材料;但是如果是受众不熟悉的,那么相关的数据、案例等资料,都要按照受众的需求提供。

此外,不同受众对于沟通渠道以及沟通风格的偏好是不一样的。比如有些人喜欢非正式的沟通,因为正式的沟通会让他感到有压力;而有些人喜欢互动性比较强的沟通,因为这样的沟通可以让他集中精神。有些人喜欢书面沟通,因为书面沟通可以有更多的思考空间;有些人却喜欢口头交流,因为口头交流可以带来更快的反馈。

二、编码和解码策略

在前面的内容当中,我们提到过,在编码和解码的过程当中存在很多的干扰因素。在管理沟通的过程当中,那些干扰因素既存在于个人层面,也存在于组织层面,而避免和减少这些干扰因素,就需要采取相应策略。

从个人层面来说,最影响解码和编码的就是主观的认知偏见。比如有些组织当中,对于领导岗位的选择更加青睐男性,其他诸如对于年龄、学历、地域、家庭等因素的偏见,都会影响对于信息的建构和理解,从而影响沟通的效果。因此,能够自我认知,时常观察自己的想法并进行反思,从多元角度看待人、事、物,才能得出更加客观的结论。

> 有一位中年妇女想离婚,于是来找律师寻求帮助。
>
> 律师问:"你们的婚姻有基础吗?"
>
> "哦,有的,我们大约有一公顷土地。"女人答道。
>
> 这个回答让律师感到有些吃惊,不过他还是继续问道:"你们闹矛盾了吗?"
>
> "没有,不过我们的车坏了,得送去修。"女人这样答道。
>
> "那么你为什么要提出离婚呢?"律师费解地问。
>
> "哦,这是因为他回答问题总是'牛头不对马嘴'。"女人振振有词。
>
> 律师听了恍然大悟……①

在过去的学习生活和工作中,个人通过累积经验而形成对于人、事、物的固定认知,这也属于一种认知偏见,比如心理学上提到的刻板印象即是如此。孔子曾经说过,年老的人要"戒之在得",就是在警告老年人,因为他们的人生经历比较多,经验也比较丰富,因此容易固执己见。但是社会在不断地发生变化,以往的经验也未必能完全应对新发生的状况,不能"刻舟求剑",因此在编码和解码的过程当中要特别注意。

此外,如果个人的可信度较差,失去了听众对他的信任,那么他所传递的信息即使内容是正确的,效果也会大打折扣,沟通成本会大大增加。而提高信任度,又与道德自律以及责任感有极大的关联。特别是组织的管理者,不仅要在工作能力方面充当表率,在道德修养方面也要让人敬佩,如此才可以服众。

对于个人来说,还有一种因素会严重影响到编码和解码,就是个人的情绪。当个人情绪状态起伏不定,不能保持一个平稳的心态,就会削弱甚至丧失理性的判断,会打断沟通,有时甚至会引发激烈的争吵。因此,不良情绪成为管理沟通中的一大障碍。如何控制情绪将在后面第二章中进行介绍。

组织层面的障碍,从编码的角度而言,存在两个问题。一个是难以从海量的信息当中选择合适的信息进行编码,因此,如何"抓大放小",避免"胡子眉毛一把抓",需要有较强的逻辑思维能力。另一个是迫于压力,信息发出者会仓促行动,使得信息的选择出现失误或者信息的编码不具有针对性,没有考虑到受众的接收能力。而从信息解码的角度而言,如果组织中的层级较多,会导致下行沟通中的信息失真,那么即使

---

① 牛津.精准表达[M].苏州:古吴轩出版社,2017.

员工能够接收到这些信息,但由于信息已失真,经过员工的"解码"后,其内容已非原意。此外,如果组织的文化氛围过于压抑,信息的接收者不愿意进行主动反馈,那么一旦发生解码的错误,沟通的双方都难以及时察觉并改正,最后导致理解偏差在执行过程中进一步扩大,最后难以完成组织的目标。

在我们了解了有关编码和解码的干扰因素之后,可以采取一些相应的策略。从之前的讨论中我们可以发现,无论是个人还是组织中的障碍,虽然都会导致所传递的信息和理解的信息之间出现偏差,但是如果能够完成沟通中的最后一个环节,即反馈环节,就可以对沟通的过程不断调整。而反馈这个环节,存在"三非"的特点。第一个就是非自觉。由于种种原因,信息接收者不愿意主动积极地去进行反馈。第二个就是非及时。虽然完成了反馈环节,但是反馈得太晚,在一些竞争激烈的环境,会导致决策失误。第三个就是反馈并非一次性就可以完成。在完成组织目标的过程中,很多时候都是边做边调整,"摸着石头过河",所以不应该寄希望于一次反馈就解决所有的问题,而应该秉持实事求是的态度,随时发现问题,随时反馈。

三、渠道策略

不同的渠道,具有各自的优点和缺点,所以要根据不同的沟通目的,选择合适的渠道。

一般而言,我们最常用到的就是书面沟通或口头沟通。如果沟通的信息量非常庞大,细节也很多,就适合采取书面沟通的策略,因为可以进行记录和保存,方便以后查阅。如果沟通的目的只是为了获得及时的反馈,那么口头沟通是比较好的选择,而且在口头沟通的过程当中,双方都可以体会到对方的语气、语调,甚至是情感,所以沟通的感觉比较立体。

还有两种非常普遍的沟通渠道就是正式沟通或非正式沟通。之所以采取正式沟通的渠道,是因为所要沟通的内容,所要传递的信息,对于沟通双方而言是比较重要的。比如组织当中薪资政策的制定与执行,最好采用正式沟通的渠道。正式沟通对于场地与设备的要求也比较高,所以技术性也比较强。正式沟通的内容都比较严谨,比如重要的制度、政策、法律等,都具有比较强的逻辑性。如果沟通的目的是为了产生新的观点,提出新的想法,可以考虑非正式沟通,因为非正式沟通交互性更强,开放性也更高。

如果沟通的信息比较机密,可以采用个体沟通的渠道,这也是组织中个人关系拓展的主要方式。与之相对的就是群体沟通渠道。因为组织目标需要大家共同努力来完成,团队的协作必不可少,所以如果沟通的目的是为了动员和协调各部门的工作,那么选择群体沟通渠道则是非常必要的。

四、信息策略

德国学者尤·弗莱克在其人际沟通四维度的理论当中,将沟通的信息从四个维度进行分析,分别是信息的内容、行动、情感和关系。

在沟通的定义当中,我们曾经提到过,沟通所要传递的信息不仅是知识、观点,还包括情感。而信息的内容背后又隐藏着沟通双方的某种关系,比如上司和下属的关系。四个维度当中的行动,有时候在信息的内容当中是直接表明的,但是很多时候则是隐含的,表明了信息发出者期望信息接收者在接收到信息并进行解码之后,能够采取相应的行动。

举一个简单的例子。

学生说:"老师,昨天您布置的作业,我今天忘记带了。"

我们可以利用四维度理论对这句话的信息进行分析。首先信息中所要表达的内容就是昨天的作业今天没有带来,而内在的情感是害怕和后悔,关系则是老师和学生的关系,期望的行动是学生希望老师能够原谅并再给一次机会。

该理论当中除了内容的维度是相对显性的,其他三个维度则是相对隐性的,需要信息接收者认真倾听,并通过其他非语言的信号去获取额外信息。

当利用四维度当中最为重要的内容维度,特别是需要借用语言符号进行表述的时候,应当先厘清信息的逻辑结构。因为仅仅是信息的大量堆砌,会让受众很难理解,而且也缺乏说服力。因此信息的内容应当具有结构性,即各个论点之间,应具有某逻辑关系,比如递进、并列或者总分,并且要有事实作为论据支撑,如重要的统计数据,以及权威人士的观点等。此外,如果能够利用共同的文化背景,在相同的知识框架和价值体系内去传达信息,会大大提高沟通的有效性。

五、挑战

在当今社会进行管理沟通的过程中,虽然沟通的原理仍然在发挥作用,但是沟通双方所处的情境,已经发生了很大的变化,主要表现为要面对太多的权变因素,比如说更加复杂的、负面的、敏感的信息。此外仍然要重点关注互动性,因为这是沟通中非常重要的一个特征。在网络技术的影响之下,沟通双方的人数增多使得互动的复杂性也随之增加,而信息的快速传递,有时反而会导致沟通的成本增加,特别是在危机沟通过程中。

当权变因素过于复杂时,往往使得选择正确的沟通渠道,成为一件困难的事情。而且随着现代通信技术的发展,更多的人选择即时通信的技术,该技术带来的好处不言而喻,它可以更快速地传递信息并获得反馈,但其产生的负面影响,也日益引起人们的重视,即时通信更加容易泄露机密信息,而且会受到病毒的袭击,如以往发生过大量 QQ 用户密码被盗事件。

此外,并非所有的信息都适合使用即时通信的技术。在某些沟通情境当中,沟通某一方可能会高度情绪化。例如一场公司辞退员工的谈话,如果使用视频会议,会让沟通双方的关系更加疏远,无法进行充分的情感交流,从而导致沟通失败。因为人类接收信息的感觉是全方位的,而现代技术强化了视觉和听觉,其他感觉则被屏蔽掉了,这反而会导致沟通当中的说服力下降。总之,无论任何组织,在管理沟通的领域,都面临越来越多的挑战,同时新的沟通技术也带来了更多的渠道选择,我们只有不断地学习,遵循道德的底线,从实践中总结经验,才能做到应对自如,实现沟通的目的。

 **案例分析**

李宁　一位波音 777 机长"学飞"过程中的挫折

2002 年 2 月,是我进入北航大学后的第三个年头,也是飞行生涯的开端。在完成飞机驾驶的理论学习后,我来到了南方航空西澳飞行学院,开始了飞行生涯的第一个实际操作阶段。这个阶段的最主要目标是实现初教机单独飞行,而教练全部是外国人。这是整个培训过程最难跨过的一个门槛,它不仅考验学员的飞行技术,更考验学员的心理素质。学院历史上因为不能单飞而停飞的学员数量在总停飞学员中占很大比例。如果停飞,学员将面临转行的困境,前几年的心血将全部付诸东流,一切都要从头开始。

分配教练时,我分到了停飞率很高、号称"魔鬼教练"的 Mr. V。从第二课开始,问题就慢慢浮现了。那节课学直线飞行,虽然我做了充分的准备,但操作过程中,感觉并不理想。于是 Mr. V 开始对我进行讲解,并问地平线在哪里(因为目视飞行规则是靠地平线的位置来判断飞机的姿态)。我的回答显然并不令他满意。于是传说中的"魔性"出现了,他开始夹着典型的澳大利亚脏话"开火"。经过 Mr. V 的一顿大吼,我随后的训练混混沌沌,完全没有展现达标水平。课后打分时,他告诉我:"你的成绩不合格,下节课重新飞直线飞行。"由于糟糕开始的影响,在随后的飞行中,我又数次出现了类似的问题。Mr. V 会经常问我问题,如果得不到满意的答案,就是一顿训斥。在 Mr. V 的吼声中,我越来越紧张,越飞越差。我开始惧怕他的吼声,我们之间的隔阂也越来越大。我甚至认为教练是故意整我。

这个矛盾在带飞 20 小时左右的时候完全爆发了。那天风比较大,落地时我感觉不是很有把握,所以连续复飞了两圈。这次他没有再训我,而是终止了教学,直接接过飞机,回机坪。他决定放弃了,把我交给了检查主任 Mr. C。Mr. C 是一个很有经验的老教练,他将对我进行停飞检查,决定是否继续我的训练。原本学习成绩比较优秀的我,现在竟然无限接近停飞,那刻的心情直接降到谷底。一天后,我顶着压力和Mr. C 飞了一课。飞完后,他认为我仍不够放单飞标准。之后,学院决定给我一次机会,换一名教练,要求我在 10 小时的训练时间之内完成单飞,否则做停飞处理。

这是一个绝处逢生的机会。接下来我开始仔细寻找失败的原因。通过思考,以及向已经单飞的师兄请教,我发现问题真正的根源是和教练的沟通不顺畅。在产生矛盾时,我并没有努力地去找 Mr. V 进行有效沟通,而是按照老方法继续前行,甚至产生了抵触心理。找到问题后,我怀着忐忑的心情去见了我的新教练 Mr. B。之后,无论有没有安排飞行,我每天都会跑到基地去找 Mr. B 聊天,询问他的要求,袒露自己的想法,然后回到宿舍不断地总结和练习,争取把问题都在地面上解决。在飞行中,我也尽量将所准备的知识运用到飞行技术中去,并主动和 Mr. B 交流,发现自己的不足,然后尝试改进。在这个过程中,我才发现好多东西以前并没有学到。慢慢地,我才真正地摸清楚了飞行的门道。最后,我终于一个人飞上蓝天,放单飞所用的时间比学校给的时间限制提前了 3 小时。

这次挫折成为我永远无法抹去的记忆。从那以后,当我遇到困难的时候,都不忘尝试用更好的沟通方式去解决问题。在解决困难的过程中,我尝试换位思考,主动袒露自己的想法,询问他人的要求,寻求正确的解决途径再加以努力。回国以后,我加入了南方航空飞行部,并于 2009 年成为波音 757 机长,2010 年成为波音 777 机长。2007 年,我考入中山大学管理学院,攻读工商管理硕士(MBA),并于 2010 年通过硕士论文答辩。这些目标的实现,离不开有效的沟通。

(资料来源:杜慕群.赢在挫折后:职场精英应对困境之道[M].北京:清华大学出版社,2012.)

阅读案例,讨论以下问题:

1. 试结合案例分析沟通模式的要素。

2. 分析李宁在沟通中遇到的问题。

3. 李宁不同的沟通方式分别导致了什么样的沟通效果?

第二章
沟通技巧与自我沟通

曾子曰："吾日三省吾身：为人谋而不忠乎？与朋友交而不信乎？传不习乎？"

——《论语》

第一节　倾　听

一、倾听的含义

明尼苏达大学教授尼克尔斯(Nichols)和史蒂文斯(Stevens)发现一个沟通的普遍现象：大部分用于沟通的时间中，花在倾听上的时间最多，占比是 45％，然后是说(30％)和阅读(16％)，最后是写作(9％)，如图 2-1 所示。

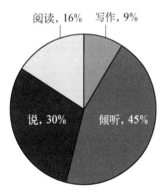

图 2-1　沟通方式比重图

国际倾听协会将倾听定义为："倾听是接收口头和非语言信息、确定其含义和对此做出反应的过程。"

不过有人对于听与倾听，感觉是相同的，认为都是用耳朵去获取外部的信息，但是这两者是有区别的。

我们知道，真正有效的沟通是双向的，即存在信息的发送者和信息的接收者。倾听是利用耳朵听，也就是对信息的接收，还包括对信息的理解，在理解的基础上，还要对其做出评价，最后对信息的发出者给出应答。这些步骤中，任何一步出现问题，都会影响到倾听的有效性。比如，在理解信息的过程中，如果不能够对信息的核心观点进行辨认，将之与事实混淆，那么就难以对信息做出评价，而如果没有自己的判断，又怎么能给出反馈呢？所以倾听比听更加复杂，也就是相对于信息的发送者，信息的接受者对信息的处理更加复杂。

不仅如此，因为倾听需要专注，而在听的过程中，身心内外都会存在干扰因素，比如刺耳的装修声，或者心烦意乱等，所以倾听需要消耗脑力和体力去克服相关的障碍，而这又需要大量实践才可以做到，因此倾听是需要训练才能够真正掌握的沟通技能。

如果从中文的字面意思去理解，倾听的"倾"，有"全部付出"的意思，比如倾家荡产、倾尽所有、倾囊相助等，所以倾听也意味着需要全身心专注于听这件事情上面。

正是因为"倾"听，才可能更加完整地接收信息，没有缺漏，也正是由于专注于对方的信息，才会减少自己太过主观的评判，能尽量站在对方的角度去看待问题，学会换位思考，进行有效的沟通。

二、倾听的优点

（一）倾听让获取信息更有效

对于管理者而言，正确的决策依赖准确和及时的信息，而凭借良好的倾听技能，就不会遗漏掉重要的信息。《三双鞋》的作者谢家华（Tony Hsieh）是知名在线零售商美捷步（Zappos）的前 CEO，他在其书中就特别强调倾听的重要性，认为管理人员如果花 20％的时间用来与员工沟通，那么生产率就会提高 20％～100％，而在沟通过程中，倾听占有极其重要的地位。

而对于员工而言，因为掌握了倾听技能，就能够更快更准确地理解上级的指示，从而更有效率地完成工作。

（二）倾听让工作关系更加和谐

尊重一个人，表现在能够尊重他的观点，而尊重观点的行为，又表现在能够倾听。因为倾听能够捕捉到对方的很多信息，因此在交往的时候，不会因为没记住对方的名字而感到尴尬。而且倾听本身的动作，就可以获得对方的信任，因为对方会由于你漫不经心地听而停止谈话，会感觉到不被尊重，而被尊重会让人工作的时候更有效率。

如果管理者能够运用倾听的技能，在沟通的过程中，让员工感到被尊重，而且获得了价值感，那么必然会提振员工的士气，从而提高工作效率。此外，相互尊重是相互信任的前提，而信任又是团队合作的基础。

此外，管理者在倾听的过程中，如果能够给予辅助性的反馈，那么对于员工而言，不仅能够对工作有更清楚的认识，而且可以提升解决问题的能力。

（三）倾听有助于锻炼批判性思维

批判性思维是对自己思想的反思。倾听的过程，是一个接纳的过程，如果接纳的是和自己相反的观点，这其实就是对思维进行批判的过程。一个经常以自我为中心的人，很难静静地去倾听对方的发言，因为对方还没有说完，他已经给出了自己的判断，并且打断对方，开始自己发言。学会倾听，等于是打开了通往成功的多扇大门，而缺乏批判性的思维,就只会在自己的选择中循环往复。有时候,倾听反对者的意见,也许更容易找出问题的答案。此外,真正的即使听到反对自己的声音,也能控制自己的情绪,避免和对方产生冲突而影响判断,同时也能学会通过满足对方来获取自己的利益。

过去 100 多年来,哈雷-戴维森(Harley-Davidson)幸存下来并且发展成为世界领先的摩托车制造商,杰夫瑞·布鲁斯坦(Jeffrey Bleustein)在 1997—2009 年担任该公司 CEO,引领公司在该行业中占据主导地位。在其领导下,哈雷-戴维森的市值增加了 130 亿美元。布鲁斯坦将成功归功于尊重顾客的意愿。"其他公司谈论客户忠诚度,但顾客对我们的忠诚度超出了大多数企业",他说。此外,布鲁斯坦因听取员工的意见而闻名。[①]

三、倾听的障碍

倾听的障碍可以分为三个方面,分别是生理障碍、心理障碍以及客观障碍。

(一) 生理障碍

生理障碍主要是因为人的思考的速度远远大于说话的速度。据统计,人类说话时,平均一分钟可以完成 125～150 个词汇,而思考时则大于 500 个词汇,也就是思考的速度是讲话速度的 4 倍左右。因此,这会产生一个结果:当人们在倾听的时候,大脑会有空余的时间关注其他信息,从而可能出现走神等心理现象,所以在倾听的时候,关注自己的思想就显得很重要。

此外,当一个人身体不适的时候,比如出现头晕、发热、腹痛等情况时,注意力已经完全被身体的感觉牵绊,这种情况下,也很难去专注地听对方说什么,更难以思考和理解信息,以及做出判断。

(二) 心理障碍

心理障碍和生理障碍有关,但是也有其他的心理原因。

1. 情感因素

对于负面的信息,大多数人不愿意听到,也不愿意接受,特别是当这些信息与自己相关的时候。比如说辩论的时候,因为与对方有分歧,所以对方还没有讲完,听者已经在脑海中开始构思如何反驳。如果分歧造成了情感上的冲动,比如愤怒等,就会更加阻碍倾听者了解对方所表达的信息,接受它们也就无从谈起。

---

① 海因斯.管理沟通:策略与应用[M].北京:中国人民大学出版社,2020.

2. 自我意识

有时候,特别是在某些竞争的场合,听众为了突出表现自己,往往会打断对方的发言,大谈特谈自己的观点。这种自我意识很强的听众,常常因为自己的偏见,扭曲了发言人的信息。

3. 分心

每一个人都有多重社会角色,在每一个角色的扮演中,都会遇到各种问题,而这些问题都会影响到思想和情绪。当倾听者在倾听工作的时候,忽然想起子女教育的问题,或者父母生病的问题,就会分心而不能专注于对方表达的信息。有时候则是因为脑海中出现了更有趣、更有吸引力的想法,于是思想开小差,就出现了充耳不闻的现象。

（三）客观障碍

1. 噪声

如果说心理障碍是内部噪声,那么外在客观世界,所有影响到倾听过程的声音,都是外部噪声,比如刺耳的电锯声、吵闹声等等,因此一个安静的场所,对于倾听的效果是非常重要的。

2. 信息晦涩难懂

不同的听众,由于各自的教育背景、智力水平等有所差别,对于同样的信息,理解的程度各有不同,如果信息本身对于听众而言理解难度太大,听众就很难长时间保持兴趣。

3. 沟通方式

如果是一对一的沟通,这种沟通形式会让沟通双方更加关注对方,所以倾听也比较有效。如果是一对多的沟通方式,那么对于听众而言,因为信息发送者难以做到长时间单独关注某一个听众,这使得部分听众因为没有得到关注而失去倾听的意愿。至于多对一的情况,比如面试时,听众因为感受到周围的压力,精神比较集中,倾听效果较好,但是如果压力过于巨大,也有可能产生人类学提到的"打或逃"效应,大脑一片空白,而丧失有效理解信息的能力。

四、倾听的技巧

倾听的技巧分为两个部分,分别是主动倾听和倾听过程中的反馈。

（一）主动倾听

1. 倾听前的准备

首先是地点的选择。一个安静没有太多噪声的场所,更有利于完成倾听的目标。

其次是时间的选择。除了双方要提前约定好时间以外,也要注意不同的时间段可能会影响到倾听的效率。如果倾听需要全身心的专注,那么就应选择精力最为充沛的上午，而不是精力已经疲惫的晚上，这可以根据倾听的目标以及强度进行选择。倾听的强度有三个层次，其一就是随意的倾听，目标性比较弱；其二就是关于事实的倾听，这在工作中是最为常见的，对于倾听者而言，要了解事实的来源和依据，确认事实的可靠性；其三就是关于情感的倾听，需要倾听者利用同理心，在倾听前要先了解发言者的背景、生活和工作经历、身份角色以及与自己的亲疏关系等。

最后就是对于个人观点的整理和认知。如果在沟通前的主题已经确立，那么先要对自己的观点有所认知，如此就可能避免因为偏见而对发言人的信息产生遮蔽，也就是我们常说的"对事不对人"。如果双方的分歧确实存在巨大差异，也可以让具有中立观点的人来进行现场干预。

2. 倾听过程中的技巧

在完成了以上的准备工作以后，要注意在倾听的过程当中，利用一些技巧来提升倾听的效果。

（1）关注重点

对于发言人而言，如果信息中包含某些特别重要的信息，可能就会以非语言的方式表现出来，比如说情感的表露、目光的专注、手势的重复等等。此外要关注信息的结构，对于对方的信息，要多留意符号，比如编号顺序，或者一些过渡词，某些过渡词可能代表着总结或者强调。

（2）善于总结

对于倾听者来说，主动地进行总结，也是能发现重点的一种方式。可以对信息内容进行总结，也可以对发言人的意图进行概括，或者对信息进行某方面的预测。

（3）信息可视化

可视化工作可以由发言人进行，也可以由倾听者进行信息处理。因为可视化的信息，比如图片和数据，可以充分地利用倾听者的闲置脑力；而可视化的过程，比如图像式的思维导图的制作，则可以加深倾听者对信息的记忆。

（4）记笔记

在倾听的过程中，如果倾听者有记笔记的动作，就可以专注于沟通的信息。当然，如果事无巨细地记录，则会影响到信息的接收，所以应当对信息的大纲和关键词进行记录。此外，发言人也会因为倾听者的认真，而增强信心和继续演讲的动力。

（二）倾听中的反馈

反馈分为提问和复述。

（1）复述

复述不是简单的重复，复述和提问可以前后联系起来使用。

复述可以理解为转述，也就是用倾听者的语言来表述对信息的理解，比较常用的表述句型有：

"如果我理解正确的话，你说的是……"

"换句话说……"

"所以你认为……"

复述的对象不仅包括信息内容本身，还可以包括发言人的情感，这需要前面提到的同理心的准备，也需要倾听者更为敏锐的观察力和细腻的感受情感的能力。

复述的形式也不一定用语言来表示，有时一个眼神就可以表示鼓励和肯定，一个微笑就可以表示同意，所以非语言在复述过程中的使用，可以大大改善双方的关系，也会刺激发言者更愿意回答问题以及表达自己的真实想法。

（2）提问

倾听过程中的提问是非常重要的。因为发出信息的人，可能认为自己表述的信息以及表述信息的方式，是可以被倾听者理解和接受的，但是事实往往并非如此。因此倾听者如果不能清楚掌握信息的真实性、全面性及准确性，就可以选择提问。此外，倾听的过程当中，免不了有分歧，如果沟通的目的是为了消除分歧，则可以通过提问来表达自己的观点和疑问。最后，如果发言者的思路不清、逻辑混乱，那么通过倾听者的不断提问，可以帮助发言人厘清思路。

第二节　非语言沟通

一、非语言沟通的定义

（一）非语言沟通的定义及内涵

非语言沟通的表现形式多种多样。在日常的沟通过程中，有动作、目光、手势、姿势、语气、语调、语速、穿着、化妆、随身物品还有沟通环境等，这些都属于非语言沟通的范畴，如图 2-2 所示。

非语言沟通是相对于语言沟通而言，所以非语言沟通就是用非语言的符号来传递信息的过程。

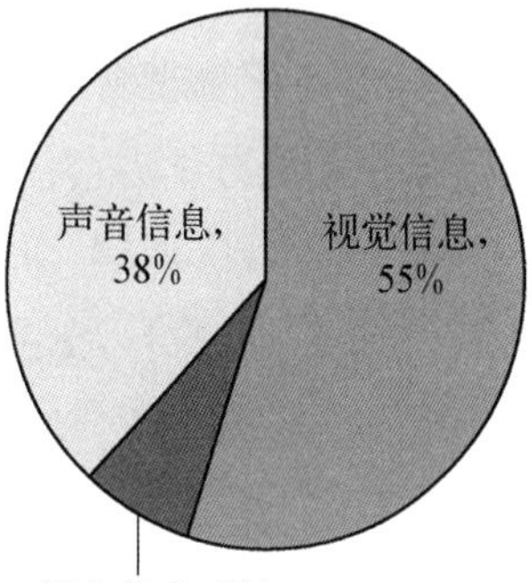

（二）非语言沟通和语言沟通的关系

在沟通的过程中，通常是非语言沟通和语言沟通同时使用，所以二者的关系特别密切。首先，二者表现为相互促进的关系。通常情况下，非语言信息包含于语言信息当中，所以由于非语言沟通的外显性和直观性，往往可以对语言信息进行强化，对受众而言，更加易于接受。有效地利用非

图 2-2　信息含量分布图

语言沟通，也可以更加准确和全面地表达观点。其次，非语言沟通和语言沟通有时也表现为相互矛盾，这种情况下，可以多关注非语言沟通所传递的信息。

（三）非语言沟通的范畴

非语言沟通一般分为行为语言（即身体语言）、物体语言和环境语言。

行为语言。行为语言是身体语言中最为明显的表现，比如我们常见的手势，就是手语的一种简单表现，更为复杂的手语，比如聋人所学习的手语，则完全代替了语言沟通。

物体语言。物品本身和沟通中人的因素的结合，会赋予物品相关的信息，比如在某种社交场合所佩戴的珠宝或者乘坐的汽车，就承载着某种身份信息。

环境语言。任何沟通都是在一定的环境当中，环境当中的空间和时间因素的体现也是含有信息的，比如在会议场所，座位的安排就体现出内部组织结构的信息。在双方沟通的见面环节，时间上先到和后到也体现出沟通角色所处社会地位的信息。

（四）非语言沟通的过程

非语言沟通的过程与语言沟通很类似，都是从获取信息开始，最后给出判断，只不过获取的信息更加隐蔽，需要认真地观察。比如谈话前对方的脸色表情，是绷着脸还是面容舒展，特别是一些细微的面部表情，更需要敏锐的观察力才可以捕捉到。

一旦发现了某种非语言的暗示信息，就可以和原有的事实或者心理预期进行比较，如果发现两者之间存在矛盾，则需要谨慎行事。俗话说"无事不登三宝殿"，一个平时不容易相处的同事，突然和蔼可亲地出现在你的面前，必定是有原因的，而判断这个原因就是接下来要做的事情。需要注意的是，我们可以给出自己的推论，但是要小心地确认这个推论，在沟通过程中，还需要搜集其他信息，来证明我们的推论是正确的。

二、非语言沟通的意义

非语言就是语言信息之外的所有信息。在沟通的过程中，非语言信息对于语言信息有辅助和调节的作用。

如果在沟通过程中，缺失了非语言信息，将会遗漏很多重要信息，并且有可能无法全面和正确地理解语言信息。所以非语言信息能够让听众更加清晰地理解语言信息，这是因为非语言信息的表现形式更加形象和直观，而语言信息有时候因为过于抽象概括而难以理解。比如我们可以通过摇头和摆动手指来表示不同意，可以用嘴巴张大来表示惊讶，当生气和愤怒的时候，有人会突然加大说话的声音，甚至有一些暴力的行为，比如摔盘子、摔碗等，这些非语言信息让听众很快地了解对方的想法和感受。

除了表达直观之外，非语言沟通可以涉及人类更多的感官。我们一般通过视觉和听觉进行语言沟通，而非语言沟通还可以用到触觉和味觉，比如亲人之间，可以在说出"我爱你"的时候，微笑着注视对方，拥抱对方，特别是小孩子，能够辨别出妈妈身上特有的味道,所以非语言沟通有时更加立体,因此给人的印象也更加深刻。

关于非语言沟通的调节作用,一般是调控谈话的节奏,即谈话的开始、继续和结束。如果双方具有强烈的沟通意愿,那么在刚开始沟通的时候,都会微笑着面对对方,身体保持开放的姿势,比如双臂张开,而且目光会注视着对方,而不是四处游离。如果有一方已经厌倦了谈话,想要停止沟通,那么身体就会呈现封闭的姿势,比如双臂交叉于胸前,或者闭上眼睛,或者身体侧转,或者目光转移等。如果希望对方继续发表意见,可以频频点头表示同意,也可以用眼神表示同意对方的观点,身体保持端正或者前倾,希望对方继续说下去。

在一些特殊的场景下,非语言沟通还可以代替语言沟通。比如说,在一个人声嘈杂的球场中,完全可以用竖起大拇指来表达"你好棒"。此外在某些场合,为了传递某些秘密信息而不想被外人所知,也可以用非语言来代替语言。

其实舞蹈的艺术,就是非语言的艺术,不同的姿势表现出不同的信息,是非语言的集大成者。

不是所有的非语言都是对语言信息的加强表达,有时候正好相反。这时,我们更倾向于相信非语言表达出来的信息。

一般情况下,非语言作为身体语言,是一种无意识状态下的表现,比如在压力较大的时候,手心会出汗、脉搏会加快、呼吸会加重,这些很难通过意识去控制,是身体的自然表现。我们可以通过观察瞳孔的变化,判断对方是否真的感兴趣,可以通过面部表情的细节,来推测对方情感的细微变化等。不过有时候,对一些身体的动作,可以有意识地进行控制,于是出现身体动作和语言两者相矛盾的情况,比如口头上说"不愿意",但是脸上却笑意盎然。

非语言沟通要特别注意文化差异。在不同国家的文化背景下,同样的非语言表现,可能表达相反的意思,比如摇头在很多国家表示反对,在印度则表示同意。"俄罗斯人表露自己感情的方式比较矜持,认为指手画脚是缺乏修养的表现,然而在西班牙和拉丁美洲,人们习惯在说话时频繁加上手、头的动作及面部表情。"[①]除了文化差异,不同的地区、社会,都具有特殊的非语言沟通的形式,因此进行跨文化沟通的时候,需要提前知晓这些信息,这样既可以更准确地了解对方,也可以表达对对方的尊重。

三、动作

（一）手势

象征性的手势。这种手势与其他手势相比较,能更为明确地表达信息,比如竖

---

① 杜慕群,朱仁宏.管理沟通[M].北京:清华大学出版社,2018.

起大拇指表示赞美，拇指和食指围成一个圆表示OK，这些对于接收者而言，非常容易理解。

说明性手势。该手势的主要目的是为了补充说明，最简单的就是用手指的数量来表示某种数字信息，或者双手摊开，表示目前没有办法或者没有某种物品。

规范性手势。所谓规范性，就是约定俗成的某种手势，特别是在一些特殊场合。比如球场上，对于球员来说，特殊的固定的手势表达不同的信息，且易于快速理解，比如手心向外表示停止或者拒绝，手臂向上挥舞表示打招呼等。

情感性手势。这一类手势在沟通中最为多见，也最为复杂，是我们在沟通过程中需要特别重视的手势，需要细致观察才能获取。比如当听众不感兴趣或者不同意的时候，脸色会逐渐凝重，双臂会交叉于胸前，或者双手十指会交叉，同时身体会更加远离说话者等。我们通过观察情感性手势，可以判断对方是高兴还是生气，是同意还是反对，是自信还是怯懦。如果对方双手抱头，身体向后倾斜，这透露出自信的态度。这一类手势往往要结合其他动作信号来共同判断。

适应性手势。适应性是指受众处于某种压力环境下的身体适应性表现，而这种表现通常会通过手势表现出来。比如有些人在压力大的情况下，通常会抱紧双臂，其中隐藏着受众希望通过拥抱来适应压力的选择；有些人会在愤怒的情况下，用手指按压某样东西，而这样东西可能就代指引发受众负面情绪的人或物，这也是适应性的一种表现。

上述的手势分类，有些是积极的，有利于推动沟通的进展；有些则是消极的，会阻碍沟通的进程。所以沟通双方要对自己的手势有及时的认知，特别要避免消极的手势语言，必要的时候需要自我控制。如果这些手势代表的思想是不文明的甚至是粗俗的，则一定要禁止使用。

手势也同样具有文化差异性。"'V'形手势也具有多种含义，最为著名的是在第二次世界大战期间，丘吉尔曾以手心向外的'V'形手势表示胜利，20世纪60年代和70年代的嬉皮士们也常用这个手势。而在英国、爱尔兰和澳大利亚，手心向内的'V'形手势表示侮辱。美国某位总统在访问澳大利亚时，不经意间使用了'V'形手势，随即成了一则头版趣事。"[1]

（二）姿势

姿势同手势一样，也能表现出沟通者内心的某种状态，甚至可以塑造和影响外在的形象。曾国藩在《冰鉴》中写道："大家举止，羞涩亦佳；小儿行藏，跳叫愈失。大旨亦辨清浊，细处兼论取舍。"[2]说的就是通过举止形态，可以认识一个人。

①　洛克.商务与管理沟通［M］.北京：机械工业出版社，2022.
②　百川.品《冰鉴》学管理［M］.北京：外文出版社，2011.

坐姿是沟通中最为常见的姿势，所以观察坐姿可以了解对方的心理状态。比如在一场谈判中，如果一方人员斜靠着座椅，甚至瘫坐在沙发上，而不是端正的坐姿，身体也没有前倾，那么可以判断其处于谈判冲突中的弱势或者守势。

中国古话用"站如松、坐如钟、行如风、卧如弓"来形容一个自信、有活力且具有正能量的人的姿势。其实如果能够刻意练习姿势，那么个人的自我形象也可以得到提升，这会让沟通更有效。

哈佛商学院的艾米·卡迪在 2012 年的 TED 演讲中提到，通过她的亲身经历和科学的研究发现，如果有意识地准备和实践能够表现"力量"的姿势，确实可以对积极心态的塑造产生正向的关联。这个发现，使得我们可以从新的角度去思考肢体语言的意义。

过去我们读书，就受这样的教育，即使自己的地位很高，官做得很大，回到家乡，如果经过祖坟或祠堂的时候，在相距一百步以外的地方，骑马的要下马，坐轿的要下轿，然后走路步行经过，乘船的要在船上站起来。直到离开了一百步以外，才能再骑马或上轿，绝不可以骑马坐轿经过祖坟或祠堂的。否则要被人骂，被人看不起。我们从小在家里，看见父母长辈从自己的面前经过，都一定要站起来，两手还要拱一拱。我个人的经验，几十岁了，回到家乡还是如此。就是现在想起父亲，心里还是一种敬畏之心。①

（三）姿势的模仿

如果沟通的双方产生了信任感，甚至彼此心生爱慕，某一方会无意识地模仿对方的肢体动作，而这种模仿行为则对沟通产生积极的影响，被模仿者会因为动作的相似，而更愿意敞开心扉表露真情。

因此，对于姿势所表达的信息，我们除了被动地接受和理解判断之外，也可以主动地模仿，以影响信息发出者，使其处于更加开放的心态中，从而获得有效的沟通。

四、个人形象

根据得克萨斯大学的丹尼尔·哈默梅什（Daniel Hamermesh）的研究，高颜值的男性或者女性在工作中的报酬均高于低颜值的男性和女性。丹尼尔教授的解释是高颜值的人，一般具有高自尊，而高自尊会带来更高的工作效率。

一个人的外貌以及身高等身体条件，很难在后天进行调整和改变，除非进行价值

---

① 南怀瑾.论语别裁［M］.上海：复旦大学出版社，2013.

不菲的整容手术,但是也要承担相应的医疗风险。不过除了外貌,我们在日常沟通的过程当中,如果注意服饰、发型等其他影响个人形象的因素,同样可以对沟通的结果产生积极的影响。

服饰在沟通中的重要性是不言自明的,没有人去参加葬礼时穿一身休闲装。服饰可以给人留下第一印象,而第一印象在沟通中非常重要,因为这会影响到双方的信任关系。在某些场合穿戴了不合时宜的服饰,就意味着丧失了继续沟通的机会。

（一）组织文化和服饰

一般来说,服饰的选择要和组织的文化,即组织的价值观相匹配。脸书的创始人马克·艾略特·扎克伯格（Mark Elliot Zuckerberg）的创业观念就是创新,而创新的产生是跳出束缚,所以对于穿着的要求就是开放性的,员工可以根据个人喜好来选择,所以目前在很多高科技企业中,对于服饰很少做严格的规定。

不过某些行业对服饰有严格的规定,员工必须穿着制服才能上班,比如警察、空乘服务人员等。

其他的行业,比如广告行业和娱乐行业的工作人员,更倾向于穿着时尚追赶潮流,而像金融服务行业,其文化偏于保守,所以一般都规定穿工作服装,以西装革履的形象出现在大众面前。当然企业文化不是一成不变的,当企业文化出现变化的时候,对于服装的要求也随之变化。比如IBM的CEO郭士纳认为IBM之前的企业文化过于陈旧,应当进行改变以适应当下的市场环境,因此他提出改变之前员工的普遍着装,即白色衬衫加深蓝色西服,要求员工可以根据沟通的场合以及客户的需求,对服饰做出适应性的调整。

（二）场合和服饰

此外,不同的场合也决定了要穿戴不同的服饰。

在一个正式的商务谈判中,一身休闲装打扮自然不合时宜;一次非常重要的面试,穿着得体的西装不会给自己扣分。如果出席一场宴会,那么合适的礼服是必要的,特别是女性,服饰的变化会更加多样。

（三）特殊场合和服饰

作为组织管理者,当对服饰做出制度层面的规定时,也要考虑到社会文化因素的影响。某些国家在特殊节日里会有特殊的着装要求,如果不考虑这些因素而做出硬性规定,那么可能会带来纷争。

五、空间

（一）空间距离的四种分类

文化人类学家爱德华·霍尔（Edward T. Hall）经过研究,将沟通中人与人之间的空间距离分为四类。

1. 亲密距离

这个距离约为 0.46 米。在如此近的距离中，双方不仅可以获取到全部声音信息，还可以辨别对方的气味甚至听到对方的呼吸，因此只有关系极为亲密，才会如此近距离地沟通，比如恋人或者亲人。

2. 个人距离

这个距离约为 1.2 米。最远就是手臂展开触及的范围。该距离允许比较亲密的朋友进入，不过有时候在一些特殊的场合，比如电梯里面，陌生人也会进入这个距离，所以在电梯里人与人之间一般不会进行目光接触，以避免近距离接触带来的尴尬。

3. 社交距离

这个距离约为 3.6 米。社交距离是日常社交中最为常见的空间距离，比如很多商务会谈就是如此。

4. 公共距离

这个距离约为 4 米以上。公共距离适合陌生人之间的交往，在这个距离的空间屏障内，双方都会有安全感，如果沟通不畅或者发生冲突，也不容易被对方控制，易于逃离。不过这个距离可能导致无法观察到细节，比如面部表情的微妙变化等。课堂上的教师讲课、演唱会等情况，都是公共距离的体现。

（二）空间感觉的差异

上述四种分类的观点是基于美国的文化，并非适合所有人群。在不同的文化、性别、性格、地位、情绪中，空间距离会有所变化，因此要根据具体情况区别对待。

在日本、阿拉伯的文化中，人与人之间交往的距离要大于欧美人。男性交往的距离大于女性，女性比男性更能容忍他人对于自己空间的侵入。地位高的人，更倾向于在大的空间中进行沟通。当一个人情绪低落的时候，更愿意独处，对别人进入自己的个人空间会比较介意。此外，外向性格的人也比内向的人，空间距离感更小，不需要特别大的空间来构建心理屏障。

（三）空间利用

不同的空间结构，会产生不同的工作氛围，因此组织应当根据工作的需求，适时调整空间布置，以更大程度地提升员工的工作效率。

如果寻求的是一种合作的氛围，就有必要拆除空间中阻隔的墙壁，在空间上能够更大程度地共享，在这种开放的空间中工作，信息的交流会更加通畅，从而有可能激发更多的创意。不过共享空间的弊端是人多而导致噪声较大，如果工作性质要求高度的专注力，那么就不适合在这种空间中工作。

第三节　演　　讲

一、演讲的主体

任何演讲都是围绕目的进行的。在演讲的准备一节中，我们提到演讲的目的主要是解释信息、劝说听众以及激发行动，劝说和激励一般是结合在一起的。有时演讲只是为了做出解释，因此演讲的主体也围绕目的分为劝说型演讲和解释型演讲，特别是前者，是我们最常见到的。

（一）劝说型演讲

如何说服别人，在这方面，毫瓦尔·鲍曼经过研究，提出了三种策略，分别是解决问题、心理渐进型劝说、陈述和证明某种情况。

解决问题的策略，是针对观点比较复杂，而且听众抱有敌意或者持反对观点的情况。在演讲的时候，先重点分析观点的前因后果，让听众了解事实和观点的来龙去脉，这对演讲者的归纳水平要求较高，然后提出若干个解决方案，再用科学的方法进行评估，最后给出自己的推荐方案。

心理渐进型劝说，其实质也是给出方案解决问题，但是这种模式更强调方案如何能有效解决问题，并通过情绪的渲染，让听众认可其方案，非常类似日常生活中的广告。

如果是陈述和证明某种情况，比如法庭上的辩论，目的是通过陈述证词来证明有罪或者无罪，那么在这种演讲过程中，需要特别重视的就是论点和论据，论点不仅要有中心论点，还应当予以结构化，也就是展开成为分论点，以及支持各个分论点之间的证据。除此之外，分论点之间应当注意逻辑关系，一般是通过演绎的逻辑来推出各个分论点。

（二）解释型演讲

有时我们演讲的目的仅仅是告知，这在 TED 中经常可以看到，而要使听众理解演讲的内容，演讲内容中信息的组织和逻辑结构就显得非常重要。如果逻辑荒谬、结构混乱，那对于听众而言，无疑是一场灾难。

关于信息的组织，核心是信息出现的顺序，而排列顺序的标准是多元的，演讲者应当根据演讲的主题、意义、观点等要素，进行选择和调整。

1. 时空顺序

如果演讲内容是历史事件，那么以时间为轴，串联历史事件，对于听众而言，是容易理解的。如果演讲者要介绍某个地理发现或者某个坐标建筑，那么必然要考虑空间的顺序，从东到西，或者从北到南，这种顺序就是听众理解内容的指南针。

2.功能优缺点

功能性和优缺点本身就具有很好的逻辑性,因此在演讲的时候,如果遵循这样的结构,也是一个不错的选择。特别是介绍某个具体产品的时候,可以和竞争对手的产品进行比较说明,也可以对同一种产品的不同型号之间进行优缺点的比较说明,这会让听众更准确地捕捉到产品的特征。而在介绍功能时,则更加强调组织的结构化解释或机器的功能演示。比如介绍组织的功能,组织本身就有结构,结构化的解释会让听众理解得更加透彻。如果要介绍一个机器的功能,最好在讲述完之后,有一个演示的步骤,这样就可以理论联系实际,听众如果实际操作,也会少犯错误。

3.重要性

无论是按照时空安排顺序,还是按照功能优缺点讲述信息,其中都暗藏着重要性的排序,比如总是重要的功能先讲,次要的后讲等。除此之外,如果演讲的内容和听众的利益有直接联系,那么与利益关联度最强的信息,当然是最为重要的。比如老师在讲述关于考试的信息时,学生最为关注的是考试的内容,那么这部分信息就应该是最先告知学生的。而在企业里面,如果演讲的信息和员工的待遇有关,那么涉及工资的部分,应该是员工最感兴趣的部分,也是演讲先要安排的讲述内容。

最后,如果是非常重要的信息,演讲者在进行演讲的时候,应当通过某种方式告知听众,比如直接的口头提醒,告诉听众接下来讲述的内容非常重要,请大家认真倾听,也可以在讲述重要的信息时,放慢语速,进行重复,提高音量等等。

二、演讲的准备

在演讲之前,如果不进行演讲的准备,会产生诸多的问题。比如发现演讲的主题听众并不感兴趣,或者和演讲的场合不相符合,或者发现演讲的目的和听众的需求相互矛盾等,所以在正式演讲之前,有必要对相关要素进行认真的准备,才能够保证演讲成功有效。

(一)演讲的目的

亚里士多德曾经对学生说过,演讲包括三个目的,分别是告知、说服和激励,前两个目的重在信息的传递和理解,最后一个目的强调改变或者激励对方的行为。

对于演讲者和听众双方而言,最佳的结果是双方的目的正好重合,即演讲者的目的是告知,而听众的目的是获取信息。

不过在现实场景中,无论是在组织外部还是在组织内部,经常发生两者目标矛盾的情况。组织外部的信息更加混乱复杂,难以对听众做出准确的判断;而在组织内部,也由于立场和利益以及等级的差异,会发生双方目的脱节的情况。而且有时候,在演讲的过程当中,目的受到他人影响时也会发生临时性变更。

因此，对于演讲者而言，在演讲之前，向听众解释自己的目的，同时获取听众的反馈就显得极为重要。通常情况下，经常用到提问的方法，提问的内容可以包括演讲的内容是否容易被理解、双方的信任度、听众的价值取向、双方的立场等。

（二）听众

《孙子兵法》中提到"知彼知己，百战不殆"，对于演讲者而言，也许演讲技巧很成熟，演讲内容也很熟练，但是仍然会出现一场不成功的演讲，原因很可能就是没有"知彼"，就是没有了解听众。

对于听众的了解，可以从以下维度进行分析。

（1）听众的教育水平。如果演讲内容中有很多抽象的概念以及学术的理论分析，很显然这并不适合教育水平比较低的听众。即使听众受过高等教育，也可能因为专业学科背景不同，对跨学科的演讲内容不熟悉而难以理解，比如人文社科类的学生就很难听懂理工科的技术专业名词，反之亦然。不过也要注意演讲内容的难易程度，演讲的内容如果太过容易，或者是听众已经掌握的信息，听众很快就会感到无聊而丧失兴趣。

（2）听众的态度。有时听众仅仅因为喜欢演讲者本人而听演讲，也许对演讲内容并不感兴趣。当然很多时候是因为听众对某个主题有兴趣，不过兴趣本身有可能会降低听众对观点的开放程度，因为兴趣背后隐藏了听众自己的价值判断。

（3）听众的职业。如果演讲者传达的信息能够帮助听众更好地工作，或者更好地找到工作，那么听众自然会产生兴趣。与职业相关的还有收入，收入高低决定了听众所要面临的生活问题，向收入低的人群讲述高雅艺术的历史，结果可想而知。可以利用马斯洛的需求层次理论，分析不同职业和收入水平的人所关注的问题，"对症下药"进行演讲。

（4）听众的信仰和价值取向。不同的民族有不同的文化习俗，或者有不同的宗教信仰，在演讲的过程当中，要注意一些词语的使用，以免引起不必要的冲突。此外，还有一些政治观点，演讲者也要多多留意，避免不必要的争论。

（5）听众的注意力极限。统计数据显示，成年人注意力的时长可以保持20—25分钟，在这个时间段内，可以较为专注地关注演讲，但是超过该时间段，注意力就会下降。因此演讲者应当在20分钟左右，对讲述的内容和方式进行一些调整，比如停止讲述内容，进入提问环节，或者插入一些可视化资料，比如播放视频与听众分享等。演讲者通过语言和非语言的反馈，对听众的注意力情况进行判断，以调整演讲的节奏。

（三）场合

一般而言，场合会决定演讲的主题。毕业典礼的致辞和开学典礼的致辞，内容肯定是不一致的。因此演讲的内容和风格，要与场合相一致，比如葬礼的致辞，其风格应当是肃穆、凝重，不应当是欢快、轻松，所以演讲者除了对内容进行选择，也要重视语气、语调、语速以及表情等方面，以提升演讲的整体效果。

三、演讲的组织

任何演讲的开头都非常重要，正如同古人将好的文章开头比喻为"凤头"一样。"凤头"最为显著的特点，就是与众不同，而与众不同的目的，在于吸引听众的注意力。不过"凤头"具体长什么样子，并没有固定的格式，演讲者应当根据演讲的内容和听众，采用不同策略。

在开始演讲的时候，通常情况下，应当重申演讲的目的，除非听众已经相当熟悉演讲者及演讲内容，或者听众对于演讲内容中的观点强烈反对。重申此次演讲的目的，能够让听众更好地理解演讲者所传递的信息。

在重申目的的时候，应当将目的与听众的兴趣和需要相联系，自说自话不顾及听众的需求，这样的演讲对于听众而言，是没有意义的。因此，在表述目的时，可以使用"听完我的演讲后，您将能够……"类似的表述方式，让听众更深刻地理解此次演讲的意义。

此外，在进入演讲之前，向听众展示演讲内容的结构，让听众能够从宏观层面把握演讲信息，也是必要的，因为增加听众的理解程度，也能够提升听众的兴趣。

在重述了演讲目的和内容结构之后，演讲者的自我介绍，特别是对自己研究的目的以及相关经验的介绍，可以增强听众对于演讲者的信任度。

关于如何在演讲的开头阶段，吸引听众的注意力，还有很多的技巧，最为常用的就是讲故事的开头方式。

故事的范围很广，可以从当下的热点时事入手，这是大家耳熟能详的，也可以从历史中挑选合适的故事，或者仅仅是一个有趣的虚构的故事。如果故事不止一个，将故事进行比较，以凸显演讲的主题，也是一个不错的办法。如果支撑观点的例子很多，那么挑选其中一个很有吸引力的例子，当成故事来讲给听众，也可以自然地引出所要讨论的观点。

除了讲故事，在演讲开头较为常用的就是提问，因为提问可以引起听众的思考，就像小说中的一个悬念，特别是这个提问和听众切身相关的时候。提问之前，还可以用另外一个演讲技巧，就是给出让人震惊的一些信息，比如某个重大的社会事件，或者给听众呈现一组不正常的数据等。提问的形式也不仅仅限于一般的问句，有时候反问的提问方法，会更有冲击力。

虽然幽默是大家都喜欢的品质，但是并非所有人都能熟练地掌握讲笑话这个技能，如果不能愉悦现场气氛，反而会自讨没趣，陷入尴尬的境地。因为笑话的选择和讲述,也是需要提前准备和练习的,可以搜集有趣的笑话讲给身边的人听,留意他们的反馈,通过反馈提高自己的讲述技巧。

要吸引听众的注意力,更为稳妥的是采取玩游戏的方式,因为在游戏过程当中,可以通过互动让演讲者和听众更快地建立联系。不过游戏的设计要和主题相关,比如主题是"跳出思维的墙",那么游戏也应当让听众认识到常识所引发的错误判断。

还有一种"万金油"的开场方式,就是进行引用,一般是引用名人名言,可以从专门的引用辞典中去搜索,此外网络也是获取相关资源的渠道。引用的方式也可以和上述任何方式相结合,而且也是演讲结尾时通常用到的一种方式。

四、演讲的结尾

（一）结尾

在演讲即将结束的时候,不应该草草收场,因为结尾部分如果处理得当,可以让听众对演讲的观点记忆更为深刻,理解更为透彻。

结尾一般需要包含以下内容:

要点。演讲的要点,虽然在主体部分已经进行过论述,但是需要在结尾部分,进行简洁化的表达和概括,帮助听众更有效地理解最为关键的信息,所以一般在结尾都要点题。

目的和意义。关于目的,在演讲的开头已经说过,不过为了引起听众的关注,还是应当与听众的利益和兴趣结合起来重新申明,让听众认识到来听这场演讲是有价值的,也提醒听众在离开会场以后,可以用到其中的一些观点或者知识,解决生活和工作中的问题。

呼吁和思考。呼吁是为了激励行为的产生,而思考是为了重塑听众的价值观。对于劝说型演讲而言,呼吁大家关注并产生行为,是演讲的目的,有时候呼吁用告诫的形式表现,是让大家不要去做某些事情,这其实和激励行为是一样的,都是在行为层面产生某种变化。而引发思考有时更多出现在学术演讲中,让听众了解研究的方向,鼓励大家在某个领域做进一步的研究。

如何给予听众一个难忘的结尾,还有很多其他的方法。比如在结尾的时候,拿出某个与主题相关的道具,利用视觉的冲击,强化演讲的观点,当然也可以用最为普通的结尾方法,找一个名言警句来简单结束。

（二）提问

提问的环节在大多数演讲中是必不可少的。对于演讲者而言,提问环节的结束,才真正意味着演讲的结束,因为在这个环节,演讲者的言行仍然对听众产生着影响,因此有一些细节,仍然需要引起注意。

首先,如果听众提问的问题确实超出了自己的研究范围,难以给出一个满意的答案,那么切勿不懂装懂,应当承认自己对相关知识缺乏研究,实话实说是最好的应对策略。

其次,演讲者应当在时间允许的范围内,尽可能考虑提问者的全面性,比如不应该只选择女性,也不应该只选择男性,这体现了演讲者对于听众的尊重。此外,如果选中了某个听众提问,切勿用手指指向听众,应当手掌向上指向提问的人。

最后,演讲者可以直接回答听众的问题,并不需要对听众的问题进行好坏对错的评价,因为这个评价有可能让听众感觉不舒服。

第四节　自　我　沟　通

一、自我沟通概述

（一）自我沟通的定义

在第一章中,我们讲到了沟通的几大要素。在自我沟通的过程中,同样离不开信息的发送和信息的接收,以及信息的解码。所以,在自我沟通的过程中,同样包括发出信息、传递信息、接收信息和理解信息。

与人际沟通不同的是,自我沟通的信息发送者,也就是主我,和信息接收者,也就是客我,都是同一个主体。

在自我沟通的过程中,所传递的信息,既包括主体的意识,也包括主体的情绪以及行为。

通常情况下进行自我沟通是为了解决冲突,而冲突的来源,一方面是自我的定位与期望,而另一方面是现实的要求和结果。当这两方面发生冲突的时候,需要进行自我沟通来完成内心的平衡,以达到对外界环境的适应以及积极的反应。

（二）自我沟通的作用

自我沟通是一切良好的人际沟通的基础。

良好的自我沟通,能够形成良好的合作关系,表现在可以增进了解、赢得对方的信任。在进行人际沟通的过程当中,一个能够时常反省自己的管理者,乐于倾听员工的建议,并且能够自我纠错。

此外,在自我沟通的过程当中,自我认知的能力不断提升。通过自我认知,管理者可以发现自己的长处和不足。通过不断的认真反省,管理者可以扬长避短,对自己的能力准确定位,然后根据这些定位去寻找目标,并且做出合理的计划安排。

更为重要的是,一个人如果能够进行自我认知,可以提高对自己的掌控力。这表现在对自己情绪的掌控、对自己思想的觉察、对自己心态的调整以及对自己行动的反思。

所以一个能够进行良好的自我沟通的人，他的自控力也是比较强大的。因为强大的自制力，来源于对自我的深刻认知和反省。

此外，在一个组织里面，如果管理者不能说服自己，认可所从事的工作，那么他很难做到有效地激励员工。因为孔子曾经说过，"己所不欲，勿施于人"。

（三）自我沟通和人际沟通的区别

如果想要更好地理解自我沟通，我们可以把自我沟通和人际沟通进行一个比较，结果发现两者的差异是比较大的。

比如说人际沟通的主客体是相互独立的两个主体，也就是信息发出者和信息接收者是不同的，而在自我沟通中，主客体是一个统一的主体。因为主体就是信息发出者和信息接收者，所以自我沟通中间几乎没有时间的间隔，而人际沟通，由于客观存在相互独立的主体以及有编码解码的过程，所以存在时间间隔。

此外，人际沟通的目的是为了形成良好的合作关系，继而达成某一个共识。而自我沟通的目的，是为了解决自我认知和外部环境之间存在的冲突，换言之是为了说服自己去接受外在的挑战。

二、自我沟通的过程

自我沟通的过程，首先它和人际沟通过程一样，是一个生理过程。所有人都有接收信息的感官系统，传输信息的神经系统，以大脑为主体的信息处理系统，以及进行信息表达的表达系统。所以在自我沟通的过程当中，必然表现为生理性的过程。

在自我沟通中，由于主体和客体是同一个人，因此自我沟通的意识思维过程是比较独特的。在这个过程当中，最为主要的就是判断和推理。通过判断，主体对于外在的事物形成价值观念，即事物之间普遍联系性的认识。在组织中，我们经常提到的决策就属于判断。此外，除了判断，还包括在判断基础上的归纳和演绎，即从已知推导出未知。创造性就是在这个过程中产生的。

自我沟通的过程也是社会互动的过程，因为自我沟通非常重要的一个目的，是为了平衡客我和主我的关系。客我主要表现为社会的评价以及期待，而主我就是主体的意愿和行为。客我和主我之间是相互影响的。当社会评价压力巨大的时候，主我会调整自己的观点和行为，以适应外在的环境。反过来主我也能够积极发挥主观能动性，从而影响环境，继而对客我进行改造。

三、自我沟通的方式

自我沟通的第一种方式就是自我认知。

自我认知分为三种类型，分别是物质认知、社会认知以及精神认知。所谓物质认知，即对自己的身体的认知，比如身高、容貌、表情等方面的认知。社会认知主要是指对社会关注而引发的心理反应的认知。社会的关注来源于外在的个体或者某些群体，我们经常提到的名誉地位，就是建立在社会认知的基础之上。精神认知主要是对心理活动进行调节，调节的内容包括心理活动的过程、状态、特征以及某些观念等。

无论是物质认知、社会认知，还是精神认知，都需要进行自我反思。曾子曰"吾日三省吾身"，即从自己的行为及言语当中，找出不足，然后改正，这是自我认知非常重要的一个作用。

自我沟通的第二种方式就是自我分析，自我分析的目标主要是人格特质，而人格特质是影响主体行为的非常重要的因素。因为人格特质相对于其他因素，更具有稳定性，所谓"江山易改，本性难移"，即是此意。

我们通常见到的人格特质有五种，在心理学中称为"大五人格"，分别是外向、合群、责任感、情绪稳定性、经验开放性。

对于人格特质的测量则有很多种方法，较为常用的有投射法，如罗夏克墨渍测验。投射法是给主体呈现某种信息，如某些图片、影像和照片。这种信息带有某种刺激性，会让主体产生独特的、反映主体某些人格特征的回应。

此外，我们也可以对主体的行为进行测量。在测量的过程当中，我们需要对环境进行一定的控制，然后在环境当中去观察主体的行为，对其进行测量。比如，当我们想要了解观察对象的社交能力时，可以在社交场合当中去观察研究对象，记录其与陌生人接近以及交谈的次数，从而得出某些结论。

学界对人格特质的测量，已经有一些比较成熟的自陈量表，如明尼苏达多项人格测量表，这对于完成自我认知很有帮助。

在商业领域经常用到的 SWOT 分析法，也可以用于人格特征的测量。通过该方法了解自己的优势和劣势，可以取长补短。如果知道了机会和威胁，就可以根据自己的优势，利用所掌握的知识和技能，去选择有利的机会，完成自我的发展。

自我沟通的第三种方式就是自我暗示。自我暗示就是通过认知、语言、想象等手段影响行为情绪和意志的心理方法。因为按照心理学的重复定律，一个人的行为和思维如果不断地重复，最后都会得到强化，从而形成比较稳定的行为和思维模式。此外就是替换定律，在替换定律的观点中，我们的潜意识在同一时间只能主导一种观念，所以当我们被消极的观念所控制的时候，可以不断地输入积极的、具有正能量的想法，那么负面的思想产生的力量就会渐渐削弱，从而改变人的心理状态。

自我暗示的目的就是通过人的意识中的潜在力量，进行激励自我、调节自我，以及重塑自我。比如我们经常在竞技赛场上看到运动员紧握双手，大声呐喊，为自己加油,这就是自我激励的一种表现。

自我暗示具有双重性,既有积极的自我暗示,也有消极的自我暗示。当我们进行自我沟通的时候,应该多进行积极的自我暗示,代替消极的自我暗示。

四、自我沟通的障碍

自我沟通的障碍,主要表现在三个方面。自我沟通过程当中,最主要的就是进行自我反思,所以自我沟通的障碍就表现为自我反思的目标不明确、自我反思的方向发生偏差、自我反思的过程不够理性。

自我沟通的第一个障碍,即自我反思的目标不明确,其实就是缺乏自我认知。根据"约哈瑞窗",我们知道个体对于自身的评价往往带有主观性,而缺乏客观性,因此对于自身的缺点和优点,就无法形成正确的认知。一方面是根本不知道自己的缺点和弱点,另一方面是对自己的缺点和优点形成了错误认知,通常表现为过于夸大自己的优点,同时忽略自身的缺点。

孔子曾经说过,"三人行必有我师"。我们通过与别人的交流,可以增进对自身的认识,所以应该重视别人的反馈。同时也要学会关注自己的内心,也就是自我倾听。特别是当自我期望与外在现实发生冲突的时候,要主动观察自己内心情绪状态的变化,不要被情绪控制,更不要成为欲望的奴隶。

自我沟通的第二个障碍就是自我激励不足,即自我反思的方向发生偏差,主要表现在缺乏目标。当一个人没有目标或者目标不明确,就会表现为不思进取,一旦遇到困难和逆境,往往会逃避困难,消极对待。哈佛大学曾对一群智力、学历、环境都比较类似的年轻人,进行了 25 年的跟踪调查,结果发现目标和他们的生活状况有比较大的相关性。所以如果缺乏了目标,在工作、学习和生活中就没有了方向,也会失去积极进取的动力。

此外,因为没有了目标激励,个体在知识和技能的提升上就会缺乏动力,导致个人能力难以提升,从而形成负面的评价,这就更容易出现消极的自我暗示。而这些消极的自我暗示,会让个体更加缺乏自信。所以设置一个合理的、正确的目标,对于自我沟通是非常必要的。

第三个障碍就是自我反思的过程当中,没有进行理性的思维,所谓理性就是思考的有序性和批判性。当我们面对逆境和困难,产生了负面情绪,比如愤怒、悲伤、无助等,如果陷入情绪的漩涡,无法自拔,必然会导致思维的紊乱,即失去理性,自我沟通处于停摆状态。所以当一个人处于生气的状态下,就很难去和他讲道理。因此,如果想要保持理性的自我沟通,首先要保持内心的平静,掌握控制情绪的技巧,同时利用批判性的方式,进行反思,既要避免过度的自我贬低,也要对自己的成果和优势有一个清醒的认识。

五、自我沟通的策略

第一种策略，我们称之为动机激励策略。之前我们在讲到自我沟通的障碍因素时，曾经提到正确的、合理的目标，对于自我沟通有着非常重要的影响。而目标往往和动机有直接的关系。所谓动机，就是个体因为某种需要而产生的行为倾向。如果这种需要主要来自个体本身，我们就把这种动机就称为内部动机；如果需要来自外在的社会环境，那么就称为外部动机。因为产生需要的来源有内外之分，所以当个体需要和外在的社会需要相矛盾的时候，内部动机和外部动机就会产生冲突。如果外部动机比较强烈，而内部动机相对弱小，对于个体来说，就会承受比较大的外部压力，而自身缺乏激励，在行为上可能就会表现为不合作、抵触或者消极怠工。如果内部动机十分强烈，但是并非外在社会环境的需求，有时候就会表现为动机不纯。比如，公共场所禁止吸烟，但是个体却想要吸烟，这个时候个人欲望就和社会秩序发生冲突。因此在动机激励的策略中，需要主体对于内在动机和外在动机都有比较明确的认知，然后在两者的冲突中寻找到平衡点。

第二种策略叫作反馈评价策略。这里主要是指我们对于外在的反馈应当有一个客观的认识，既不应该因为外在反馈产生自卑的心理，又不能因为外在的评价而产生高傲的心态。范仲淹在《岳阳楼记》中所说的"不以物喜，不以己悲"，正与此类似。

外在的评价并非完全客观，这是因为个体在成长的过程当中，会围绕自我的特质，形成独特的价值观念，这表现在对客体的鉴别、分析和判断上，所以先验性判断是有价值倾向的。

而自我认知过程当中，有相当大的一部分反馈是来自外部，比如亲友的反馈，因为亲人之间亲情的存在，所以对于主体的正向反馈较多。如果反馈来自自己的朋友，因为朋友之间关系比较亲密，且多为同龄人，所以一些负面的反馈较为常见。孔子曾经说过有三种朋友值得交往，分别是"友直、友谅、友多闻"，而"友直"就是能够指出对方的缺点，并直言相告的朋友。来自同事或同学之间的反馈则较为理性，特别是同事之间，因为在一起工作的时间比较长，所以对于主体的评价，特别是在工作的内容上面，既会给出肯定的观点，也会给出批评的建议。所以我们应该看到来自外部的反馈，会因为和主体关系的远近程度不同，而给出理性或者非理性的、正向或者负向的反馈。当这些外部的评价和自身的判断相冲突的时候，虽然在情绪上会感到不安，甚至反感，在行为上也会比较消极，甚至抵触，但是我们应该客观地认识这些反馈，对自身作出较为客观的评价。

第三种策略是情绪控制策略。在自我沟通的过程当中，过度的情绪反应会严重影响到自我沟通的有效性,因此如何管理自己的情绪对于自我沟通非常重要。美国的心理学家阿尔伯特·埃利斯(Albert Ellis)提出了情绪管理 ABC 理论。A 就是事件,是 activating 的缩写;B 是信念,是 belief 的缩写;C 是后果,是 consequence 的缩写。阿尔伯特·埃利斯认为,虽然表面上看起来是因为事件导致了后果,但是事件本身只是间接原因,而信念才是直接原因。因为信念不同,会导致对后果的认知和后果的评价也存在区别和差异。所以对于同一事件,不同的主体因为观念不同,产生的后果也不相同,这就表现在他们的情绪上,有的是积极的,有的是消极的,在行为上也是如此。

在情绪管理 ABC 理论当中,阿尔伯特·埃利斯指出,个体对于事件的认知,往往具有双重性,也就是理性与非理性,而这种双重性是普遍存在的。

此外,阿尔伯特·埃利斯也提出人类的情绪是随着思维的产生而形成的。因此产生负面情绪往往是因为错误的思维,而陷于情绪当中无法跳出,是因为对这些错误思维的重复和坚持。所以该理论的核心观点认为,如果想要改变情绪,调整情绪的状态,一定要从改变观点入手,换言之,如果想要使用该理论进行自我沟通,一个非常重要的前提就是对于非理性和理性的自我认知。

 **案例分析**

《潮上升明月》主题晚会的导演沟通经历

在《潮上升明月》主题晚会当中,为了给潮汕父老乡亲呈现出一台极具浓郁潮汕风味的晚会,引发潮汕乡亲们的乡情,我们在晚会中加入了极具潮汕特色的民俗表演。

当时,许多民俗表演虽然具有独一无二的潮汕风味,但同时也存在着一些实实在在的问题,例如潮汕的一些民俗都是在游神赛会中的表演,表演者按照几百年的表演习惯,只熟悉他们自己原有的表演套路,只能听鼓点,在广场或者路面上表演,算是一种广场文化。那么如何将广场文化与所需要的文化有机地结合起来,成了我们当时面临的一大问题。

晚会当中,我们选取了汕头市潮阳区的一个小村庄的英歌舞队,为了保证晚会效果,从我们导演组角度出发,英歌舞虽然一定要上,但是也绝对不能纯原生态地在舞台上表演。因为原生态的英歌舞的农民兄弟只能听他们原有的原生态鼓点,舞蹈动作与队形排列也完全无舞台调度可言。于是,我们导演组花了两天时间到英歌舞队的村里与当地的农民沟通,在村里的大广场看他们的英歌舞,录了像,了解了他们的舞蹈动作与鼓点特征,也向他们表述了我们对节目的要求。农民兄弟虽然对我们的要求表示尽力满足，但是对于他们来讲，我们的要求就如镜中花、水中月，让他们一头雾水，这就是我们与他们的初步沟通。

回到广州之后，我们找了音乐制作人按照我们的要求，结合英歌舞队原有的鼓点特征，用潮汕音乐元素制作完成了音乐，并将音乐发回村里给他们排练。本以为我们能够大功告成，只要农民兄弟们按照我们所制作的音乐排练，必定能够成为晚会的一大亮点。谁知，事情并没有我们想象当中的那么简单。村里给我们的反馈信息来了，所有的农民兄弟听到音乐之后全部拒绝演出，他们认为结合音乐的表演和他们所表演的英歌舞根本就是风马牛不相及的事情。他们虽然很努力地反复听了音乐，教练也多次尝试用音乐教他们跳，可是，无论如何他们就是搞不懂，学不会。因为他们认为我们的音乐与他们的这个民间舞蹈是矛盾的。于是，如何与这群潮汕的农民兄弟们沟通好，让他们按照我们的意愿与表现手法演出，就成了我们当时的首要任务。

两天后，我带领导演组的同事再次奔赴村里。到了他们村里之后，我并不急于用语言与农民兄弟们谈心、做思想工作，因为我知道，这些事情他们的村主任已经反复尝试过，并且也没有任何效果。取而代之的是，我让他们的村主任通知全体村民，我要请他们全村在广场看电影。我从广州带去了一个大型的投影幕还有一套大音响。

当天晚上，村里的广场聚集了近 3 000 人，晚上 7 点半，电影正式开始。首先，我播放了一遍我为他们制作的英歌舞的音乐，听完之后，有些农民兄弟有点不耐烦，甚至有的还说我们又来忽悠他们了。然后，我们再播放了一遍之前我们对他们的表演录制的视频，这时有的农民兄弟高声对我讲："导演，你看，这才是我们的英歌舞，你们要的根本不是英歌舞。"我笑着对农民兄弟讲，"大家别着急，看看下面的精彩电影。"于是，我播出了第三个文件，这是将他们之前表演的视频与鼓点音频，再加上我们所制作的英歌舞音乐三轨合成的。看了之后，农民兄弟明白了，我们制作的音乐与他们表演的视频非常完美地结合了，此视频中，他们的英歌舞鼓点音乐，比他们原来的单纯鼓点丰富得多，也同时使得他们的表演更加有张力，更加大气恢宏。此时，全场高声喊出："太好看了，我们从来没有见过这么好看的英歌舞，也从来没有想过英歌舞可以是这么表演的！"于是，我给他们仔细讲解了我们的音乐与他们的视频，他们彻底明白了，原来，我们的音乐就是根据他们的基础鼓点而制作的，完全是根据他们的动作、节奏与队形而编的曲，只是我们的音乐加上了许许多多的潮汕民乐旋律与配器，他们一下子就懂了。

最后，当天晚上我们给他们讲解之后，他们连夜排练到凌晨 3 点，节目的雏形也就初步定下来了，农民兄弟们的士气也非常高涨。有了这次很好的沟通，农民兄弟们对我们更加信任，也更加努力地排练了。在正式演出当天，农民兄弟们精彩绝伦的演出得到了领导与乡亲们的高度赞扬，成为晚会的一大亮点，也成为媒体争相报道的头条信息。

（资料来源：杜慕群.管理沟通案例[M].北京：清华大学出版社,2013.）

阅读案例,讨论以下问题：

1. 结合案例分析非语言沟通使用的情境。

2. 结合案例分析非语言沟通与语言沟通的表现形式带来了哪些不同的效果。

3. 试分析自己在职业生涯中惯用的非语言的沟通技巧。

第三章
文化培育与沟通

企业里员工的习惯已经是定型的了,而习惯又造成了惯性思维,所以很多企业不是没有文化,而是没有好的文化,或者没有 CEO 理想状态下的文化。[1]

——李楠《建立文化需高瞻远瞩》

第一节　企业文化概述

一、认识企业文化

什么是企业文化?目前并没有一个统一的定义,但就企业文化的内容、性质而言,学术界与企业界还是有相当多的共识。先从企业常见的两个具体问题谈起。

第一个常见的问题是企业招聘。面试时觉得是一个人才,工作后他也很勤奋努力,但总觉得他处理问题、与人相处不对劲,最后这个"人才"还是没有留住。一个企业,到底该招什么样的人?"不对劲"的地方到底是什么?

第二个常见的问题是客户来退货,该怎么面对?常见的不外乎三种情况:一是推三推四,尽量不退;二是来了就退,不问为什么;三是热情接待,问清情况再决定退还是不退。无论以哪种方式去处理,无论有没有具体的退货流程,都反映了企业的做事方式,体现了企业的"性格"。这其实都是企业文化问题。

简单地说,企业文化就是企业在没有行政命令、没有制度安排的情况下,默认的做事方式、习惯或风格,以及员工、客户在企业中感受到的氛围。一个新员工来到公司,他感受到亲切的氛围,这是企业文化;在领导没有要求加班的情况下,员工习惯于加班,这是企业文化;当工作明显需要加班,而员工习惯于按时上下班,这也是企业文化;互相推诿、只会提出问题而不去解决是企业文化,默默解决所有难题、彼此比工作

---

① 李艳冰.成功锦囊之生存之道[M].石家庄:河北人民出版社,2020.

成果,也是企业文化。有人的地方就会有文化,因此所有企业都有自己独特的文化。只不过上升到战略后,每个公司都希望有正向的企业文化。然而,究其本质,企业文化就像人的性格,是由基因和后天的环境决定的。企业文化的基因就是创始人和核心团队带来的基本假设。为什么企业、组织间会有不同的氛围?其实人或组织的行为源于价值观。如何对待同事,如何对待客户,都源于我们的价值观。认为这个世界可以共赢还是"你死我活",这决定了我们如何对待别人。为什么我们会有这样或那样的价值观?这是源于背后的假设。假设这个世界只有共赢才能生存发展,或者假设这个世界是资源稀缺的,有你的就没我的。这些假设决定了我们的价值观,进而决定了我们如何处理问题、对待他人。

　　关于企业文化的定义,国内外学者们从不同的角度和层面对其进行了阐述。虽然表述各异,但大多指出了企业文化是一个组织内形成的独特的信念、价值、历史传统、习惯、作风、道德规范和生产观念。企业依赖于这些文化组织的各种内部力量,统一于共同的指导思想和经营哲学中。美国麻省理工学院教授艾德佳·沙因(Edgar H. Schein)对企业文化的定义是:"企业文化是一个给定的组织在其应对外部适应性和内部一体化问题的过程中,创造、发现和发展的,被证明是行之有效的并用来教育新成员正确地认识、思考和感觉上述问题的基本假定。"①

　　所谓企业文化,就是企业信奉并付诸实践的价值理念体系。企业文化不是一般的社会文化。企业文化的空间所指是特定人群,即一个企业的员工。企业文化是当下的,不是过去的也不是将来的。企业文化的深刻程度是指绝大多数人对一种观念和方式的自觉认同,而不是主要靠行政权力、利益刺激而形成的,是一种无形的、非强制性的,并且是多数人的自觉与认同,必须付诸实践。企业文化的内容是指一种内在的方式与观念,而不是我们的知识、技能以及外在的某一具体的事物。企业文化的内在结构不是随意的凌乱的组合,而是一个有内在联系的一系列文化要素的有机构成的系统,它与人们的价值观、思维方式、个性化、评价体系和行为方式相对应。

　　企业文化就像企业的灵魂一样,没有文化的企业是没有灵魂的,这样的企业往往找不到发展方向,缺乏活力。企业文化能够给企业和员工以指导,通过一种"润物细无声"式的命令,于无形之中发挥强大的导向作用。企业文化为企业发展提供凝聚力,能够将企业员工凝聚在一起,吸收、汇聚社会上各种类型的优秀人才,促进企业不断壮大。

　　企业文化虽然能够发挥约束性作用,但这种力量是无形的,不是强制性的,它对于企业规章制度的缺陷具有弥补作用。企业文化的软约束力量或者说内在约束,使

---

① 解进强.机遇决策行为及其影响机制研究[M].北京:对外经济贸易大学出版社,2016.

员工认同企业的价值观与发展理念,并以此为前提约束自身,形成自我约束。员工的自我约束一旦形成,企业的制度管理就有了强大保障,有利于消除潜在的不利因素。

二、企业文化特征

为了对企业文化内涵的理解进一步加深,以及更好地开展企业文化建设实践,有必要了解企业文化的特征。企业文化特征主要包括以下八个方面。

（一）人文性

企业文化属于管理哲学。相较于以物质为中心的传统企业管理思想,企业文化具有以人为本的特性,从根本上与传统管理理念不同。所谓企业文化的人文性,是指企业内外一切活动都应是以人为中心的。这里所指的人,既是企业内部的员工,也是企业服务的消费者。一切为了人,一切服务人,一切依靠人,一切以人为出发点和落脚点。人是目的,这就要求企业不能仅把人看作工具,而是必须把人本身看作目的。人文性强调的是尊重人、服务人、解放人、塑造人,以人为价值取向,关心人的生存和发展,使人的情感丰富,精神饱满,思想更深刻。人们通常都希望同他人和睦相处,希望人与人之间彼此信赖,互相帮助,充满友爱,希望能够得到其他人的尊重与认可。优秀的企业文化强调人在企业中的重要性,提倡团体精神,企业应当将企业文化中的"人文"性理念传递至每位员工的内心深处。企业文化作为一种人伦文化,一个重要作用就是调节群体之中人与人之间的关系,调整个体的自身行为。因此,企业文化遵从的是文化规律,而非自然规律,从这个角度来看,企业文化无疑具备强烈的人文性。人是最宝贵的财富,企业员工不仅是被管理者,而且是企业经营活动的主体。企业必须以人为中心,只有这样,才能充分发挥员工的积极性和创造性。人是企业文化的根本,人的潜力是企业的王牌。同时,只有充满人文关怀的企业,才会赢得消费者的青睐,使消费者对企业形象和品牌产生认同感、信赖感与忠诚感。企业文化是否反映人文理念,是否以人为中心而展开,是否具备人文关怀,其核心内容是否基于对人的依靠、尊重与关爱,这决定了一个企业的文化是否确实能促使该企业持久、健康地发展。

（二）社会性

企业是整个社会经济活动中的一个重要的组成部分,可以看作是社会经济活动的"细胞"。细胞依附肌体而生存。企业文化是企业的价值取向、行为准则,表现的是一种社会群体文化。企业文化属于社会文化的一部分,企业文化与社会文化具有很强的联系性,彼此深深影响着对方。企业文化表现出与众不同的特性,在大的社会背景之下从属于其他文化,会被主流文化、本土文化、传统文化浸润和制约。与社会相割裂的企业文化不具有发展的可持续性,终将会被社会所抛弃。

（三）集体性

企业文化是企业的存在样式，企业不是个人的简单集合，而是一个社会集体组织。一个企业的文化是在企业发展过程中所逐渐形成的，包含这个企业的价值理念、规章制度和标准等。企业文化不可能在短期之内快速形成，也不可能由某位员工或某部分员工成功塑造。企业的价值观、道德观念、发展理念、制度规范要求每一位企业员工遵从。企业文化的建设与完善，需要企业与全体员工一起投入力量，这就是企业文化的集体性。

（四）独特性

处于不同历史情况下，企业会形成不同特色的文化。在自然界中，我们找不到两块一模一样的石头，在企业之中，也不存在两种毫无差别的企业文化。从管理理论角度看，企业文化的最终目的一定是达成企业所追求的目标，因此，企业要按照本企业的特性来建设富有自身企业特色的文化，并按照这种特性制定管理制度，进行有效管理。每个企业都具备与其他企业不同的特点，从产品到营销方式，从经营手段到管理制度，从企业精神到发展理念，不同企业表现出不同的特点。即便是提供同种类型服务的两家企业，他们的文化设施、经营方法等也会有所差别。因此，任何企业的文化都体现着本企业的鲜明个性。成功往往具有独一无二的性质，企业文化同样如此。单纯模仿其他企业，终将陷入发展困境。企业文化如果缺乏活力、死板空洞，企业便不可能具有持续发展的生命力。

（五）综合性

虽然企业文化一经形成，就具有相对稳定性，但它作为一个开放系统，总要与外部进行物质、信息、能量的交换和碰撞，不断吸纳对自己有利的、优秀的文化元素，并将其转化为自身特色。尤其当某种文化内在价值是本企业文化中所缺少的，企业便会吸收这种价值到本企业文化之中。任何文化都是某一民族、某一组织群体珍贵的成果，都含有一定的特殊价值。当不同的文化碰撞时，文化与文化之间便会互相融合，彼此吸收对方文化中有价值的部分，这样一来，新的企业文化便孕育而成了。因此可以看出，企业文化具备综合性。然而，有人将这种综合性当作文化模仿或文化叠加，这种理解是一种片面的认识。究其本质，企业文化的综合性是吸收文化中的精华，并对这种精华进行再造，包括新文化的形成。一般而言，企业文化越具备综合性，就越具备可持续性。

（六）系统性

从系统观点出发，企业文化是多层次、多角度、多方位的。企业文化由企业的物质文化、行为文化、制度文化、精神文化四个要素构成，这四个要素在排列上体现为特定的结构，表现为一定形式，彼此独立存在，各自发挥不同作用。然而，企业文化具有系统性,企业内部各个子系统、各个构成要素有机结合在一起,产生整体效应。研究企业文化并不意味着站在某种角度探析企业发展的规律,企业文化是企业内部联系的反映,这种反映是全方位的也是立体的。

（七）规范性

企业文化是一个企业全体成员共同创造的,因此,全体员工在思想和行为上要求和企业文化相符,尤其是紧密牵涉企业利益的思想行为,更应遵循企业的价值观念。若员工在思想和行为上与企业文化相背,员工应进行调整以符合企业的相关规定。这种规定能够把企业的利益、目标同个人的利益、目标联系起来,达成一致。由此可见,企业文化是看不见摸不着但切实存在的制度。

（八）时代性

任何企业都不是孤立存在的,而是存在于一定的社会环境和时空背景中,必然为时代精神所影响,同时又为其所身处的社会环境服务。企业文化产生在特定的时代背景下,是时代的产物,因此,企业文化的内容与形式都会受相应时代的政治、经济、社会、文化等因素制约。当代的企业文化反映着当代经营管理的模式,正如一滴水珠能映照出太阳的光辉一样,良好的企业文化应彰显时代风貌,弘扬时代精神。

三、企业文化功能

企业文化在理论和实践上均十分受到人们重视,它本身能够发挥多样的特有的管理作用,在企业管理中的影响力涉及诸多层面,主要可以分为以下几个功能。

（一）导向功能

企业文化的导向功能是指企业文化对企业的发展方向、价值观念和行为文化等的引导作用。由于企业文化集中反映了企业全体成员的价值观、追求和利益,因此它对每个员工而言都有一种无形的、强大的感召力,于无形之中发挥指导作用,引领企业和员工的发展方向,使员工发自内心地认同与遵守,从而把企业与个人的意愿和发展结合起来,促使企业发展壮大。

对于企业生产、经营、管理而言,企业文化所能发挥的导向功能十分重要,主要表现为:首先,对于员工思想与行为具有导向功能;其次,对于整个企业在价值和行为上的取向具有导向功能,这比前者更重要。企业文化的导向功能能够使企业在价值取向和行为表现等方面实现一致,使内部全体成员团结一致,朝着一个确定的目标奋斗。

（二）凝聚功能

企业价值观和精神作为企业文化中的核心因素,能够发挥凝聚力,促进企业持久地发展与进步。因为,企业文化是一个企业向心力与凝聚力的反映,它就像企业的黏合剂,发挥着重要的凝聚力量。所谓企业文化的凝聚功能,就是在企业生产经营的过程中,将企业内部成员凝聚起来实现合力效果的文化功能。

社会心理学家认为,社会系统的基础是人类的态度、知觉、信念、动机、习惯及期望等心理因素。在社会系统中,将个体凝聚起来的是一种心理的力量,而非生物的力量。企业文化正是通过这种微妙的方式,与员工的思想进行沟通,并进一步培养、激发员工内在的群体意识。企业通过营造一定的文化氛围,给员工以切实的亲身感受,能够使员工认同本企业,并产生对企业的归属心理,以及对自身职业和岗位的使命感与自豪感。这个时候,企业文化会发挥强大的凝聚作用和向心作用,企业员工会团结一致,形成一个有机整体,企业进而能够产生一种强有力的整体效应。

（三）激励功能

企业能取得怎样的发展,关键在于内部成员在创造性与积极性上的表现。人的创造性与积极性是后天的,需要通过激励激发出来。然而,企业仅凭硬性的规章制度无法很好地激发成员的积极性与创造性,物质奖励无法长久发挥作用。所以,使员工自觉发现工作的趣味与意义,主动地开展工作,这比物质奖励更有效果。激励是对个体的外部刺激,能够激发个体高昂的情绪和努力的积极性。企业文化具有激励功能,即企业文化能以高尚的精神力量鼓励和凝聚内部成员,使他们得到充分的信任与尊重,认识到自身作为企业主人翁的责任,由衷地产生自豪感;使他们产生高昂的情绪和前进的力量,发挥工作积极性,为达成企业的目标而奋斗。

企业文化把"以人为本"作为中心内容。企业的发展说到底是人的发展,发展企业就是发展人。人是企业的最高价值主体。以人为本,就是以人为根本,一切依靠人,一切为了人,一切服务人。如果能够满足员工的多重需求,那么积极向上的思想观念及行为准则会成为员工自我激励的一把标尺,给员工提供持久的动力。在很多激励理论研究者看来,所有激励方式中最为有效的方式往往表现为使受激励者认为其充分发挥了自身的潜能和特有作用,并取得了不错的工作结果。优秀的企业文化,就在于能够满足各个层次员工的需求。在良好的企业文化氛围中,员工能够被尊重和信任,对企业有所贡献的员工都能为其他人所肯定,都能受到领导的赞扬,得到奖赏。只有这样,员工才能产生奉献的热情,进而选准下一个奋斗目标。正所谓"没有什么比成功更能导致成功的了"。企业文化以诱导和启发的力量激励员工,发掘员工的潜力、积极性和创造性,是企业发展的推动力。

（四）约束功能

约束功能是指企业文化能够起到控制、约束、规范企业和员工行为的作用。企业文化通过一系列有形的、正式的、成文的、强制性的规章制度等硬约束,以及无形的、非正式的、不成文的、非强制性的行为准则等软约束,不断强化员工的道德观念、纪律观念,规范、约束和组织员工的行为。强制性规章制度,即硬约束,不是企业管理员工的主要方法,软约束才是,它主要通过教育和舆论的作用,潜移默化地规范员工的行为,校正行为偏差。这种软约束是在尊重成员个体情感基础之上的一种无形的控制,使成员在企业文化的影响下明白哪些事情不该做、不能做,明确工作意义和工作方法,从而提高员工的积极性、主动性并促进员工自我约束。随着企业中具备自觉性的成员不断增加,企业内部便会逐渐孕育出无形的精神力量,这种力量相当稳定,会使企业在发展过程中自然形成良好的企业氛围和标准。企业中也会存在部分与企业整体价值取向相矛盾的员工,但他们受到这种氛围的影响,也会进行自我调整,最终符合企业的整体价值取向。

企业文化的约束功能表现在两个方面:一是通过企业文化的制度文化建设,把规章制度转化为员工的意志和自觉行为,使员工遵章守纪,严格有序地开展常态工作;二是自我约束,这是在制度中没有规定的行为、语言、形象、方法,在意识作用下的自我约束。企业文化就像是无声的号令和无形的管制。

(五)辐射功能

辐射功能是指企业文化向外扩散和传播的能力。一个企业的文化不仅能够对内部产生强大的感染力,同时也使产品销售、生产信息流动、管理制度、企业成员之间的联系等扩展到企业外部,使企业文化传达出的外部形象为社会大众所知。这种辐射功能能够发挥强大的作用,企业通过自身优秀文化的辐射,甚至能够成为世界文化和时代文化的一部分,或为其他企业的发展提供经验,引导社会文化的蓬勃发展。

当前,科学技术的发展,不仅使企业对外辐射的手段变多,而且企业也越来越重视通过广告、传播、公共关系等方式把自己推荐给公众。在这种推荐过程中,企业文化通过企业员工、企业本身与外界进行接触,以独特的辐射功能发挥影响力,使信息能够相互交流,实现相互学习和相互影响,促使企业文化不断发展进步,这有利于企业和社会精神文明的发展,对社会文化的发展产生积极作用。

第二节 企业沟通概述

一、企业沟通基本理念

(一)企业沟通的内涵

"沟通"一词的本意是传播、通信和告知的意思,它是通过人与人的思想或观念的交流,以达到彼此了解的过程。[①] 对于企业内的沟通,我们可以理解为企业内部机构

---

① 刘祖云,等.组织社会学[M].北京:中国社会出版社,2002.

之间、人员之间，使用语言、资讯、函件或其他符号，传达思想或交换情报信息，完成企业目标的过程。这种沟通不同于物与物之间的信息传递，它是将一个企业内的人联系在一起，以达到共同目的的手段。

企业沟通的内涵涉及以下三方面。

（1）良好的心态是企业有效沟通的首要问题。很多人以为沟通是一种讲话的技巧，其实不然。作为员工，如果不能端正心态，就无法谈及企业有效沟通的话题。如果一个人的心中有自大、自私、自我、自利的任何一种成分存在，与人进行沟通时，就不能站在对方的角度思考问题，最终对沟通的效果产生极大的负面影响。

（2）真诚的关心是企业有效沟通的关键环节。沟通是否有效的关键环节是在沟通时能否站在对方的角度思考。经济学中的供给与需求均衡理论同样适应于企业的有效沟通。只有在交流的时候站在对方的角度思量，才能体会到对方的供给与需求，体会到对方的真正感受。

（3）积极主动是企业有效沟通的基本方式。在双方进行交流时，只有一方积极主动地反馈和交流，才能保证沟通的有效进行，才会提高解决问题的效率。

（二）沟通的过程

在企业的沟通过程中，各个要素是互相影响的。简单地说，沟通过程的要素包括"信息""发送者""接收者""传递信息"，如图 3 - 1 所示。

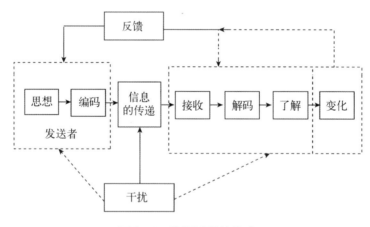

图 3 - 1　沟通过程的模式

所谓发送者，是指沟通行为的引发者。企业中的任何人将其观念、动机、消息或目的传达给他人即发送者。

所谓编码，是指沟通者将其要传递的观念等信息变成有系统的符号，如语言、文字或手势、表情，以表达沟通者的目的。编码的作用，在于使观念与目的以信息形式表示出来。

所谓信息的传递是指联系发送者与接收者的渠道或途径。企业中的沟通途径可以是书面备忘录、电子计算机、电话、电报、电视以及其他形式。

所谓接收者,是指根据命令、报告和情况来调整自己行为的人。每个接收者对于信息的解释,皆按其从前的经验与周围事物可参考的因素而行动。只有接收者理解了信息的含义,沟通才算完成。

反馈圈可以告诉沟通的发送者,其信息是否被接受。

所谓干扰,是指在沟通过程中的破坏、干涉或困扰,随时可以发生。在企业中,干扰的来源繁多而杂乱,主要有:情绪紊乱,接受者与发送者之间的误解,企业成员以相同的语言表示不同的意义,时间压力,上级与下级因对企业认识有差距而出现沟通障碍,接受者的价值判断等。

模式中的"变化",这个变量其实是信息沟通基本过程以外的问题。但就广义而言,企业进行信息沟通的目的就在于引起"变化"。当然,"变化"的产生并不完全取决于对信息的理解。

（三）沟通的技能

关于企业管理沟通的技能,可归纳为以下几点。

1. 把握目标

沟通目标的确定是至关重要的,其意义在于对沟通过程中最终要解决的问题预先进行分析。在沟通正式开始之前,沟通者面对许多信息,他们必须将这些信息整理清楚,最终组织出来一个足够清晰的概念,这是实现有效沟通的必要准备。其包括如下内容:对目标进行确定,明确主要观点,具体安排详细内容。沟通目标必须具备咨询性与指导性,还要在把握总体目标的基础上,明确沟通与行动的目标。在厘清总体目标、任务、战略、策略之间关系的同时,明确主导目标,在这一基础上,以恰当的方式整合对方提出的目标,最终确定行动目标,明确沟通目标。

2. 分析信息源

所谓信息源,指的是发起沟通行为的主体,又叫信息发送者。分析信息源就是分析沟通主体。沟通中,信息源主要应当认识清楚"我是谁""我在哪儿""我能传达给受众什么信息"这三个问题。分析信息源就是分析并解决前两个问题。对于"我是谁"这一问题,强调的是自我认知;对于"我在哪儿"这一问题,强调的是自我定位。对于这两个问题的确定,就是对于可信程度的确定。成功地分析信息源,能有效帮助沟通者之间建立信任,也有利于沟通目标的明确。

3. 组织信息

组织信息有利于使信息接收者更好、更顺畅地接收信息。在信息的组织上必须具有一定的策略性,这要求组织信息者仔细考量将重要信息放在沟通过程中的哪个部分,是作为开场白,还是作为沟通的收尾。如果作为开场白,就是直入主题。这种方式可以让接收信息的人更快地进入主题,多用于商务场合。如果是将重要内容放在结尾,就是间接进入主题,一般是通过循序渐进的方式,逐渐推导出最后的结论。这种方式能有效避免听众的抵触心理,引起听众兴趣,从而达到转变听众态度的目的。所以,善于制定信息策略十分重要。沟通者在沟通开始之前就要提前制定策略,并对信息结构进行调整和完善。制定信息策略的重点在于解决以下两个问题:一是如何强调重要信息,二是怎样组织好信息。

4. 了解听众,服务听众

有效的管理沟通必然是服务于听众的沟通,是以听众作为导向的。沟通正式开始之前要了解听众,解决"听众是谁""听众了解什么""听众对什么感兴趣""如何激励听众"这四个问题,仔细考虑并预测听众的状态。他们是积极主动的,还是消极被动的?他们居于主要地位,还是次要地位?他们对本次沟通内容与主题了解到什么程度?他们有必要了解什么信息?他们对于本次沟通的兴趣程度如何?如果他们具有强烈的兴趣,可以选择开门见山的方式,直入沟通主题;如果听众对于本次沟通缺少兴趣,有必要通过适当的方式激起他们的兴趣,可以更多地倾听听众意见,引导听众积极参与沟通。成功的管理沟通必然要分析听众,要重视沟通客体策略的制定与使用,努力发挥沟通管理过程中伦理道德的重要作用。

5. 分析沟通背景(环境)

现代企业要想提高管理沟通的效率,一定要重视对沟通背景的分析。构建一个沟通背景分析机制,不光要对内部背景进行分析,还要分析外部背景,要根据实际情况因地制宜地开展分析。沟通过程中的背景因素往往发挥着重要作用,包括如下几个方面:首先是心理背景,主要是沟通主体自身的心理状态,以及对听众的态度与感受,沟通主体应尽可能避免个人好恶,防止因此出现沟通偏差;其次是物理背景,也就是沟通进行的地点和场所,场所不同,所营造的沟通氛围也有所差别,在办公室进行沟通与在咖啡馆进行沟通会导致不同的沟通效果;再次是社会背景,应当根据社会角色的不同,选择不同的沟通方式,处理好沟通所涉及的不同对象之间的关系;最后是文化背景,文化背景对于人们的影响更加深远,对于沟通行为与过程的影响通常是深层的、潜在的,不容易为人所察觉,但是当具有不同文化背景的人在沟通过程中出现激烈的文化碰撞时,文化的影响性就极大地显现了出来。

6. 优选媒介(渠道)

沟通是需要通过某种媒介来进行的,这种媒介或是书面的,或是口头的,或是非语言的。沟通渠道作为一种媒介,由信息传递者选择并用来传递信息。通常而言,通过口头进行的沟通具有及时性与互动性,所交流的内容也较为灵活,不必进行严格记录,沟通形式不死板,具有较为强烈的感情色彩。通过书面进行的沟通则要求尽可能严谨,沟通内容需要被记录下来。沟通渠道不管是口头的还是书面的,都是既可以用作正式沟通,也可以用作非正式沟通。对于沟通渠道的选择要结合实际情况,选用恰当的渠道进行沟通。如今,随着信息经济快速发展,出现了许多电子信息沟通渠道,很多企业以手机或电脑作为媒介,通过电子邮件、数据库、网络会议、内部独立网站等来进行管理和沟通,这些新渠道为沟通极大地提供了便利。就理论而言,管理沟通要求速度更快捷,覆盖面积更宽广,涵盖的信息容量更大,准确率和效率更高。

7. 重视反馈

一个完整、有效的沟通过程,一方面包括成功传递信息,另一方面还必须包括信息的反馈。如果不重视沟通中的信息反馈,沟通容易不顺畅甚至是失败。沟通者需要了解本次沟通的成效,检验接收信息的人是不是很好地接收并理解了信息,因此必须重视反馈。信息的沟通者为了获得良好的沟通效果,必然会要求信息接收者给予及时的反馈。通过反馈,可以检验已传达的信息是不是被彻底理解了,如果没有就要重新传递信息。对于信息接收者而言,他们在反馈之后发现对于信息的理解有所偏差的话,可以及时调整并再次进行反馈,直到对于信息的理解达到精准的程度。

(四)沟通的意义

沟通管理工作是企业管理者在一定的企业文化背景下,和员工进行思想和意识的双向传递的过程。管理者只有通过企业文化沟通,做好互相交换思想和看法的工作,强化企业人文氛围,才能做好员工的指导工作,让员工协同配合,更加高效地完成任务。

每个企业都会根据业务的不同诞生不同的文化形式。企业文化一个很重要的作用就是可作为沟通渠道,企业的发展离不开沟通,在大家都认可的企业文化基础上的沟通,会使沟通更顺畅。沟通是传递思想,使别人理解自己的过程。在一个企业中,企业文化和沟通是极为重要的。管理者要在企业发展中构建起优秀的企业文化,树立正确的价值观,不断做好员工的引导和管理工作,并且通过优秀的企业文化在沟通中不断鼓励员工更加积极、主动地完成工作,强化企业的人文氛围。

1. 用企业文化的凝聚功能在沟通中强化企业人文氛围

在企业的发展中,沟通的方式各不相同,管理者也必然要面临不同的情况。但是唯一不变的是,企业文化始终为企业发展发挥凝聚作用,将内部全体成员联系、团结起来,使他们为了共同的目标坚定不移地共同奋斗。而沟通管理的最终目的就是要提升员工的高效协同能力。因此,管理者在沟通中要强化企业文化,把企业和员工双方的利益协调统一起来,以实现企业和员工的双赢为发展理念,发挥企业文化强大的凝聚作用,在企业内部形成团结一致的文化氛围。

2. 用企业文化的导向功能在沟通中强化企业人文氛围

企业文化具有导向功能,具体包括价值导向和行为导向。管理者要在沟通中,将企业文化所要表达的价值观念和企业精神传达给员工,为员工提供具有持续导向作用、更具适用性的正确的工作目标。尤其是企业文化的核心是创新,这对现代企业的持续发展而言是至关重要的。管理者只有在沟通中对创新的企业文化价值观念给予足够的重视,并且将这种观念传递给员工,鼓励员工不断创新、与时俱进,才能更好地做好企业的沟通管理工作。

3. 用企业文化的激励功能在沟通中强化企业人文氛围

沟通的目的之一就是要做好员工的激励工作。激励是一种精神力量和状态,是管理者在沟通中与员工高效协同配合能力的关键。企业文化在企业内部营造了一种特有的文化氛围,提供了价值上的导向,这能够对员工产生文化上的重要激励。管理者要学会在沟通中善加利用,从而激发企业成员的潜在能力,唤醒他们的工作热情、创造性和主动性,最大限度地使员工能力发挥良好作用,提高其在岗位上的自主管理能力,更好地为企业作出自己的贡献。

4. 用企业文化的约束功能在沟通中强化企业人文氛围

企业文化在很多时候为企业确立了正确的方向,同时,也对员工一些不利于企业发展的行为发挥了一种"软约束"的作用。管理者要学会在沟通中充分发挥企业文化的约束作用,调动起员工工作的热情、自主性,使员工能够自我约束,找到工作的方法与意义,提升主人翁意识,进而提升员工的高效协同能力。

二、沟通主体

企业的沟通主体除单个员工外,就是团体(团队)。根据建立团体的原则和方式,团体可分为正式团体和非正式团体。

(一)正式团体

正式团体是根据组织的性质、任务、定员编制和有关规则约束正式命名和建立的。正式团体执行组织的特定任务,为完成组织指定的目标,团体成员在一起工作。组织中的正式团体的形式、任务以及成员的权利、义务,都是由组织管理部门加以规定的,成员要从事由组织目标所规定的活动,并使自己的行为与这个组织目标的方向相一致。

(二)非正式团体

非正式团体是不经组织权力部门规定而自然形成的。这些组织团体由于爱好相同,观点相近,经常在一起活动而形成频繁的沟通交往,久而久之在心理上相互认可,从而固定为一种所谓的非正式团体。非正式团体完全靠情感和心理因素相联结,它的产生与组织目标和组织任务没有关系。然而非正式团体一经形成,就会对组织的各个方面产生非常大的影响。

三、沟通内容

在日常管理活动中,根据所接触的沟通对象不同,沟通内容可以概括为以下三个方面。

（一）与上司的沟通

1. 汇报工作

企业员工将跟自己有关的工作或是自己所处部门的工作状况向上司汇报,一般会出现以下三种情况。

（1）员工对上司汇报工作情况,上司因了解程度不够,全程基本只听不说;

（2）汇报全程主要是员工讲述,上司在关键之处不时提出重要问题;

（3）员工向上司汇报的工作非常重要,时间上又十分紧急,因此上司以主导性的姿态,不断提出问题,要求员工一一作答。

员工在对上司进行工作情况汇报前,需要仔细想清楚上司听取意见的方式,在此基础上选择汇报形式,充分做好汇报准备。对于全程只听不说的上司,员工要以感染性的语言不使上司感到乏味,并注意汇报时要做到清楚有条理;对于不断提问的上司,在汇报工作情况前,员工应该针对上司尤其重视的某些问题,提前做好回答的准备。

2. 提建议

相对上司,员工对某项工作的实际操作更为熟悉,如果对于上司制定的规章制度或提出的工作计划持有不同看法,或者认为其中的一些细节、情况存在不足,需要加以调整和改进,员工就需要向上司提建议,充分表达自身看法,以改变上司的想法和行为。

3. 商讨问题

员工了解上司的性格特征,并对基本事实有所把握,且已经拟定了解决方案,在此前提下,可以就工作中出现的问题和解决方法与上司展开商讨。

（二）与下属的沟通

1. 命令

命令下属执行某种行为。上级对下属发出命令,使其做某件事,一般出于以下三种情况。

（1）工作本身的性质

如果工作本身并不复杂,上下级之间就没必要进行商议。

（2）职业经理自身的性格

一些职业经理具有很强的权力欲望，他们作为上级管理他人时，心理上会出现高高在上之感，喜欢随意命令下属。

（3）下属的工作能力较低和经验较少

对于某项工作，若是上司具有经验上的优势，而下属工作经验不足的话，上司可以通过命令推进工作，这么做能提高效率，减少下属心理上的抗拒性。

2. 批评

当下属的行为未能使原定目标实现，或者下属的行为造成了严重后果时，上级选择合适的时间、地点，以适当的方式，通过批评指出下属行为的不当之处。

3. 讨论

讨论作为一种沟通方式相对来说比较平等，上下级之间对工作进行讨论，有利于确定更有效的工作方式，还可以对下属在工作中遇到的障碍进行详细分析，讨论克服的方法。在讨论过程中，上司一般是主导性的，对讨论方向进行控制，把握讨论的预期目的。

（三）水平沟通

职位相同的员工之间，往往表现为商讨或提意见的形式，寻找问题的解决方案及完成工作的方法，需要最大限度地兼顾各部门的利益，而不是通过"命令"的方式将一己之见强加于人。这种沟通分为三种情况。

（1）某项工作需要在其他员工的帮助下才能完成。

（2）其他成员需要帮助。

（3）突发事件所形成的部门间的工作关系。

无论与上司、下属还是其他同级同事沟通，都应明白要与对方沟通什么。选择沟通内容的基本原则：首先是沟通利益，其次才是沟通内容本身。

第三节　企业文化建设

一、企业文化建设的定义与目标

（一）企业文化建设的定义

企业文化建设，是指企业所进行的一种有目的、有计划地培育具有自己特色的企业文化的活动和过程。具体来说，就是挖掘、提炼一套符合企业实际、有利于企业生存和发展的价值观系统，并在企业内部采用各种行之有效的途径和方法，使这一系统得到全体员工或大多数员工的认同和接受，形成企业共有的价值观，乃至逐渐沉淀为全体或大多数员工的心理习惯和整个企业共同的价值判断标准和行为准则,即形成全体员工共同的积极向上的做人做事的原则和方式,充分发挥每个员工的工作主动性、积极性和创造性,形成团队精神。

（二）企业文化建设的目标

建设企业文化的工程是系统性的,因此,应当确立长远的目标,从企业发展战略出发,符合企业的发展方向。并且,还应当着眼于促进企业资源的整合以及企业整体素质的强化。建设企业文化,应当仔细考查企业发展历史、当前的现实情况、企业战略,在此基础上确定建设目标,确保该目标同企业战略目标相协调,通过达成该目标推动企业发展进步。建设企业文化往往需要先确定一个总体目标,设置的总体目标可以是建设先进文化、全面提高内部成员综合素养、强化企业内在灵魂、营造和强化企业外在形象等。但建设企业文化不能只有总体目标,为了促进企业以及内部员工的全面发展与提高,还应该确定具备多层次的复合目标。就企业而言,目标可以从短期盈利、长期战略、占据多少市场份额等方面来设置;对于个人而言,根据马斯洛的需求层次理论,可以把个体的需求详细分成生理、安全、归属、受到尊重、自我实现五个层面。[①] 所以,企业应当从多种层面出发为文化建设确立复合式目标。

1. 一般目标

企业文化建设的一般目标是:通过建设企业文化,增强企业内部的凝聚力与向心力,对外提升企业的吸引力,使员工对企业形成文化归属感,进而寻找并招收认同企业文化的高质量人才;对员工形成约束,减少企业内部的不良行为,倡导员工的有益行为,从而更便于管理;形成融洽的企业氛围,使企业高效率运作,进而提升企业的市场竞争力。此外,企业在建设自身文化的过程中,致力于进一步发展壮大,使员工的工作与生活质量得到提升,使员工更加认同企业,也对自身所承担的社会角色更为满意。

2. 与顾客价值观相协调的目标

每个企业都是社会大系统这一整体中的一部分,企业只有与市场等外部环境协调发展,才能达成企业目标,并获得可持续发展的动力。作为经济组织,企业所生产的产品、所提供的服务,必须经由市场来完成价值的实现。在此过程中,企业需要顾及各种各样的因素,其中最重要的是要做到与顾客在价值观上协调一致。价值观是一个企业文化的精髓,是企业的内在灵魂,企业和顾客双方的价值观不协调是造成企业营收不高的深层次原因。

3. 创新目标

约瑟夫·熊彼特(Joseph Alois Schumpeter)认为,"企业家"的职能就是实现"创

---

① 李夏旭.现代心理咨询实务[M].上海:文汇出版社,2021.

新"。① 企业持续发展的关键在于不竭的创新力。科技发展日新月异,生产组织形式持续更新换代,市场环境及广大群众的消费观念不断变动,企业正面临文化建设上的严峻现实情况,因此,企业需要不断创新,营造整体的创新氛围,增强员工创新力。企业文化建设是一项系统工程,评价企业文化建设的成效,一般目标是外在表现,与外部环境协调是基础,创新是根本。企业文化建设要把总体目标与阶段性的具体目标相结合,稳步推进,层层深入。

二、企业文化建设的主体

(一)企业领导人

企业领导人对企业文化的影响是巨大的,企业的高层主管往往是企业文化、企业风气的创立者,特别是他们的价值观直接影响企业发展的方向。这是因为"价值观"通常是指一种相当持久的信念,它告诉人们什么是对的、什么是错的。它不仅指导着企业员工在实现企业目标过程中的行动,而且常常渗透在企业员工的日常决策和工作方法之中。

(二)企业英雄

所谓企业英雄,既是一个企业在文化建设上的最高成就,也是企业进一步推进文化建设的最大希望。一般而言,企业英雄以个体和群体为标准分成两种。要注意的是,不要过于苛责个体英雄,不能要求他们仅仅凭借一个人,就全面地展现企业多方面的文化,企业全体成员也不可能仅从一个人身上学习到所有东西。个体英雄的缺失一般可以在卓越的英雄群体身上找到。

(三)企业员工

在促进生产力发展方面,企业员工是一个企业中最为活跃的部分,是企业进行文化建设的根基。企业建设自身文化的过程,实际上是内部员工随着生产经营的进行持续发挥创造力、持续开展实践的过程。虽然企业文化的建设需要领导者倡导、创造与培育,这也提高了企业文化推陈出新的效率,但是企业文化是全体成员开展生产经营过程中形成的整体意识的结晶。企业全体员工位于生产经营的最前线,他们在通过辛勤努力创造物质的过程中,还产生了精神文化。因此,企业文化反映的是企业家与企业员工共同的智慧。

三、企业文化建设的原则

(一)目标明确原则

企业文化建设必须坚持正确的方向,明确所要实现的目标,有效引导企业员工的

---

① 戴燚.经济新常态下企业的自主创新之路[M].上海:同济大学出版社,2019.

认识和行为,激励企业员工的工作热情和创新精神,最终要确保企业文化建设目标的实现。

(二) 以人为本原则

人是企业文化建设的第一要素,企业文化建设必须依靠人,又是为了人。[①] 企业文化建设要尊重人、理解人、信任人和关心人,形成以人为本、和谐发展的良好企业局面,才能建设好自己的企业文化。

(三) 领导带头原则

企业领导在企业文化建设中起着至关重要的作用,没有企业领导率先垂范或积极参与,企业文化建设要想取得成效是不现实的。企业领导要严于律己,随时随地加强企业文化的宣传和践行,做好企业文化建设的表率。

(四) 全员参与原则

企业文化是整个企业的文化,是企业全员的文化。企业文化建设要发动全员积极参与,采取积极强化的方式维护企业员工参与的热情,让企业员工认同并自觉践行企业文化,形成全员共建、共享企业文化的良好氛围。

(五) 整体推动原则

企业文化建设是系统工程,要对企业文化系统整体推动,将企业文化建设与企业方方面面的经营管理结合起来,要避免片面性和形而上学,杜绝脱离经营管理、孤立地进行企业文化建设的倾向。

(六) 循序渐进原则

企业文化建设是长期工程,既不能盲目冒进,也不能时断时续,更不能停滞不前,而是要按部就班、循序渐进、逐步提升,要有锲而不舍的精神和持之以恒的行为,不要有一蹴而就或自暴自弃的心理。

(七) 注重绩效原则

企业文化建设重过程更重结果,要转变管理方式,避免形式主义、教条主义,鼓励企业员工工作的主动性和创造精神,为企业员工实现目标创造条件,提供服务,让企业文化建设产生实绩,获得预期效果。

四、企业文化建设的内容

企业文化建设不是一蹴而就的,而是需要长期努力的系统工程,成功的企业文化都来自长久持续的精心建设。企业文化是由精神文化、制度文化、行为文化和物质文化四部分组成的。所以,企业文化的建设也应围绕以下四部分展开。

---

① 李慧.浅谈企业文化建设中的人文管理[J].决策与信息,2015(29):162.

（一）精神文化建设

企业建设精神文化通常表现为建设企业精神和企业价值观,形成与企业相适应的系统价值理念,培育和形成独具特色的企业精神。企业在建设精神文化时,要注意以下几点。

（1）应积极吸取现代文化和外民族文化的优秀成果。

（2）企业价值目标要与整个社会的正确价值导向相符。

（3）在社会正确的价值观念的指导下,随着客观环境和企业内在因素的变化,不断注入新内容。

（4）设置价值目标、标准和实际内容的同时,应该形成既能够体现时代精神,又凝聚企业本身独有的特色,既体现企业领导者的精神风貌,又集中反映广大员工群体意识的企业精神。

（5）企业价值观念和企业精神必须具体化为一系列原则,使企业领导者和员工都可以具体操作,并体现在企业行为中。

（二）制度文化建设

建设制度文化能凝聚全体员工的价值共识,通过书面条文确定分工合作、保持协调一致等方面的规范,进一步形成对企业全体员工的硬性或软性约束。建设制度文化的过程中,企业须着重建设整体、系统的价值理念,基于企业精神建设企业制度文化,以达成企业目标为导向,建立和完善企业各项制度和规范,使制度文化具备足够的规范性和严谨性,以此来约束员工的实际行为,使员工的行动、相互关系及对员工的评价等有相关规章制度可依据。

（三）行为文化建设

企业在行为文化建设时首要注意人力资本的培育和积累,增加投资,加大人才的培养和引进力度,加强对员工的教育和培训,提升员工工作热情和精神风貌,并且还要引导员工发展自己的个人兴趣,提高员工的综合素质。其次,企业行为文化建设还要注重习俗活动和仪式。具有鲜明文化特色的企业,大多形成了一系列独特的习俗活动或仪式,用以不断强化全体员工对本企业文化的认同感,从而推动企业形成良好的风气,加强员工的自我管理意识。

（四）物质文化建设

企业物质文化是企业文化的物质表现,是企业员工赖以生存和发展的环境和条件。对内,企业物质文化可以促使员工为追求理想目标和自身价值的实现而更好地工作、学习,求得自身的全面发展;对外,企业物质文化可以充分展示企业的突出形象,积累和扩张企业的无形资产。企业在进行物质文化建设时要注意以下两点。

（1）注重产品和服务质量的改进和提高,加强产品的设计和促销,注重产品的商标和包装设计,使顾客得到满意的产品和服务,从而提高产品和企业的竞争能力。

（2）要加强企业的基础设施建设,合理布局企业的空间结构,使工作人员的合理行为不断得到强化肯定,只有经过强化加以肯定,这些行为才能再现,并形成习惯稳定下来,从而使指导这些行为的价值观念转化为行为主体的价值观念。

五、企业文化建设的程序

建设企业文化的基本程序,一般包括调查研究、定格设计、实践巩固和完善提高四个环节。

（一）调查研究

除了新创建的企业外,多数企业对自身文化的建设都是在原有"文化"的基础上进行的,即都是"非零起点"。

因此,我们建立良好的企业文化的第一步,应当先把调查研究做好做足,熟知企业当前的文化状况,对影响企业文化的多种因素和条件进行分析,为良好的企业文化的建立铺垫好前期的工作。调研工作可以从以下几方面入手:企业当前的经营范围、内部员工体现的各方面素质和员工具体需求、企业多年形成的固有的优秀传统、企业经营过程中的成果积累和经验积累、企业当前所面临的主要问题以及企业所在区域的地理环境、商业环境、人文环境等。

（二）定格设计

前期的调查研究工作完成后,就进入企业文化定格设计的环节,即在把握当前企业文化具体情况的前提下,着重分析企业的主要经营范围、企业员工所表现出来的各方面的素质、员工需求所呈现的具体特点、企业多年运营过程中形成的优良传统习惯和风格,以及企业成功经验的积累情况、企业当前面临的主要困境和企业所在区域的各种环境等因素,以具体的、清晰的语言文字的形式,将企业的目标价值观念呈现出来,并将其作为稳定的理念体系输出。企业的理念体系具体体现为企业目标、企业精神、企业价值观、企业使命以及企业经营过程中所表现出的经营观、人才观、管理观、员工守则等。

（三）实践巩固

企业定格设计阶段完成后,就需要企业相关领导根据现有的资源创造相应的条件和环境,积极呼吁员工按照企业文化的目标行事,起到充分引领的作用,将理论付诸实践活动,并逐渐形成习惯加以巩固。将企业文化中涉及的价值观念详细地、具体地与企业的所有经济活动和文化活动相结合,对企业员工的行为和思想进行良性约束,同时,企业需要通过一定的措施,使企业的这种理念标准不断地加以强化,并在实际经营过程中逐渐获得员工的心理认同,以此方式使企业文化螺旋式上升,并不断得以巩固和加强,真正成为所有员工熟稔于心的价值观念,帮助企业发展。

（四）完善提高

企业文化得到巩固和加强后,其具体内容并不是固定不变的,还需要根据企业的具体发展情况进行逐步完善。这种完善并不意味着要完全推翻前期的理念,形成新的企业文化,而是要在保证核心的企业文化和企业独有的特色企业文化标准不变的前提下,根据企业经营管理过程中的反馈和实践、企业所处外部环境和内部环境的变化而进行必要的调整,促使企业文化不断得以充实和发展,更适应企业发展的步调。企业文化的建立并不是单纯靠领导者就能完成的易事,必须要借助群众的力量,共同为企业文化的建设添砖加瓦。同时,企业领导者还需要不断地吸纳社会文化中的优良文化,对外来文化"取其精华,去其糟粕",扩展企业文化的资源库并加以提炼,对当前的企业文化进行不断完善和提高,使其能够更好地适应企业发展的步伐,满足企业发展的精神需求。

六、企业文化的实施艺术

（一）软管理的"硬"化

企业文化是企业管理的软件。许多活动是"务虚",容易被忽视,因此,怎样使企业文化建设这个"软管理"硬起来,便成为实施艺术的关键。

1. 制度要"硬"

这里强调的"硬管理",即企业要制定硬性的管理规章制度,通过外部监督的方式确保企业管理运行过程的"透明",或者通过行政命令的方法进行刚性管理。这一过程并不是简单的"人为"参与,也可指计算机管理系统或监控系统的有效运用等现代化、网络化的管理方法。企业文化是一种软管理,不同于其他管理手段,它的效果是通过业绩、企业氛围等方面间接反映出来的。企业若想实施科学的管理,"硬管理"是必不可少的,然而,企业在进行文化管理时,就要针对文化管理的特点,运用软硬结合、刚柔并济的方法。通俗来说,要务必将管理工作和个人思想工作统一起来,才能达到事半功倍的效果。

2. 机制要"硬"

健全具有特色的制度层是企业文化的突出特点,严密、良好的管理机制离不开健全的制度保障。制度是企业文化精神理念的集中表现,有效地使精神层和制度层结合在一起,可以成为企业成功的有力保障。

3. 推动要"硬"

在企业文化变革过程中,会遇到很大的阻力,因此需要有力的推动。目前来说,需要成立一个相关的部门去负责企业文化的实施,这样,基层遇到问题,就可以及时向上级反映。有了这样一个部门,企业文化推动工作才能真正"硬"起来。

（二）"虚功"实做

为了避免企业文化建设仅仅停留在"面子"工程上，企业还要扎实地将理念付诸实践。

1. 制度落实

对员工自身来说，企业内部制定的管理制度属于一种固有的行为道德准则之外的行为规范，而企业领导者确立企业文化理念的成功与否，在于员工固有的内部行为准则能否和企业的管理制度相一致。企业制定的内部管理制度是企业文化价值观的意识形态的表现，不同的制度反映出不同的企业文化理念。企业制度和共同价值观一定要协调一致，就像一个人必须"心口一致"一样。所有的管理制度制定过程都必须以企业文化体现的核心价值观为中心，只有从企业的制度出发，贯彻企业文化，才能确保企业理念得到良好的落实。

2. 工作落实

企业文化的构建涉及很多详细的工作内容，每一项具体的工作内容也是纷繁复杂，正所谓"天下之难事必作于易，天下之大事必作于细"。企业文化的构建过程深刻揭示了这样的道理，想"毕其功于一役"是很困难的。其实，建设企业文化不仅仅依赖于上述程序实施，更需要企业管理者在每个环节都要做到事无巨细，因为每个细节的巧妙处理都是企业核心价值观的体现。

3. 人员落实

企业文化的构建过程必然不会一帆风顺，其间会遇到很多看似难以攻克的难题，这些需要企业所有员工积极进言献策，通力合作。如果落实政策的人员得不到保证，那么企业文化的建设也只是纸上谈兵。这里所说的人员落实主要涉及三个方面：首先是企业领导者要起到引领作用，方向明确，目标坚定；其次，领导团队要齐心协力，做好团队攻坚，迎难而上，积极努力地推进企业文化建设工作；最后，常设机构要长期抓，保证各部门人员能够长期处于企业文化熏陶的环境。

（三）企业文化的人格化

1. 坚持以人为本

人在企业文化建设中也有双重身份：既是企业文化建设的主体，又是企业文化建设的客体。坚持以人为中心，就要从这两个方面入手，确立人的中心地位，一切活动都要注重人在其中的功能。同样，在企业文化的建设过程中，人是作为其中的主体发挥作用的。或者可以简单总结为，人是企业文化建设过程中不可或缺的力量和支持，不仅需要企业的领导者发挥领导职能，更要依靠广大员工；当然，人也是这个过程当中的客体，我们建设企业文化的主要目的也是使文化作用于人并成功地塑造人。

2. 塑造高尚人格

随着市场竞争的日益激烈，一些企业采取了短期行为，不仅对企业形象造成巨大损害,而且对整个社会也形成不良影响。此时,更需要企业家利用企业文化这个"软件",对企业行为有意识地控制和引导。通过企业文化塑造员工人格,使每位员工从我做起,提高自身的职业道德,以一流的服务求生存、以信誉求发展,这在当前激烈的市场竞争中有着特别的意义。

（四）领导者的示范艺术

领导的示范作用是企业文化建设的关键。没有领导者的示范,整个"羊群"就没了"领头羊"。

1. 巧妙引导

引导是指企业家依靠领导权威和个人魅力将其倡导的价值理念传达给企业成员,通过自己的言行对企业员工产生作用,使他们慢慢接受和实践这种理念。

2. 以身作则

文化的变革需要领导者用示范来加以引导,尤其在新的企业文化确立之初,更需要领导者以身则。领导者身上的责任、诚信、平易近人、远见、大度、思想开放、节俭、乐观精神等内在素质,构成了企业文化氛围的决定性因素。

（五）情境强化的艺术

企业文化建设还要利用情境强化来实现,即通过营造一定的情境,让员工自觉体会其中隐含的理念,从而达到自觉自悟的效果。

第四节　企业沟通管理

一、组织中的沟通

组织沟通十分重要,并且它是一个双向道。如果不理解组织沟通,就无法真正理解管理沟通。组织沟通主要包括正式沟通渠道、非正式沟通渠道、沟通的方向等。

（一）正式沟通渠道

一般来说,组织内的沟通可分为正式沟通和非正式沟通两类。所谓正式沟通指的是人员在传递相关信息和互相交流的过程中以组织内明确规定的方式方法来进行,这个过程与组织结构的联系颇为紧密,主要包括:按正式组织系统发布的命令、指示、文件,组织召开的正式会议,组织内部上下级之间或同事之间因工作需要而进行的正式接触。① 我们通常把通过正式沟通的途径传播出来的信息称为官方消息。依据信息流向的差别,正式沟通也可以按横向沟通、斜向沟通、下向沟通和外向沟通等

---

① 倪琳,刘叙一.商务传播学教程[M].上海:上海交通大学出版社,2020.

进行分类。在组织内部一般以正式沟通渠道为主,是承载众多沟通工作的桥梁。正式沟通因其本身机制的特点,具有明显的强制性和规范性,沟通效果要优于非正式沟通,所以企业管理过程中要沟通的重要信息一般都通过正式沟通渠道进行双向的传达与反馈。但是正式沟通也有自身固有的缺点,比如传播的线路相对来说比较死板,灵活性不足,沟通的时效性较差,信息传播的中间环节过多而导致信息失真和损耗,所以信息传播有赖于良好的人员素质。根据人们的观察及实验室研究,正式沟通渠道主要有以下五种模式,即链形、Y形、轮盘形、环形、全通道型。

1. 链形

它代表的是五个垂直层次的结构,在这种情况下,只能向上或向下逐级传递信息。这种情况可以发生在只有直线形权力关系的组织中。

2. Y形

它表示在四个层次的逐级沟通中,两位管理者通过一个人或一个部门进行沟通。若把Y形倒过来,则表示在四个层次的逐级沟通中,一位管理者通过一个人或一个部门进行沟通。

3. 轮盘形

它表示一个管理者与四个下级沟通,而四个下级之间没有相互沟通的现象。

4. 环形

它表示允许成员与相邻的成员交流,但不允许其他交流。它可以表示管理者对两个下级进行沟通,而两个下级又分别与各自的下级再沟通,基层又相互沟通。

5. 全通道型

它允许每一个成员自由地与其他四位成员交流,交流是平等的,并无明显的中心人物。

(二)非正式沟通渠道

所谓的非正式沟通是在一定的社会关系前提下展开的,是一种脱离组织内部具体规章制度的沟通方式。[①] 因此,非正式沟通相对来说比较自由,没有了制度的约束自然也没必要接受组织内部的监督,和组织的层次结构关系甚微,是员工的一种自发的行为,例如员工之间对某些事情的议论、日常的谈话、流言的传播等。根据传播内容的性质,我们也可以把非正式沟通传播出来的信息称作小道消息。非正式沟通渠道虽然不涉及组织内部的规章条文等,却能准确地反映出员工的心理活动和思想变化,所获得的信息通常是正式沟通渠道的盲区,而且传播速度比正式沟通渠道要快很多。同样,根据研究可以把非正式沟通分为单串型、饶舌型、集合型和随机型四种模式。

---

① 倪琳,刘叙一.商务传播学教程[M].上海:上海交通大学出版社,2020.

1. 单串型

它表示个体之间相互转告,依次传递,把信息传播到最终的接收者。

2. 饶舌型

它表示信息由某人告诉大家,即由 A 传递给大家。A 是非正式渠道中的关键人物,他主动把信息传播给其他很多人。

3. 集合型

它表示一些人有选择地把信息传递给他人,即由 A 传递到几个特定的人,如 B、C、D,然后再由他们传递给一些特定的人。这种传播效率最高。

4. 随机型

它表示个体之间随机地相互传递信息,即由 A 随机地传递给某些人,某些人再随机地传递给另一些人。

（三）沟通的方向

所谓沟通的方向,是指组织内信息的传递方向,主要有如下三种。

1. 上行沟通

上行沟通是指在组织内下级将信息传递给上级,是由下而上的沟通,如各种报告、汇报、请示、申诉等。上行沟通既是下级反映意见,提出建议的重要途径,也是上级及时了解实际情况的重要手段和掌握决策执行情况的重要途径。

2. 下行沟通

下行沟通是指在组织内上级将信息传递给下级,是由上而下的沟通,如各种指令计划、决策、规则规章等。这是组织中最主要的沟通方向。上级通过下行沟通,可以使下级明确组织的计划、任务、工作方针、程序和步骤、各自的责任、应遵守的规章等。

3. 平行沟通

平行沟通是指组织内部同级之间的信息传递,是横向的信息沟通,如各种协调会议,高层管理者之间、中层管理者之间的沟通等。平行沟通是在分工的基础上产生的,有分工必定要协作,沟通是协作的前提和基础。

二、工作团队与沟通

大多数企业中的团队,都会使员工不受部门的限制,省略掉管理过程的中间环节,直面顾客,所有活动需要围绕总目标展开且对总目标负责,通过团队合作的形式占领竞争高地。

（一）团队中的沟通特点

美国著名管理大师肯·布兰查德(Ken Blanchard)博士对野雁的生活群体进行了细致的观察并总结了它们的生活特点,提出企业的成功需要具有类似野雁的天赋。

野雁基本上以群体生活居多,虽然群体数量比较大,但是每个个体之间默契十足,一个重要的原因就是它们都是朝着共同的目标、共同的方向飞翔,而且野雁群体之间互帮互助,氛围良好。如果将野雁的群体比作企业团队,团队领导积极为成员营造良好的团队氛围,成员也能够团结一心朝着目标努力前进。大家互相鼓励、共同奋进,同事之间沟通顺畅,配合协作,效果自然事半功倍。相反,一个团队如果没有共同的目标,大家各自为政,管理者的官僚主义倾向严重,团队成员都想明哲保身,沟通自然事倍功半。高效率团队内部的沟通特点有以下几点。

第一,团队拥有健全的正式和非正式(具有积极意义)的沟通渠道。信息传递高效直接,中间环节少,有科学合理的沟通机制。

第二,团队配备有先进的信息技术系统。

第三,团队内充满着健康、坦诚的沟通气氛,成员彼此间不仅能有效地进行工作任务方面的沟通,而且能进行情感上的沟通。

第四,团队成员(至少部分团队成员)具有很高的情商,在各种沟通情景下能够做到有效倾听他人的意见,并清楚地表达自己的观点。

第五,团队管理者具备有效的、良好的沟通技巧。这就要求团队的管理者首先把先前制定的团队目标和对成员的要求清楚、直接地表达出来。其次,在开展团队活动时,要做到"善听",充分考虑队员的意见和建议,在具体的活动中通过适当放权,将团队目标轻松地分解到成员的身上,这样既可以使每个成员工作更为负责、更有目标,又能够将领导者从权力的烦恼中解决出来,达到"四两拨千斤"的效果。

第六,良好的外部沟通。这需要做到:① 团队与组织内处于垂直关系的部门建立了良好的关系,使信息和资金流动通畅。② 团队与其他团队及企业的职能部门关系融洽,能方便地获得技术支持和职能部门的帮助。③ 团队的制度、文化与整个组织的制度、文化环境相一致。④ 团队与组织外部的顾客群建立良好关系。⑤ 团队注重与社会各界的公共关系建设。

（二）团队内部各种角色在沟通方面的作用

每个成员需要在团队实践中担当不同的角色,这些角色在沟通中的作用各有特色。一般团队角色划分为:一般的团队成员、团队领导人、团队顾问、业务专家和内外联系人员等。从他们所承担的责任可以看出他们各自在管理沟通中的作用。

对领导人来说,他所承担的沟通责任主要包括:第一,站在团队整体的角度上,做好垂直方向的沟通工作。例如,向团队成员传达组织的期望、政策及具体的工作规章制度,同时积极向高层汇报团队建设的进展和遇到的问题,这是一个双向沟通的过程。第二,站在团队整体的角度上,做好水平方向的沟通工作。包括积极协调与其他团队间的关系,避免项目上的重复建设,争取获得职能部门的资金和技术支持。第三,协调团队成员间的内部关系,尤其是出现冲突时,不仅要公平公正,还要向成员传递这样做的意义,争取获得矛盾双方的共鸣,以此来鼓励、强化团队的积极行为。第四,注重与内部成员情感上的沟通,把提高工作绩效为主要目的的沟通建立在更加人性化的基础上。

对一般团队成员来说,在与其他成员沟通时应该做到:是挚友,更要成为诤友;与其他成员密切协作,有"换位思考"意识,了解对方的工作职责,尊重对方的感受。但这并不意味着盲目求同,无视他人客观存在的缺点。

团队顾问沟通方面的责任主要有:向团队内部领导和外部领导反馈团队建设中的优缺点,并提供咨询服务,协助制定团队发展战略,帮助团队成员适应团队工作方式,协助领导解决冲突。

对于团队中的业务专家来说,要想成功地解决实际工作中出现的技术、财务、法律等问题,必须做好两方面的沟通工作:一方面为团队领导提供业务方面的建议,为成员提供技术细节上的具体指导;另一方面,需要加强与其他领域专家的沟通,在处理好自己领域内的业务问题的同时,考虑到其可能对其他业务工作产生的影响。内外联系人主要负责团队的内外联络以及信息的记录、整理、保存和传播。

三、组织变革与冲突管理

（一）组织变革

1. 定义

随着全球化进程的加快,企业面临越来越复杂和动荡的内外部环境。在企业外部环境中,消费需求变化开始加快且难以预测,产品生命周期日益缩短,新技术层出不穷,而技术创新呈现连续中断态势,导致产品市场可能很快地出现和消失,企业与企业的连接方式也发生了改变。而在企业内部环境中,工作场所发生了深刻的变化。为适应组织战略首创需要,授权、重组、自我控制、基于内部网络的自助式人力资源管理、虚拟团队、电话和网上办公等已经成为常见的工作模式。为了应对内外部环境的变化,这一切都需要组织推进变革。组织变革是指为了适应组织所处的内外环境、技术特征和组织任务等方面的变化,运用行为科学和相关管理方法,对组织的各个要素如权力结构、组织规模、沟通渠道、角色设定、组织与其他组织之间的关系,以及对组织成员的观念、态度和行为,成员之间的合作精神等进行有目的、系统的调整和革新,以提高组织效能。组织变革是组织发展的重要手段,对维系组织生存、促进组织健全发展、体现组织本质特征具有重要意义。

2. 组织变革中的沟通管理

成功的沟通能够充分发挥企业潜力,消除企业尖锐的矛盾,同时可以包容差异、鼓励进取,激发内部员工的创新精神,增强企业的凝聚力,建立良好的人际关系,充分利用、发挥企业的人力资源。把个人融于企业中,与企业同呼吸、共命运,使企业成为一个运作有序的生命体,促进变革成功。为此,应着重处理好以下四方面的管理工作。

（1）共同愿景

共同的企业愿景和价值观是所有关系管理的基础,企业所有相关者的利益都是通过共同愿景的实现来获得的。在组织变革时期,企业为自己的员工和顾客、股东勾画了一幅未来发展的蓝图,通过愿景与大家进行沟通,能够极大地感染、影响他们。

（2）观念改变

围绕组织变革,企业应对员工进行有针对性的、集中的培训,并且进行持久教育、沟通,贯彻变革理念。通过对组织变革目标、企业文化、危机意识、个人技能和素质等方面的培训,让员工意识到企业内外环境的不断变化,并以平常心应对这种变化。不论是作为企业还是作为员工,都需要提高对市场变化的应对处理能力。企业的变革不是原地踏步,而是以更好的形式激励员工,使员工实现深层次的发展与进步,挖掘更大的潜力。同时,对员工个人技能和素质的培训,有利于增加员工的自信心和表现力,有利于员工在快速变化的环境中及时地调整自己、提高自己,减轻组织变革带来的压力。

（3）双向沟通

组织变革的顺利进行,需要组织与股东、员工以及客户之间具备良好的沟通氛围,形成基于多种方法手段的双向互动。双向的互动不仅有助于形成和气友善的工作氛围,还能够在不断的沟通中增加对双方的了解,增进友谊,有利于化解非必要的冲突,促进各方之间达成共识。

（4）方式多元化

组织变革中具体的沟通内容不仅可以涉及变革目标、操作方法等方面,还可以针对员工的心理变化和思想起伏展开,不仅可以采取员工培训、内部资料宣传、说明会、企业管理平台等正式沟通渠道,还可以采取相对灵活的非正式沟通渠道,并且及时通报变革进度与成果。

（二）冲突管理

所谓冲突管理是指冲突发生时,采取一定的方法改变冲突的水平和形式,以最大限度地发挥其益处而抑制其害处。这对管理者有很高的要求,需要他们一方面可以化解冲突,另一方面可以利用功能性的冲突,在冲突中解决矛盾、达成目标。识别冲突、调解争执,是管理者最需要具备的能力之一。在工作中,冲突是一种司空见惯的正常现象。在处理冲突的过程中,无论是防止冲突升级,还是消除双方误解,处理冲突的方式都决定了它是具有建设性还是破坏性。冲突管理必须讲究方式和方法,做到灵活处理，不可照搬硬套，否则不能达到理想结果。在组织中处理冲突的常用方法有以下几种。

1. 协商谈判

一旦组织中发生了不可避免的冲突，一般来说，各方首先要选出各自的代表，由代表之间进行协商，推进问题的解决。协商解决，要求冲突双方都能顾全大局，互相做出适度合理的让步。

2. 仲裁解决

当协商谈判不起作用时，我们可以请第三方调解冲突双方的矛盾，但是第三方需要满足一定的条件，即为冲突双方都信任的且有一定影响力的一方，或者是有一定权威的更高一层的管理人员，邀请他们进行仲裁解决。仲裁者根据公平的原则，迅速找到双方的共同点，然后找出他们之间最大的可容点和心理接受点，从而使双方都退让一步，达成彼此可以暂时接受的协议。

3. 行政干预

如果协商谈判和仲裁解决都没有效果，说明事情比较严重，这时需要借助上级领导的帮助，利用其权威按规章制度提出相关处理办法，通过发出强制性行政命令，强制冲突双方执行。

4. 思想教育

管理者开诚布公地与冲突双方交谈协商，让他们明白冲突的危害，并引导他们改变冲突的想法，进而约束自身的行为；对一些无原则的纠纷，可劝导双方大事讲原则，小事讲风格。

5. 转移目标

在冲突双方之间引入第三方竞争者，通过第三方竞争者转移冲突双方的注意力，实现冲突双方之间矛盾的化解。

6. 拖延

冲突双方将问题搁置，采取消极被动的方式，拖延时间，任其发展，以期待环境的变化来解决分歧。这是解决冲突的一种微妙而又常常没有结果的办法。

四、组织文化与沟通

组织文化是关于组织目标和行为的一系列重要假设，由组织的全体成员共同分享。文化可强可弱。强势文化对于员工的行为和心理有着巨大的影响，它使每个员工都充分理解并相信企业的目标、重点和惯例。如果强势文化所鼓励的是优秀的行为，则它可以给公司带来巨大的优势；如果是鼓励错误行为的强势文化，则会严重阻碍公司向好的方面发展。

（一）组织文化和沟通的相互作用

企业建立起畅通无阻的沟通渠道是良好文化氛围形成的先决条件。有效的沟通和交流，有助于个人的价值观与团体、企业的价值观之间相互磨合，最终达成一致，创造彼此熟悉的工作氛围，提高员工工作热情并使其积极主动地参与到企业的管理活动过程中；同时，沟通还有利于形成开放的组织氛围，有效提升员工的思想意识，使员工的思想观念与时代接轨。当然，组织的沟通方式与组织文化息息相关。组织的文化会在很多方面对员工的行为造成一定的影响，也会影响员工行为与外部环境的关系，而这些活动都与组织的沟通方式密不可分。例如，如果一个组织的文化是以权力为导向的，这就意味着组织里的所有成员之间的沟通主要是依据硬性的指令和要求层层下达的；如果一个组织的文化倡导"以人为本"，这就意味着组织成员之间的沟通方式具备"人性化"的特征，而且更强调直接的沟通方式，也更容易为成员所接纳。

（二）价值观与理想的传播

最初的组织文化总是源于组织创建者的经营理念。领导者在创建、管理或变革组织文化之前，必须把理想和价值观树立起来。优秀的领导者从直觉中知道，权力必然植根于他和他的追随者共有的理想上。企业的组织文化和价值观并不需要复杂的语言，简单的几个字即可传达出明确的信息。文字精简，而文字所表达出来的意义则是十分丰富的，无时无刻不在规范着每一位员工的行为和意识。恰恰是这种无形的力量，提升了企业整体的凝聚力。因此，企业在树立价值观和理想时，沟通管理将起到重要的作用。

1. 理想宣言

组织的所有领导者必须就组织的未来目标达成共识。在初创的公司里，管理层可能不具备规划理想的成熟度，其核心领导者就必须振臂一呼，宣布组织的理想是什么。

2. 推销理想

企业的价值观不是静态的，而是需要传播的。企业价值观若是单纯停留在管理者的脑海里或者宣传栏的标语中，必然是收效甚微的。企业的理想犹如媒体上的广告宣传，需要时常出现在员工的面前，需要在人群之间传播，需要被"人为"推销出去。然而，推销理想不是一蹴而就的，需要进行长期的、稳定的、持续的传播活动。企业理想只有在企业经营活动过程中不停地被强调和重复，才能够发挥出独特的魅力，成为企业组织文化的重要内容。

3. 行为展示

行为展示是验证组织理想是否转化为行动的关键标准。企业员工不仅是要看经理说了哪些内容，更要看经理的具体行为。美国著名的管理顾问劳伦斯·米勒（Laurence Miller）建议，管理者在做决定和执行决策时，务必要先问问自己：我所做的决定是否符合公司的理想观念？如果不符合，就要立刻做出相应的改变。①

4. 巩固理想

巩固理想可以通过对与价值观念一致的行为予以褒奖和赞扬的方式进行，通过正向强化的作用，使员工意识到理想的重要性。如果不对认同组织价值观的员工加以肯定和鼓励，必然会影响这些员工的心态，降低他们追随组织理想的积极性，又何谈巩固理想呢？因此，对于认同企业价值观的员工，领导者应该记住他们，并在公开的场合表扬那些体现这些理想和价值观念的员工。

第五节　"文化沟通"新思维

在一个企业中，企业文化和沟通是极为重要的。管理者要在企业的管理中做好企业文化沟通，不断提升员工的思想认知水平，进而让他们能够高效协同配合，顺利地完成工作。

一、静态文化的熏陶

（一）企业使命与价值观

企业是一个团队，所以必须明确团队发展的方向，只有明确了团队发展的方向，才能吸引到方向与企业相同的伙伴同行。所以，企业一定要明确企业的使命与价值观，并且让每位成员都能够清晰了解，这样才能引领团队成员合力向前发展。

抚顺供电公司是国家电网辽宁省电力有限公司直属大型供电企业，担负着抚顺市电网安全运行维护任务和用电客户的供电服务任务。在企业内部多次沟通商讨和内外部学习考察之后，抚顺供电公司发现其现有的企业文化理念与雷锋精神有着共同之处——雷锋同志热爱党、热爱国家、热爱社会主义和共产主义的坚定理想信念，为人民服务、舍己为人的精神，爱岗敬业的精神，锐意进取、自强不息的创新精神，艰苦奋斗、勤俭节约的创业精神在抚顺供电公司的企业文化中均有所体现。雷锋同志在抚顺工作生活的时间是雷锋精神形成的重要阶段，通过半个多世纪的历史沉淀，抚顺拥有全国最集中、最丰富的雷锋文化资源，抚顺供电公司充分利用了这一点，把国家电网公司倡导的"诚信、责任、创新、奉献"的企业核心价值观与公司企业文化建设实际相结合，建设了具有国有供电企业特点、以浓郁雷锋精神为底蕴的先进企业文化。

---

① 罗海燕.管理心理学[M].北京：中国工商出版社，2013.

2006 年以来,公司创造性地把雷锋精神融入企业文化建设,坚持实施和推进"雷锋工程",重点开展"一片情""一缕风""一把尺""一颗钉""一滴水""一头牛"的"六个一"主题实践活动,实现学雷锋活动的常态化、机制化,取得精神文明和物质文明、社会效益和经济效益的"双丰收"。

企业的核心价值观是企业文化的内核,也是企业价值体系的头脑。企业是以追求利润为原则走向市场竞争的,但在企业竞争的最终阶段却不是追求利润最大化,而是形成企业文化的优势,这样才能走得更远。所以企业的发展不能与文化相分离,脱离文化的企业注定被淘汰,而借助企业文化的发展推动企业的进步,提升企业的凝聚力和员工的向心力,形成良性的循环,才是企业发展的长久之道。应确立信誉是资本的理念。以信誉立业,就要注重信誉,培养信誉,珍惜信誉,积累信誉,使企业形象深刻地被社会所认可。

(二)企业特征与标志

企业的形象特征同样很重要。现代企业的形象展示频率非常高,无论是在网络上,还是在会议或日常的人际交往中,企业的客户和合作者都会关注企业的特征与标志,因为它会直接让人联想到企业的目标、企业的个性、企业的价值观,甚至联想到企业的行为规范,所以企业一定要注重企业标志的设计与推广。

国家电网公司成立于 2002 年 12 月 29 日,是经国务院同意进行国家授权投资的机构和国家控股公司的试点单位。公司的主营业务是建设国家运营电网,基于公司业务范围而言,它与国民经济命脉紧密相连,属于国家能源方面的特大型国有企业。这样的企业必然责任重大,它关系着民生的基础,时刻进行着安全、清洁、经济、稳定的电力输出,为人们提供强有力的生活保障。

国家电网公司标志整体是一个圆形,由一个经纬线相互贯穿的球形和公司的中英文名称组合而成。标志中四条纵横交错的线条的寓意为电网,是对公司的主要业务范围的表达,也表明了国家电网公司坚持"四个服务"的宗旨,并努力超越、追求卓越,为全社会提供安全、可靠、经济的电力能源;同时还代表着公司集团与客户、员工、社会之间的互动、协调与团结,象征能源安全、合理、及时、准确地传输到国家各个地方。标志的主题颜色设为绿色,意味着国家电网公司倡导"绿色"理念,为人们提供清洁无污染的能源,也意味着国家大型企业蓬勃发展的希望,突显了企业的实力,为国家电网公司树立了良好的企业形象。

国家电网公司的标志设计稳重大方,视觉效果友好、真诚,具有较强的亲和力。其简洁的图形蕴含着丰富的内涵,同时使标志的推广应用更加方便快捷。标志中间的圆形部分有相互团结、汇聚力量之意,也隐含了企业在长久的发展过程中,对良好的客户关系及和谐的发展氛围的期望。圆形图案的外围部分显示出企业的中英文名字,这种图文组合赋予标志极强的感染力,体现出企业真诚的美好夙愿,企业为人民服务的友好形象呼之欲出。

圆形图案是企业团结、力量的象征,又预示着在新的市场格局中,企业与客户互惠互利,共同发展的和谐关系。标志外环是企业的名称。这种国际化的组合赋予企业标志极大的亲和力,视觉效果友好、真诚,突出了企业服务的性质。随着企业业务不断地深入,标志被人们广泛识别和认可,企业也树立了良好的社会形象。

(三)企业规章与制度

企业的规章制度是企业文化得以落地的一个重要组成部分。员工通过对企业规章制度的学习与理解,进而认同团队的价值观,明确什么可为,什么不可为,什么重要,什么不重要,什么提倡做,什么不能做,所以企业的规章设计与完善是企业文化建设工作的重要组成部分,要认真对待,持续完善。

二、动态文化的渗透

人类是有感情的生命体,企业是由人组成的,当然也是有感情的,每个企业所呈现与表达出来的情感也是不同的,有的兴奋、有的沮丧,有的快乐、有的悲伤,有的积极、有的消极……团队情绪的主体如果是负面消极的,那么团队的创造力与效率都会受影响,只有团队的情绪是正面积极的,团队才会有持续发展的希望,所以企业家与管理者必须要用正面积极的能量带动整个团队。

(一)标语、歌曲、舞蹈的呈现

标语、唱歌和跳舞是非常能够体现正面积极能量的形式,但相对比较夸张,所以需要企业精心设计,反复练习,不能只停留在形式上。若不能让团队以确认信念的态度来认真地开展这项活动,而只是敷衍了事、走形式的话,就可能会起到自欺欺人或适得其反的效果。

企业和文化之间究竟有什么联系呢?杭州娃哈哈集团创始人宗庆后发出了如下的感慨。

企业是树,文化是根;企业是大厦,文化是地基;企业是躯体,文化是灵魂。①
简短的比喻是宗庆后长期经营企业管理活动的箴言。娃哈哈集团自 1987 年创立

① 姚赣南.全媒体时代宣传干部新闻采编实务手册[M].北京:中国国际广播出版社,2018.

之始,秉承着"娃哈哈,健康你我他,幸福千万家"的宗旨,履行着"凝聚小家、发展大家、报效国家"的经营哲学,带领娃哈哈人不怕前路险阻,披荆斩棘,不断收获,不断前进,形成了"道相同、心相通、力相聚、情相融"的团队意识,成功让娃哈哈品牌走进客户的心里,为娃哈哈企业的发展引领了方向,使其在激烈的竞争中站稳了脚跟。

"励精图治,艰苦奋斗,勇于开拓,自强不息"这16个字就是娃哈哈的企业精神。这种精神由企业创始人宗庆后亲自提出,既是其创业时期困难现实的反映,又是创业者们矢志奋斗的精神支柱,有很强的针对性与极强的指导意义。这种企业精神是娃哈哈文化的起点,后来也是整个娃哈哈文化系统的重要核心。

企业精神中的"自强不息"出自《周易》:"天行健,君子以自强不息。"要求一个品德高尚的正人君子,必须像天体运行那样,孜孜以求,永不停息。在我国传统文化中,这是非常积极的因素。它要求我们在困难面前不逃避、不低头,积极地去面对它、战胜它;在成绩和荣誉面前不自满、不骄傲,不浅尝辄止,不小富即安。娃哈哈把"自强不息"作为企业精神的一部分,极大地鼓舞了全体干部、员工的斗志,激发了公司上下的拼搏热情。特别是在公司取得全国龙头地位,各项经济指标飞速发展,员工生活日益富裕之时,还能始终保持开拓者本色,依然发扬奋斗精神,这是十分具有进步意义的。

（二）日常交流的基调与风格

企业除了运用标语、歌曲和舞蹈外,更为重要的是要确立日常交流的基调与风格。若团队成员能够积极努力,及时反省,坚持原则与包容互助相结合,团队将会有非常大的凝聚力和战斗力,所以企业家和管理者要用感恩之心去觉察,用心灵去沟通,用关爱去承担,才能更好地在企业内部营造积极友爱的氛围,让团队的效率更高。

向上、积极、包容的企业文化有助于团队合作力量的整合,也有助于企业员工处于轻松、活跃的身心状态。在平时交流时,同事、伙伴间一定要提倡既有合理的竞争,又有互助的友爱,坚持既定的目标时,一定要坚定并全力以赴,不能妥协,否则很难达成卓越的目标。需要对项目或方法进行创新时,管理者一定要运用开放的思维,探讨大量的可能性,不能墨守成规或成井底之蛙;需要庆祝成绩时,必须做到热情奔放,让辛勤付出者充分地感受到幸福与喜悦;需要总结成败得失时,要耐心、客观地聆听不同的观点,及时进行自我反省。

（三）会议交流的氛围与效率

会议是团队区分权责、讨论问题、寻找解决方案的重要途径。会议的氛围与效率,将直接反映团队成员的价值观与行为习惯。也就是说,会议是企业沟通交流极为重要的场合,团队管理者一定要注意提升与改善会议的氛围与效率,让企业成员学会开会、高效开会,把大量需要协调的权利与责任,通过会议梳理清晰,再研讨出解决方案,在会后监督执行,这样才能真正提高团队的效率。

高效会议的关键要素如下:

会前筹备三点:① 确定议题,并提前通知与会者;② 告知与会者提前准备好会议用的资料;③ 设定主持人(可轮值)、计划会议时间长度。

会中探讨三点:① 结合目标谈事,针对责任谈人;② 记录解决问题的方案;③ 控制会议的节奏。

会后跟踪点:① 留存会议资料;② 专人监督会议决议的执行;③ 奖罚分明。

会议的探讨要民主,会议的决议要集中,决议的执行要坚定。

首先适当准备会议主题要与讨论氛围相匹配,这有利于会议的参加者能够针对议题进行良好的沟通和协商,从而提出更贴合实际的、有利于问题解决的想法和建议。如果会议的氛围与主题不协调,或者等到快要举行会议的时候才提出议题,由于会议的主题需要前期多重的准备与思考,必然会致使沟通效率低下,从而影响讨论结果。

所有的企业都会开会,然而,真正能开好会的企业凤毛麟角。常见的一种开会方式是:与会人员聚到一起,进行长时间的讨论,但并不一定能产生相应的结果。通常情况下,讨论的结果在下一次的讨论中被再次提及,进而重复做讨论工作,费时费力。问题的解决方案不是一次敲定,而是在无休止的讨论中才能得以论证。类似这样的会议,好比水龙头中慢慢流淌的水流,看起来并没有太大的影响,但如果不及时阻止,浪费的水会越来越多,终会酿成巨大的损失。这是为什么呢?因为开会没有对相应的责任人进行职责分解,并有节奏地检查与完善。

开会是为了什么?是要加快企业运营,重要的是要落实可供实施的方案。何为"落实"?"落实"是头脑中的一种思想观念。正是这样的观念,使我们在工作或生活中能够时刻想到它,以它约束我们的行为,驱使我们做出落实的行动措施。如果一个人不注重落实观念的形成,他便不会有这样的意识,更不用提拥有落实的行为了。没有落实观念的人,工作中只注重形式,凡事流于表面功夫,不注重实效;容易形成逃避问题的习惯,不积极主动解决面临的问题,不会成为"创勇争先"的人;如果监管严格,就会往前走一步,如果没有监督,就会原地踏步,这与落实是相背离的。一个团队的落实能力如不能到位,开会自然也就成了形式。

此外,开会的最终目的是要解决问题,而现实中的企业往往把讨论问题作为开会的目标,以为开会就是讨论问题,其实二者是大相径庭的。问题的解决需要有具备可行性的解决方案,所谓的"讨论"表面上看充分发扬了民主精神,实际上背离了解决问题的初衷,是行事拖拉的作风体现。每个企业所面临的商业发展机会是一样的,就看企业能不能雷厉风行地抓住商机。如果只是在无尽地讨论,只会让机会溜走。因此,我们在进行决策的上传下达的时候应尽量避免拖沓,要实现快速、准确、高效的沟通,不要偏离主题,注意开会的单位时间效率,在一些小的细节方面不能太过计较。

三、行为习惯的养成

前面谈到了静态文化与动态文化,团队成员通常会按企业的要求学习与成长,但最后是否能够真正认同并理解企业所倡导的文化理念,一定会在团队成员的行为习惯上反映出来。只有成员都在行为习惯上真正地按企业文化的要求去行动,企业文化才算是落地生根了。

（一）个人素养的行为习惯

首先,观察团队成员在仪容仪表上是否真正按企业文化的要求来呈现自我。人的仪容仪表往往反映了人的精神面貌,企业管理者一定要对团队成员的仪容仪表进行观察与评价,包括成员的发型、着装、化妆等,符合企业要求的要给予支持与鼓励,不符合企业要求的要给予警告或处罚。

其次,观察团队成员的习惯用语。习惯用语通常反映了一个人的内心世界,而内心世界又是其为人处世的指挥员,只有内心世界认同企业的价值观,才能够与企业同伴长时间地共事。所以要通过对团队成员习惯用语的观察,来判断成员的内心世界,对他的价值观予以引导。

最后,观察团队成员的工作节奏是否符合企业文化的要求。工作节奏在很大程度上决定了团队成员对机会的发现与把握能力,若团队成员在工作节奏上过于迟缓,将很难符合现代企业的个性化或规模化竞争。在一个团队中工作,不管职务和专业有怎样的差异,都必须快速找到并找准自己的工作节奏,这样既能提高自己的工作效率,快速完成任务和解决问题,同时也能整理自己的工作思路,提升自我管理的能力。所以,管理者通常需要在团队成员寻找并建立适合自己的工作节奏方面给予准确的指导。

（二）人际沟通的行为习惯

在企业中,员工在与上级沟通的过程中,要注意理解上级的指令,严格按上级的指令行事,一定不能一知半解就贸然行动。若有疑问必须询问清楚,而且对于上级的盲点,同样要从企业的全局出发,在适当的时间与场合,用充分的依据,以及与紧急度相吻合的情绪向上级如实反馈。

对于下属而言,如何与上级沟通是很重要的事情,因为这在很大程度上关系到个人的能力是否被认同;对于上级而言,沟通同样重要,因为沟通关系到其领导的团队的凝聚力、战斗力;在与平级沟通中,要尊重平级伙伴,并且严格按企业规定的岗位职责履行工作职责,各自承担自身的职责,避免产生纠纷,使平级部门的沟通、平级成员的沟通保持顺畅。

此外,企业的管理者、团队成员与客户沟通时,一定要具备与客户共赢的理念。

要做到诚实守信,绝对不能对客户进行隐瞒欺骗。否则,客户一定会选择其他让他更为放心的企业合作。

　　某公司为了激励市场营销部门的员工,决定由公司共同组织表现好的员工去海南旅行,具体名额设置为 10 个人,但是该部门共有 13 个员工,大家都想有机会参加这样的集体活动。面临这种情况,部门经理需要在原来的人员名额基础上,额外向领导再申请 3 个名额。

　　部门经理将员工的想法反馈给上级领导,说:"张总,我们部门 13 个人都想去海南,可只有 10 个名额,剩余的 3 个人会有意见,能不能再给 3 个名额?"

　　张总说:"本来 10 个名额,从 13 个人中选出业绩最好的前 10 名不就行了? 10 个人的海南旅游费用已经不少了,你们不能只考虑自己不考虑公司承担的费用吧? 我看你们也太得寸进尺了,要是公司不组织这次旅游,也就没这么多事了,这个意见那个意见的。干脆,你 3 个部门经理让出名额给他们吧,拿出做经理的样子,这样都没意见了,不就完事了吗? 你们呀,就是得寸进尺,不让你们去旅游就好了,谁也没意见。我看这样吧,你们 3 个做部门经理的,姿态高一点,明年再去,这不就解决了吗?"

　　失误原因:

　　(1)沟通过程中,只注重个人想法的表达,不在意对方的心理感受和反应。

　　(2)务必记住不要只考虑自己,更不能出言不逊,沟通的前提是互相尊重。

　　在上述案例中,如果经理能站在张总的角度思考这个问题,分析一下公司这样做的原因,客观、平等地叙述一下双方的初衷和想法,掌握一定的沟通规则,本着帮助公司解决问题的目的和张总交流,可能就会是另一种结果。

　　正确做法:

　　部门经理:"张总,整个部门知道去海南旅游的计划后,每个人又兴奋又期待,觉得领导事务繁忙,还不忘对员工的关心,打心眼里感激您。张总,这对我们来说真是个惊喜呀,很想知道领导们是怎么想出这么好的主意的?"

　　张总:"真的是想给大家一个惊喜,今年公司效益有很大的提升,多亏了大家伙的努力,毕竟大家这一年里付出了很多。这不年底了,一是想借机让大家放松一下;其次呢,想着大家能够趁着这次机会稍做休整,来年以更好的精神面貌投入工作;最后希望这次活动能够将大家团结在一起,'众人拾柴火焰高'嘛。大家要是玩得开心,我们的目的就达到了,就是让大家高兴的。"

　　部门经理:"这个计划简直太棒了,我们整个部门的员工都非常努力,铆足干劲来争取这个名额。"

　　张总:"本来这个计划是打算让大家一块去的,考虑到你们部门的个别人工作态度消极,业务量也不高,想着用什么方法能有效地激发他们的上进心,顺便给他们提个醒,所以当时就只定了 10 个人的名额。"

部门经理:"领导考虑得十分周到,您刚刚提出来的问题我也注意到了,有几位员工的工作态度确实不太积极,有可能是和他们的生活有关吧,我作为部门经理,对他们的工作过于关注,忽视了对他们生活的关心,实在是我考虑不周,没有尽到相应的职责。如果这次旅游把他们排除在外,对他们造成的心理打击会不会过于沉重了?如果他们的这种消极想法在公司内部流传起来,我担心会有不好的影响。不管怎么说,公司为了这次的旅游开销这么多,如果因为这 3 个人的名额影响到公司的整体氛围和这次激励措施的效果,未免有些得不偿失。当然,公司的每一笔钱都应该花到刀刃上,如果这 3 个人的旅游的费用能换来他们高昂的斗志,激发他们对公司的感激之心,给他们改进的机会,我想他们会用更好的成绩回报公司和领导的关怀的,他们未来会给公司带来更多的利益和价值。我也不知道我说得对不对,如果公司能多加考虑,给他们一个机会,让他们参加这次集体活动,我会联合其他两位部门经理,采取一对一的方式,旅途中分别与他们沟通,了解他们的想法和工作中面临的问题,积极帮助他们解决,使他们树立自信心并保持良好的工作态度。张总您能不能考虑一下我的建议?"

(资料来源:谷静敏,穆崔君.商务沟通与礼仪[M].北京:中国石油大学出版社,2016.)

(三)日常工作的行为习惯

团队成员在企业的日常工作中必须养成尊重团队确定的工作流程的习惯,因为工作流程是现代企业分工合作的基础,只有整个团队按工作流程清晰地分工、精密地合作,才能够使企业的效率最大化,若团队成员按自我的意愿或习惯随意调整与变动,一定会与其他伙伴的配合产生偏差。

企业管理者必须强调,团队成员在日常的工作中,要严格依据企业制定的各项具体标准来完成工作。若用"差不多就可以了"的理念,就会出现不符合要求的产品或服务。所以,团队成员必须尊重每一项工作的标准,并落实在行动上,使企业产品或服务的性能更为卓越。

企业管理者必须养成主动担当责任的习惯。企业是个分责任、分利益的团队,利益可能人人都想多分点,但职责可能人人都想少分点,这是个不可取的思维模式,因为这样的团队一定不会有战斗力,不会有成就。管理者若带头逃避责任,那么企业中就会形成推脱责任的氛围与习惯。只有每位成员在管理者的影响与带动下,在企业文化的号召下,都能够勇敢地承担起自己肩头的责任,才能够使企业真正成为先分责任、再分利益的卓越团队。

案例分析

以前,某电网公司在文化宣传上主要靠标语、口号的形式开展,员工反映这种宣传给人的感觉太生硬,不能和自身密切地结合起来。经过反思,公司尝试将员工家人对亲人的安全要求当作宣传的主体,把亲人整装、亲人送行、全家福照片、温馨标语等画面制作成宣传画,在旁边附上安全警示语。另外,将一些违章现象做成漫画,让职工在会心一笑的同时接受安全教育。这些活动载体的创新,使职工感受到安全和每个人都是息息相关的,个人的安全也是家庭幸福的一部分,从而自觉把安全记在心中,起到了安全文化宣传的良好作用。

某年春天,公司负责的110千伏变电站正式开工建设,为让员工家属理解员工的辛苦,保证安全生产,公司集中组织"电嫂""电婿"们亲临变电站施工现场。很多"电嫂""电婿"们看到家人在寒冷的天气里立铁塔、架电线,双手被冻得颤抖,面部全是结霜的水汽,心中感慨万分,不由得流下了泪水,这泪水不仅是对另一半的心疼和牵挂,更是对他们工作价值的肯定。"电嫂""电婿"们纷纷表示:以前不了解另一半的辛苦,更不了解电力施工安全的重要性,以后会多关心他们的工作,常提醒他们注意安全,让他们在家庭的关爱下更加注重自身和他人的安全,保证电网和人身安全。

"从前因为工作回家比较晚,她经常和我生闷气,如今不论我工作多忙、到家多晚,她都会等着我回家,爱人的一杯热茶让我十分感动,也让我意识到自己身上的家庭责任。每天出门上班的时候她都会不停地叮嘱我要注意安全。爱人的'唠叨'让我浑身充满了力量,也时刻提醒我安全生产的重要性,高高兴兴上班,安安全全下班,才能对得起家人的期望。"员工小张的话,道出了全体一线员工的心声。

(资料来源:王妍婷.安全责任重于泰山[N].中国电力报,2008-12-4.)

阅读案例,讨论以下问题:

1. 该公司过去的企业文化建设手段具有哪些缺陷?

2. 该公司在文化建设与文化沟通上进行了怎样的改进?使用了什么原理?

3. 若让你为该公司出谋划策,你会提供一份怎样的改进方案?

第四章
员工激励

员工都有自我激励的本能。你要做的就是利用他们的这一本能去激励他们。不要费劲去一个一个地改变个人。应该努力去改变你的公司，减少不利于激励的消极因素，从而充分调动员工的本能实现自我激励。

——美国犹他大学管理学教授弗雷德里克·赫茨伯格

第一节　员工激励概述

一、员工激励的基本内涵

（一）激励的概念

激励（Motivation），顾名思义，激就是激发，励就是奖励或鼓励。激励作为一种管理概念时，指的是运用手段去调动员工的热情与积极性的这一过程。激励能够提升员工的工作内驱力，使员工不需要外部的施压，自身就有动力去完成工作。

因此，管理者在考虑激励时，首先，要意识到每个人都有一种内在的动因或内驱力，如需要、欲望与期待等，它能使人按照某一特定方向或方式行动，或者使之与外在环境动力相结合产生某种行为；其次，每个人的行为都具有导向性，总是走向某一目标或结果；最后，每个人所具有的导向系统，即内驱力与环境力量的结合，使人们能综合判断自己的行为，并通过反馈调整行为目标。

在人力资源管理中，激励的实际效果与三个要素紧密相连：一是激励时机，即在什么时间给激励对象以激励；二是激励频率，即一定时间内对激励对象激励的次数；三是激励程度，即激励的作用力大小。管理者在进行激励的过程中，通过各个要素相互联系、相互制约和相互作用，达到管理者希望通过激励获得的最终效果。

（二）激励的类型

根据不一样的激励手段，可以将激励分为几种不同的类型。根据内容来分，激励可分成精神方面的和物质方面的；根据作用来分，激励可分成正向作用的和负向作用的；根据对象来分，可以分成对他人的和对自己的；根据来源来分，可以分成内滋的和外附的。

1. 物质激励和精神激励

这两种激励是不同层面上的激励方式，其内涵有着很大的不同。物质激励所满足的需求必然是物质层面的需求，例如津贴、奖金等，可以使人得到物质上的满足；相应的，精神激励所满足的需求必然是精神层面的，例如荣誉奖励或是晋升奖励等。这种激励虽然不能给予员工物质，但是却能够带给员工成就感，提高其积极性。

2. 正向激励和负向激励

一般提到激励，人们总会认为是给予正向的反馈，是一种积极意义上的强化。其实激励也可以是通过抑制作用来进行动机的改变。通过强化动机来进行的激励就叫作正向激励，而通过抑制作用改变动机所进行的激励叫作负向激励。

3. 他人激励和自我激励

对他人进行的激励叫作他人激励，此种激励是改变他人的动机，调整其需要或是目标等。对自己的激励就是改变自身的动机，和对他人进行激励一样，也要对自己进行一系列的分析，得出合理的结论，选择合理的需求与目标。

多数情况下我们受到的激励都来自外部，来自外部的激励施加于被激励的人。但是，受他人激励的情况是难以持续的，如果想要此种激励能够长期发挥作用，就必须让他人对被激励者进行长期激励。而这种来自外部的激励很难一直作用于被激励者身上，有很大的局限性。要知道，驱使人向前的真正动力不是外部驱动力，而是内驱力，也就是自我激励。"人是不可能真正地被其他人激励的"[1]，每一个人的行为最终只能是自己控制，"他们需要在能使他们自我激励、自我评价和自信的环境中工作，而不是外界的激励"[2]。

4. 外附激励和内滋激励

外附的激励指的是由管理者对员工运用的激励手段，内滋的激励指的是员工自身产生了动力与积极性，以此激励自己。内滋与外附这两种激励方式是由道格拉斯·麦格雷戈(Douglas McGregor)提出的。[3]

对被激励的人而言，激励是来自外部和管理者的，所以叫作外附激励。企业中的外附激励一般都是正激励，比如奖励、表扬，甚至考试或者晋升等。但是，如果想要使企业中的绝大多数人员都获得激励，提高其积极性，还需要负激励，比如罚款、压力甚

① 王淑玲.药店品管圈管理与实务[M].北京：中国医药科技出版社，2017.
② 李伟.组织行为学[M].武汉：武汉大学出版社，2017.
③ 汪劲.生态环境监管体制改革与环境法治[M].北京：中国环境科学出版社，2019.

至法律制裁以及处罚等等。

所谓内滋是驱动力,源自被激励者的内心,内滋激励就是来自内部和自我的一种激励,例如学习动力、完成工作的成就感和责任感等等。一般来自自身的激励体现在义务与认同上。

第一,义务感是人对自己的一种要求和约束,是带有自觉性的内在动力。义务感使人们主动去承担自己的责任,从内心觉得工作是自己的分内之事。

第二,所谓的认同感就是员工对企业的工作与共同的目标有着肯定的态度,内心赞同企业目标和工作目标,就会有动力和内驱力,从而向着目标努力。

(三)员工激励的原则

激励其实是一种极其特殊的政策。它与普通的人力政策并不完全相同,因为激励政策一旦不能发挥积极的作用,其消极作用就很容易显露出来。所以激励政策如何制定,如何实施,都是需要严谨地商讨和决策的。按照一定的原则去进行激励政策的实施或是制定,都可以增强激励政策的实践效果。

1. 因人而异原则

每一个人都是独立的个体。因为员工自身需求的不同,他们所需要的激励其实都是不同的,甚至同一个人在不同的情况下的需求也是不同的。但是一个企业的激励政策只能有一个,所以这就要求企业在制定激励政策的时候,先做好每一位员工的需求调查以及情况调查,制定尽可能符合大部分员工需求的、合理的激励政策。

2. 奖惩适度原则

激励方式中的奖励和惩罚都应该适度。因为不合理或是过度的奖惩都会对激励效果产生负面影响。奖励的轻重影响员工的积极性,过度奖励员工会容易满足,导致向上的欲望减少;奖励不足员工会感到自己的工作和付出没有回报,从而失去动力和积极性。惩罚的轻重更需要重视,如果过度惩罚员工,会使员工产生消极情绪,对企业不再有认同感甚至消极怠工;如果惩罚不足会导致员工产生懈怠,认为发生错误无足轻重,会再次犯错,严重的错误甚至会影响企业的发展。

3. 公平至上原则

坚持公平至上原则在任何管理中都是必要的,甚至可以说,如果不能平衡天平,企业不如不采用激励管理。只有公平的待遇和激励,才能将激励效果发挥到最大。取得同等进步和成绩的员工就应该得到相同的奖励,犯了同等错误的员工也理应受到一样的惩罚。如果没有公平激励,不仅会让受到激励的员工感到不公,其他员工也会产生对企业、对管理者的不信任感,从而影响工作。

4. 合理奖励原则

企业的管理者在进行奖励时非常容易出现这一问题,即没有进行合理的奖励,激励了不应该激励的事情或是人员。根据这一点,米切尔·拉伯夫(Michael Leboeuf)总结出了在工作中的十种行为①,为管理者提供了合理奖励的判断依据:① 将工作问题彻底解决的行为才值得奖励,目光只放在短期和当下利益的行为不值得奖励;② 勇于承担工作中的风险的行为值得奖励,为了安逸而回避风险的行为不值得奖励;③ 发挥个人创造力的行为值得奖励,盲目地跟从与抄袭行为不值得奖励;④ 做事果敢、有决断的行为值得奖励,说得天花乱坠而不实干的行为不值得鼓励;⑤ 善于用脑、机智行事的行为值得奖励,只知道死板地埋头苦干的行为不值得奖励;⑥ 使事情尽量简单化的行为值得奖励,做没意义的事情的行为不值得奖励;⑦ 安静高效的行为值得奖励,喋喋不休的行为不值得奖励;⑧ 保证工作质量的行为值得奖励,拖延以及敷衍的行为不值得奖励;⑨ 忠心的行为值得奖励,心情浮躁、喜欢跳槽不值得奖励;⑩ 合作共赢的行为值得奖励,盲目对抗的行为不值得奖励。

二、员工潜能与本能

(一)合理激发员工潜能

诗人歌德曾说:"如果一个人是什么样你就把他当作什么样来对待的话,他就只能是原来的那个样子;而如果你把这个人当作他能够和应该成为的那个样子来对待的话,他就能够成为那个能够并应该成为的样子。"②

在这里,歌德的话体现了一个道理,那就是人们具有成长的潜力,只要进行适当的刺激,就可以激发出这些潜藏的能量。将这句话放在团队管理中,可以转化成这样一句话:"如果一个员工是什么样你就把他当作什么样来对待的话,他就只能是原来的那个样子;而如果你把这个员工当作优秀的执行者和创造者来对待的话,他就能够展现出非同一般的执行力和创造力。"

许多时候,管理者在招聘和任用员工的时候,仅仅将目光停留在"这个员工能做什么,具备什么技能",而没有深入考虑"这个员工具备什么样的潜质,他将来能做什么"。好的员工应当与团队一起发展、一同成长,从这个角度来说,激发员工的潜能是确保团队立足于现在并掌握未来竞争主动权的重要条件。而一流的管理者就像是一个激发潜能的大师,他会发现员工身上的某些重要特质与强大的潜能,并懂得如何挖掘出这些潜能。那么该如何激发和挖掘员工身上潜藏的能量呢?

1. 精神鼓舞

通常许多员工缺乏自信和清晰的自我定位,他们不清楚自己能做什么,不清楚自

---

① 博文.北大管理课[M].长春:吉林文史出版社,2017.
② 柯维.高效能人士的第八个习惯[M].陈亦明,王亦兵,梁有昶,译.北京:中国青年出版社,2010.

己具备何种潜能,在许多时候,他们都习惯于听从外面的声音。正因如此,管理者应当扮演好引导者的角色,平时多鼓励员工,有时候必须明确地指出对方所具备的价值和潜力,提醒员工他们能够做什么,或者扮演什么重要角色,这样做往往能够让员工很快建立起自信。当管理者帮助员工建立起这样的印象和自信时,他们就会按照这种期望去提升自我。这样做还能激发员工审视自身能力的欲望,促使他们看到自己的价值和潜力。

当一个人意识到自己受到足够的关注,在企业内部变得更加重要,或者正在扮演一个重要的角色时,他们对自己的工作会有更多的期待,会将这种心理优势转化为动力,并且按照这种"重要角色"的水平来要求自己,会做一个"重要人物"应该去做的事情。他们会主动改变自己的格局和视野,会想办法努力将自己变成一个不可或缺的人物。

2. 让员工做最擅长的事

每一个员工都有自己的优势,这是他们打造核心竞争力的基本要素,也是潜能最集中的地方,对于管理者来说,想办法放大这些优势正是其工作的要务。为此,管理者最好安排员工做自己最擅长做的事情,这样不仅能调动员工工作的积极性,也能增加员工获得成功的机会。

3. 创造机会

任何成长都需要空间和条件,而员工在团队中通常不具备自主获得这些机会的能力,这就限制了他们的发挥。为了激发他们的潜力,管理者需要想方设法为员工创造更好的工作机会和工作环境,为员工的能力发挥铺平道路。比如,团队内部有一个员工准备攻读 MBA,在条件允许的情况下(公司每年都会安排有潜力的人去外国有名的商学院深造),作为管理者就要想办法帮助他实现深造的愿望。

4. 共同制订成长计划

如果管理者发现了员工身上的一些特质,就要想方设法将这些特质转化为生产力和最终的效益,他们应当根据员工的实际情况选择合理的目标,并制订完善的个人成长和提升计划。这种提升计划可以每年制订一次,或者每三年制订一次。在管理者的适当参与和引导下,这些计划可以充分激发个人的潜能。

5. 与员工进行合作

在传统的管理模式下,管理者与员工的关系只是纯粹的雇佣关系,但现代管理体系的开放性和灵活性使得管理者与员工之间可以出现更多的合作关系。这种合作关系的基本模式就是相互成就,管理者尊重员工的个体利益,并为之提供保障,而员工也会努力实现团队目标。通过合作,员工的执行能力会得到提升。

6. 共享信息

管理者通常掌握更多的信息,而员工的信息量非常有限,从某种意义上来说,这种信息落差是构建整个权力体系和管理体系的前提,但是员工的信息量太少的话,就会限制他们的发展。为了帮助员工摆脱自身的局限性,突破自我,管理者需要开放信息通道,更多地与员工进行信息分享,让对方能够站在更高的角度和立场上看待问题,这对他们的成长很有帮助。

7. 给予自由的时间和空间

一个员工想要获得突破,想要激发自身的潜能,就需要一定的私人空间和私人时间,这是他们激发创造力的一个重要保障。因此,管理者应当适当放松管理,在不影响原则和大局的前提下,为员工创造更多的私人空间和私人时间,确保他们可以更加专注地进行自我探索和自我提升。

8. 扁平化管理

扁平化的管理方式有助于信息的流通,能够避免层级制的弊端,当员工受到的层级管理越来越少时,他们获得的支持就越来越多,工作空间也越来越大。此外,纵向垂直层级的压缩会促进横向协作,从而强化点对点的关系,这样的模式可以激发员工的责任感和工作动力。

9. 鼓励创新

许多员工缺乏创造力,并不是因为他们不具备创造的能力和意识,而在于整个团队缺乏创新的文化和氛围,一旦整个团队气氛沉闷或者不重视创新,那么员工的创造力就会受到压制。为了提升员工的创造力,激发他们的潜能,管理者需要积极鼓励创新,并在团队内部打造良好的创新文化。

10. 技能培训

任何一种潜力的发挥都需要建立在成长的基础上,换句话说,一个人只有不断获得进步和成长,才能够更好地调动和运用自身的潜能,如果能力被限制在一个较低水平上,那么即便潜能再大,也没有办法顺利激发出来。正因如此,团队管理者需要对员工进行技能培训,提升他们的工作能力。

对任何一个团队来说,员工都是最重要的资源,也是决定团队执行力的基本要素,只有想办法提升员工的执行力,激发员工潜藏的能量,才能提升整个团队的执行力和竞争力,更好地掌控团队未来的发展。

(二)挖掘员工自我激励的本能

很多企业及企业管理者将提高士气和激励混为一谈,忽视员工自我激励的能动性。弗雷德里克·赫茨伯格曾经说过:"员工都有自我激励的本能,企业领导者要做的就是利用他们的这一本能去激励他们,不要费劲地去一个一个地改变个人。应该努力去改变自己的企业,减少不利于激励的消极因素,从而充分调动员工的本能实现自我激励。"①一个惯性思维使人们一说起激励想到的就是金钱和福利的激励。虽然一定的金钱和薪资福利能够在一定程度和一定时间范围内提升士气,但是难以形成真正的激励效果。

企业领导者要做的就是利用员工的本能去激励他们,而无须花费分文。在有些情况下,使用高薪等物质奖励去激励员工还会适得其反。

要想员工拥有自我激励的能力,需要他们对企业和工作有认同感和归属感,想要感受能够把控工作的感觉。对自己的工作和企业产生认同后,员工自然而然地就渴望自己的努力被看到,自己的工作能够自己把控,将能力和心血倾注于工作。所以要想真正使员工受到激励,首先要清除影响人员自我激励的一切不良因素,再次就需要找到在企业中能够真正激励员工的因素。下面列举了企业中影响员工的自我激励能力的负面因素。

(1) 企业没有一个良好的氛围,钩心斗角的"政治把戏"很多;

(2) 企业没有对员工设定具体要求,业绩期望模棱两可;

(3) 企业存在太多的繁文缛节;

(4) 企业会议总是做不到目的明确、言简意赅,使员工厌烦;

(5) 企业的工作指示不明确,没有必要信息指导员工工作;

(6) 总是对员工进行批评,或持否定态度;

(7) 对业绩好的员工没有奖励,对业绩差的员工不提出批评和处罚;

(8) 不能公平公正地对待每一位员工;

(9) 员工的能力不能在分配的工作中得到有效发挥。

针对上述影响员工的自我激励能力的负面因素,企业要有的放矢,找到能够真正激励员工的积极要素,将激励效果最大化。

(1) 企业可以尽量将员工枯燥的工作生动、有趣化;

(2) 企业不要事无巨细地安排工作,尽量只给出必要信息和提示,让员工自我发挥;

(3) 企业要重视员工的责任感培养,选择表现好的员工发挥"领头羊"的职责;

(4) 在员工间强调合作共赢的原则;

(5) 企业应该容许员工在学习过程中出现错误,不要一味地否定和批评;

(6) 尽可能使每一位员工在工作中都有掌控工作的权利;

(7) 企业应提供明确的工作目标和适时的挑战。

① 李道永.所谓管理好,就是会激励[M].北京:中国友谊出版公司,2018.

第二节　员工激励理论

有关激励的理论很多,根据前述的激励理论,可以将众多的激励理论相应地分成三大类:第一是内容型的激励理论,第二是过程型的激励理论,第三是行为改造型的激励理论。三大理论有不同的研究重点,首先内容型激励理论主要研究动机的形成过程,着重探讨什么东西能使一个人采取某种行为,即着重研究激励起点和基础。过程型激励理论主要研究一个人被打动的过程,着重研究行为产生、发展、改变和结束的过程。行为改造型激励理论则从行为的控制着手,着重探讨如何引导和控制人的行为。

一、内容型激励理论

(一)需要层次理论

美国人本心理学家亚伯拉罕·马斯洛(Abraham Maslow)在 1943 年所著的《动机与人格》一书中提出需要层次论(Hierarchy of Needs Theory),这种理论认为我们的需要是层次化的,人类的需要从低级需要开始产生,在满足了低级需要后才进一步产生上层的需要,这样依次逐级递增,并且受主导性需要支配。[①]

1. 需要的分类

每个人都有 5 个层次的需要,由低到高依次为:生理需要、安全需要、社交需要、尊重需要、自我实现需要。如图 4-1 所示。

(1)生理需要(Physiological Needs)。管仲曾说:"仓廪实而知礼节,衣食足而知荣辱。"[②]生理需要是一个人对生存所需的衣、食、住、行等基本生活条件的追求。在一切需要中,生理需要是最优先的,当一个人什么也没有时,生理上的需求是最需要被满足的。

(2)安全需要(Safety Needs)。按照时间的先后顺序,安全需要被分成两种,一个是现在安全需要,一个是未来安

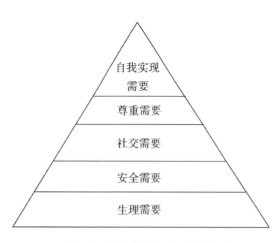

图 4-1　马斯洛的需要层次模型

---

① 孙成志.组织行为学[M].大连:东北财经大学出版社,2017.
② 黎翔凤,梁运华.管子校注[M].北京:中华书局,2020.

全需要。人身安全、就业保障、工作和生活环境等属于现在安全需要；未来安全需要一般因为未来有不确定性，所以令人担忧，于是人们都会追求未来的安全。

（3）社交需要（Social Needs）。作为社会性的动物，人类的任何行为都不可能单独、孤立地开展。人们希望在社会生活中受到别人的关注、关心和关爱，在感情上有归属感。

（4）尊重需要（Esteem Needs）。当一个人的社交需要得到满足之后，就会追求尊重的需要，这种需要包括自尊与受人尊重两个方面。

（5）自我实现需要（Self-actualization Needs）。自我实现需要的满足来自理想变为现实的胜任感和完成一个挑战性任务的成就感这两方面。

2. 基本观点与对管理实践的启示

（1）阶进原理

第一层含义，人的需要是分等级分层次的，呈阶梯式逐级上升。需要分为低层次的和高层次的，最初的生理和安全需要就是所谓的低层次需要，后面的社交、尊重以及自我实现的需要都是所谓的高层次需要。当人们的低层次需要被满足后便会对高层次的需要产生渴望。值得注意的是，低层次需要的满足程度和高层次需要的需求度是正相关的。

第二层含义，人在不同的发展阶段，需要结构是不同的，如图 4 - 2 所示。当人的心理发展水平在较低程度的 A 点，此时人的需求还处在低级的需要层次，生理和安全的需求最高；当心理发展水平提升到 B 点，此时生理需要的程度已经降低，社交的需求最高；当心理发展水平达到 C 点，此时人的最大需求已经变成尊重的需要和自我实现的需要。

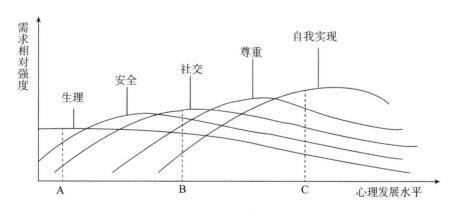

图 4 - 2　需要层次发展模式

所以，带团队是一个满足多样化需要的过程，管理者一定要认清员工的需要层次，激励的时候要针对不同的员工给予不同的报酬；同时，要注意引导员工去追求更高层次的需要。

（2）亏空原理

第一层含义，当某种需要得到满足以后，这种需求也就失去了对行为的唤起作用，只有没有得到满足的需要才是唤起行为的根本原因。

第二层含义，满足高层次需要比满足低层次需要难度更大，激发的动力持续的时间更长。据马斯洛估计，低层次的需要一般能够得到 70%～80% 的满足，再高层次的社交需要就只能被满足 50%，再上层的尊重需要便减少到只能被满足 40%，而自我实现的需要只能得到 10% 的满足。[1] 所以，管理者要更多地去满足员工高层次的需要。

（3）人的需要的个体差异性

人类在低层次需要和高层次需要都得到满足的时候，会对高层次的需要有更高的追求，但有时会出现高层次需要被满足但低层次的生理和安全等需要没被满足的情况，这时候不同的个体就会产生不同的追求，有的人会为了低层次的需要放弃高层次的需要，有的人宁愿要高层次需要而不在乎低层次需要是否被满足。

（4）人的需要应与组织目标紧密结合

管理小贴士

石匠的故事

三个石匠在做一项工程，路人问三个石匠在做什么。一个石匠说："为了养家糊口在工作。"另一个石匠说："我做的工作就是国家第一等石匠做的工作。"最后一个石匠说："我在建造，建造的是一座教堂。"

在石匠的故事中，三个石匠分别是什么需要呢？很显然，第一个石匠是生理需要，第二个和第三个石匠都是自我实现需要。同为自我实现需要，有什么区别呢？其实，第二个石匠的满足感来自个人的成就，而第三个石匠的满足感来自他看到了自己工作和组织目标的关系，难能可贵。

因此，管理者在完成组织目标的过程中，一方面要满足个人需要，使下级有胜任感和成就感；同时，满足个人需要的时候也要让其看到组织的目标和前进的方向，也就是要善于把组织目标与个人的需要紧密结合，这样事业才能发展。

---

[1]　赵伊川.管理学[M].大连：东北财经大学出版社，2014.

总之,马斯洛的这一理论的最大用处在于它指出了每个人均有需要。管理者为了激励员工,必须了解要满足员工的什么需要。但是,不论管理者采取何种途径,其措施总是以他对员工所持的假定及对需要与满足的假定为基础的。

(二)双因素理论

在20世纪50年代末期,美国的著名心理学家弗雷德里克·赫茨伯格(F. Herzberg)提出了一个理论。赫茨伯格对百余名会计和工程师进行调查时,发现这些工作者对工作感到满意的理由常常源自工作本身,不满意的理由却多是源自工作环境。根据这个调查研究,他提出了著名的双因素理论。①

1. 双因素理论的内容

(1)赫茨伯格提出的双因素理论首先修正了一个长久以来的错误观点——满意和不满意是对立的,与不满意相反的就是满意,二者存在质的区别。赫茨伯格的双因素理论提出,满意和没有满意是对立的,不满意和没有不满意是对立的。其次,赫茨伯格又把能够影响工作动机的要素分类,把能够使组织成员感到满意的因素称为激励因素,把让组织成员感到不满意的因素称为保健因素。② 如图4-3所示。

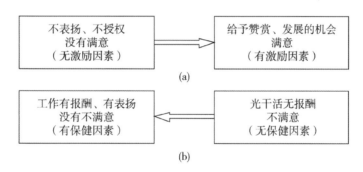

图4-3 不同的工作状态示意图

(2)激励因素是以人对工作本身的要求为核心的。激励因素的内容都是跟工作本身相关的,例如工作是否具有挑战性,是否能够给予人认同感和成就感,还有能否获得个人发展等等。如果工作本身富有吸引力,组织成员工作时就能得到激励;如果奖励是在完成之后,或离开工作场所之后才有价值和意义,则对工作只能提供极少的满足。

(3)那些不属于工作本身范畴的因素就是保健因素,例如一个企业的工作环境、政策与监督、同事间的相处,还有薪资待遇等问题。如图4-4所示。

---

① 张圣华.管理学基础[M].青岛:中国海洋大学出版社,2017.
② 刘倬. 人力资源管理[M]. 沈阳:辽宁大学出版社,2018.

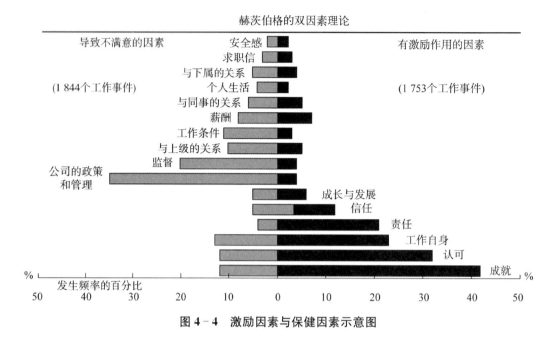

图 4-4   激励因素与保健因素示意图

2. 对管理实践的启示

（1）处理好保健因素，满足员工的需要。因为员工对待工作的消极情绪往往是因为保健因素没有满足他们的需要，保健因素一旦满足员工的需要就会对员工的积极性和动力产生积极影响。值得注意的是，保健因素仅仅有维持的作用，难以对员工起到激励作用。所以保健因素又称为"维持因素"。

（2）在激励因素上下功夫才有可能持续地激发人的积极性。如前所述，保健因素的作用往往是维持作用，要真正地激发员工的动力、积极性，还是要通过激励因素使其满意。

（3）善于把握激励因素与保健因素的转化。需要是因人而异的，对于每一个人来说，激励因素和保健因素各有不同。同时，激励因素和保健因素也可能随着时间的变化而变化。某一个因素是激励因素还是保健因素取决于环境，要带着权变的思想进行分析。

赫茨伯格的双因素理论就如何针对组织成员需要来开展激励工作进行了更为深入的分析，提出了调动和保持组织成员积极性的有效方法。双因素理论与马斯洛的需要层次理论是兼容并蓄的。[①]

（三）"ERG"理论

ERG 理论是在马斯洛的需要层次理论上，由美国的克雷顿·奥尔德弗（Clayton

① 朱仁崎，李泽.组织行为学原理与实践［M］.长沙：湖南大学出版社，2018.

Alderfer)提出的更有利于实践的研究理论。[①]

1. "ERG"理论的内容

ERG 是生存(Existence)、关系(Relationship)和发展(Growth)需要论的简称。奥尔德弗在大量调查研究的基础上指出,人的需要有三种:生存需要,指维持生存的物质条件;关系需要,指维持重要人际关系的需要;成长需要,指追求自我发展的欲望。[②]

此种理论不像马斯洛的需要层次理论,它们之间没有绝对的界限,不存在层次性,三种需要是一个连续的整体,个体不仅会在满足低层次需要的基础上追求更高层次的需要,而且在低层次需要得不到满足或者得到很小程度的满足时,也可能转而寻求更高层次的需要。

2. 对管理实践的启示

在 ERG 理论中,奥尔德弗认为人的需要还应包括一个挫折和一个倒退尺度,当个体的高层次需要遭受挫折,无法满足时,人对低层次需要的愿望会相应增加,会倒退至相对较低层次的需要。这可以用来解释在一个内部人际关系复杂、发展前景不明的企业中,为什么员工往往会追求更多的工资或更好的工作条件,因为其关系、成长的需要得不到充分满足,只好转而追求较低层次的生存需要。[③]

(四)激励需要理论

根据关于激励需要的研究,美国著名心理学家戴维·麦克莱兰(David Meclelland)提出了激励需要理论。[④]

1. 激励需要理论的内容

此理论把能够促使人类产生自我激励的需要分为三类。激励需要和物质需要是企业管理密不可分的人员管理因素,下面列举了麦克莱兰的三类激励需要。

第一是权力的需要,权力需要是指掌控工作或是掌控他人的需要。权力需要大的人对社会地位十分看重,看重自己的影响力和来自他人的尊重。这种人往往喜欢管理和引导他人,喜欢公开谈论自己的想法。

第二是依附的需要,依附需要就是寻求人和人之间的关系,希望得到他人的支持与帮助。此类需要大的人往往会乐于进行人际交往并且乐于和别人友好相处。

第三是成就的需要,成就需要是指自身工作不仅只满足工作要求,还能有所建树。此类需要大的人,往往并不特别在意金钱、报酬等物质上的东西,他们更看重工

---

① 陈春花.组织行为学:第 4 版[M].北京:机械工业出版社,2020.
② 于秀娥.中外管理思想史:下[M].北京:中国商业出版社,2011.
③ 鞠强.领导心理学[M].上海:复旦大学出版社,2018.
④ 刘友金,张卫东,杨春艳,等.管理学:第 3 版[M].徐州:中国矿业大学出版社,2018.

作建树,愿意承担挑战性的工作任务,喜欢自己负责并注重工作成果的反馈,他们最感兴趣的是经过努力获得成功后的成就感,不喜欢一蹴而就或遥不可及的事情。①

2. 对管理实践的启示

根据激励需要理论,在企业管理中,对成就需要型人才最有效的手段就是给予此类人才自主权,使其完成有挑战性的工作并且要及时反馈,多表扬和肯定他们的工作,使得他们充满成就感。

二、过程型激励理论

（一）期望理论

期望理论是1964年美国著名心理学家弗鲁姆(Vroom)提出的激励研究理论。期望理论是通过人的努力程度和期望之间的关系进行激励效果的研究。②

1. 期望理论的基本内容

弗鲁姆认为,因为一项工作或是组织中的共同目标可以帮助人满足自身的需求,所以员工才会采取积极的态度进行工作或是达成目标。积极性的高低和这项工作完成后与自身目标的实现可能呈正比。③

2. 对管理实践的启示

满足个体的需求有利于将激励的效果发挥到最大。所以,管理者应选择多数组织成员感兴趣、评价高,即效价大的项目或手段,这样才能产生较大的激励作用。

（二）公平理论

1965年,美国著名的心理学家亚当斯(J. S. Adams)提出了公平理论。公平理论主要研究激励效果在个人贡献和能够获得的报酬关系之间的体现。④

1. 公平理论的内容

公平理论认为,工作中的积极性除了和物质报酬——绝对报酬有关,与相对报酬——个人投入和劳动获得报酬比的关系更大。公平理论中的投入与报酬,不是简单的劳动投入与物质报酬,这里的投入一般指的是从事工作之前的学习、训练以及个人的工作经验和资历等等,而所得一般指成就、工资、地位以及个人提升等方面。⑤ 一种比较称为横向比较,即将自己的所得与自己的投入同组织内的其他成员比较;另外一种是纵向比较,即将自己目前的所得与自己目前的投入,同自己过去的所得与过去

①　吴晓义,姜荣萍,杜今锋.管理心理学:第3版[M].广州:中山大学出版社,2015.
②　迟到,刘美艳,周蓉,等.管理学:第2版[M].北京:中国金融出版社,2017.
③　郭咸纲.西方管理思想史:插图修订第4版[M].北京:北京联合出版公司,2014.
④　赵平.组织行为学[M].北京:北京理工大学出版社,2021.
⑤　陈春花.组织行为学:第4版[M].北京:机械工业出版社,2020.

的投入进行对比。

当员工感到付出和收获不成正比的时候就会感到不公平,此时就会有不安和焦虑等紧张情绪。为了缓解或者消除这种负面心理状态,他们就会采取一些曲解自己或是他人报酬的行为,甚至还会不择手段地改变他人的所得。相反,若是他们感到自己的付出得到相应的回报时,就会感到公平,心理上也会感到放松和积极,工作动力也会越来越强。

2. 对管理实践的启示

报酬是最能直接体现出回报的激励手段,所以管理者一定要重视报酬激励。如果不重视此类问题,必然要出现"不患寡而患不均"①的现象。

尽量保证报酬的公平,比如我们国有企业的"多劳多得,少劳少得"原则就符合公平理论原则。并且,在发生不公平的情况后一定要对员工进行疏导,最大限度避免负面影响。后续要找出不公平的源头,积极改革,保证公平性。

三、行为改造型激励理论

(一) 归因理论

由美国著名心理学家海德(F. Heider)提出的归因理论,经后人的不懈努力后发展至今。归因理论主要是研究判断行为的根本原因是内部还是外部,以及员工怎样解释行为失败和成功的原因。② 行为的失败与成功一般归结于四种因素,这四种因素又分为外因和内因。内因有相对不稳定的努力程度因素和相对稳定的能力因素,外因有相对不稳定的机遇因素和相对稳定的难度因素。

不同的归因,对员工的态度和心理都有着不同程度的影响。要是把成功归功于内部因素,员工一般就会出现骄傲与满意的心理;要是把成功归功于外因,员工一般会充满感激。员工若是认为稳定因素导致自己失败,就会产生挫败心理;若是认为不稳定因素导致失败,就还可能心存希望。这就要求管理者能够合理地对员工进行归因开导,即使员工失败也可以引导他继续积极向上,努力争取下次的成功。

(二) 强化理论

美国心理学家斯金纳(B. F. Skinner)提出了强化理论。强化理论的基本观点是注重员工的行为和工作结果之间的关系,并对员工进行有针对性的激励。斯金纳认为,员工在受到有利刺激的时候就会不断重复这种行为,反之如果受到了不利刺激,这种行为出现的频率就会减少甚至不再出现。③

---

① 刘毓庆.论语绎解[M].北京:商务印书馆,2017.
② 崔会保.组织行为学:第2版[M].北京:中国铁道出版社,2016.
③ 刘飞燕,张云侠.管理学原理[M].广州:华南理工大学出版社,2018.

强化理论提示管理者们可以对员工进行有效的强化刺激,使员工的行为与组织目标一致。但是强化理论有其不足,就是只注重行为的结果,忽视了个体的自我激励。

第三节　员工激励措施

管理是一门艺术,用不同的方式来激励员工,正是这门艺术最好的表现形式。美国心理学家威廉·詹姆斯(William James)曾专门发表过一项关于激励的研究报告,其中指出,一个人平时正常工作只能发挥20%~30%的能力,但如果能受到充分的激励,可以将能力发挥到平时的两倍以上。①

一、目标激励

目标是员工在工作中前进的动力源泉,也是员工成功的重要方向。目标的作用有增强员工激情、发挥员工能力、挖掘员工潜力等等。所以,在企业管理中,目标作为激发员工潜力爆发最大化的重要激励方式,在企业中占据着非常重要的地位。无论是个人还是企业,都需要目标激励。为了更好地做好目标激励,管理者应该注意以下几个关键点。

1. 设定切合实际的目标

管理者在进行目标激励时,必须先设定一个合理的目标。合理的、切实可行的目标是一种激励,是一种督促员工不断进步的助力,而一个脱离现实、几乎不可能达到的目标,只会给员工带来巨大的挫败感。

为了保证目标切实可行,管理者在设定目标时,应该让其明确具体。可将目标分为最终目标和阶段性目标,根据实际情况予以灵活掌控,也唯有如此,管理者才能达到目标激励的最终目的。

2. 从多层次、多方面设定目标

一般来说,目标可以分为社会目标、经济目标、文化修养目标、家庭目标、健康目标等几个类别。在设定目标时,为了使其清晰明确,管理者可以从多层次、多方面进行设定,最大限度地激起员工心中的工作热情。

3. 个人目标与企业目标相统一

个人的能力是有限的,无论在生活中还是工作中,个人只有融入集体中才可能获得长久的发展,进而实现自己的人生目标和人生价值。要组成长久稳定的团队,就必

---

① 李志洪.麦肯锡领导力法则[M].北京:台海出版社,2017.

须考虑到一个关键性的问题,即个人目标与团队目标是否能够和谐统一。一般说来,人与人、人与企业之所以能产生协同合作的意愿,是因为拥有共同的目标。但随着合作的发展,无论个人还是企业,都可能产生一些新的认识,团队目标与个人目标之间也就容易出现偏差,如果二者并不相互妨碍,在合理沟通之后合作依然可以继续。在这一过程中,企业要保证信息沟通顺畅,以便协调内部各成员为实现目标而共同努力。

目标激励是员工激励的有效措施之一,可以让员工在工作中产生极大的动力,因而管理者要予以重视,帮助员工树立愿意为之努力的目标。

二、尊重激励

管理者应重点注意的就是尊重激励这种激励方式。在企业发展过程中,取得的每一个成功都需要员工的共同努力,管理者对员工的这份努力应予以尊重。管理者只有在工作中尊重员工的优点,酌情包容他的缺点,不断让员工产生价值实现的满足感,才能让他们的潜能得到充分发挥。如何更好地利用尊重激励,不断让员工产生价值实现的满足感?以下几个方面可作为参考。

1. 尊重员工的优点

尊重员工的优点,是对员工进行激励的一个重要方面。现代社会中,多数员工都具有极强的自尊心,渴望通过工作实现自身价值,得到管理者的重视。因而管理者要尊重员工的优点,及时对他们的成就给予肯定。

2. 尊重员工的工作动机

每个员工全力以赴进行工作都有其不同的动机,有的是为了晋升更高的职位,有的是为了获得更好的奖励,有的是为了取得管理者的认可与重视……无论是哪种工作动机,管理者都必须给予足够的重视。管理者可以不断通过让员工参与制订计划、将员工当成主角、尊重员工的意见来体现自己对员工的重视,更好地激发其工作热情。

3. 尊重员工渴望被关注的心理

每一个企业的员工都渴望得到管理者的关注,都渴望得到管理者的重视。曾经有心理学家指出,没有一个员工想要成为企业中的默默无名之辈,每个员工内心深处都希望成为一个被重视的员工。如果员工在工作中得不到管理者的重视,就会影响到他们工作的积极性和主动性。因此,管理者在企业管理中要重视尊重激励的重要作用,让每个员工渴望被重视的心理不断得到满足,进而成为一种积极工作的动力,更加心甘情愿地为企业效力。

4. 尊重员工的意见和建议

尊重激励中最为关键的一点就是管理者要尊重员工的意见和建议。无论哪个员工,都希望自己的意见和建议被管理者采纳。虽然有时候,员工可能并不需要发言,但是这并不代表他们没有意见。而管理者需要做到的就是学会去倾听员工的建议，不断满足他们的价值实现需要，接纳他们的意见，这样就会使他们更加努力地工作。因此，在激励管理中，任何员工有了自己的建议，或者有什么好的主意，管理者都应该加以重视，这不仅会激发员工的工作热情，而且会在之后的工作中汇聚员工的智慧，提高员工的工作积极性，并且让员工产生价值实现的满足感。

三、赞美激励

赞美是世界上最美妙、最动听的语言，让人无法抗拒。每个人都渴望自己被别人注意、欣赏、认可，赞美正是对这种渴望的最好回应。管理大师洛克菲勒（John D. Rockefeller）曾说过："要想充分发挥员工的才能，方法是赞美和鼓励。世间最足以毁灭一个人的热情与雄心的，莫过于管理者的责备和批评。一个成功的管理者应当学会真诚地去赞美别人，诱导他们去工作。"[①]在企业中，如果管理者能适时给予员工一些赞美，不仅能激发员工的工作热情和积极性，提高员工的工作效率，还能拉近自己与员工之间的心理距离。所以，对于管理来说，赞美激励是让员工自信满满的关键。

作为企业管理者，赞美是最基本的职业技能之一，同时也是最基础的为人准则之一。而为了更好地做好赞美激励，管理者应该了解什么样的赞美才能让员工喜悦，才能激发起员工的工作热情和工作积极性。

1. 背后的赞美最真诚

针对中国的国情来说，在很多时候，一个人当面对别人的赞美可能只是出于礼貌讲的客套话，因此当面赞美他人时很容易让对方怀疑这种赞美的真实性。但如果我们不是当面而是在背后赞美对方，就会让人感觉真诚可信。当第三者将这种赞美转述给被赞美者，被赞美者会欣然接受，并且对我们也心存感激。因此，赞美可以说是一种艺术，管理者要成为真正懂得赞美艺术的人，不会轻易当面赞美员工，他们懂得用含蓄的方式让别人欣然接受自己的赞美。

2. 赞美要快速及时

在企业中，管理者对员工进行赞美，很多时候都是即兴的，可以说，赞美是对一个员工在最近一段时间内工作表现的反馈。任何员工在完成某一项任务的时候，总希望能在最短的时间内获得别人的认可，同时也对自己努力的成果有一个全面的了解。因此，管理者在员工完成工作之后，及时给予赞美，这种赞美能让员工非常开心，以后会更加热情自信地投入工作。当然，在这个过程中，值得注意的是，管理者如果要及时赞赏员工，必须等工作告一段落，基本情况已经确定之后，或者在一个小阶段已经

---

①　陈志云.重新定义团队：好团队是这样带出来的[M].北京：北京工业大学出版社，2017.

确定完成并且取得良好效果之后进行。

3. 把握赞美的尺度

管理者在赞美员工时一定要把握好尺度，不管你多么喜欢一个员工，如果大事小事都表扬一下，有事没事表彰一下，可能会引起其他员工的不满，甚至可能给优秀员工带来麻烦，导致其遭受排挤。因此，赞美一定要把握尺度，既不能不赞美，又不能过多赞美。过度的赞美只会让人觉得虚伪，反倒失去了几分真诚。

4. 赞美要真诚具体

在赞美中，真正让人听了喜悦并乐于接受的，是别人发自内心的赞美，而不是出于礼节的敷衍。要知道，不根据事实去赞美别人，不可能打动人心。真诚的赞美一定要依据事实，发自内心，只有言之有物的赞美才能让别人真正感到欣喜。因此，管理者为了更加真诚、具体地赞美员工，就必须要针对具体的事情来进行。用更加真诚的赞美来打动员工，避免其他员工的嫉妒，实际上也相当于一种榜样宣传，激发其他员工的工作潜力，让员工更加自信。

5. 赞美要公平公正

赞美一定要做到公平公正。作为管理者，在对待员工时一定要摒除个人好恶。即使你再不喜欢一个员工，只要他做出成绩，你就应该给予他公允的承认和赞赏；即使非常喜欢一个员工，一旦他犯了错，也应该给予他相应的批评。管理者只有做到公平公正，对员工一视同仁，才可能赢得员工的尊敬。

美国著名的成功学家戴尔·卡耐基（Dale Carnegie）关于赞美激励说过这么一句话："当我们想改变别人时，为什么不用赞美来代替责备呢？"[①]赞美不仅能够激发员工的工作热情，还能增强员工的自信心，因此，管理者在赞美中做到以上五点，就可能让员工的潜力爆发，真正做好当代社会的激励管理。

四、竞争激励

通常情况下，压力与动力是并存的，适度的压力能转化为激励人奋进的动力。因此，企业管理者不妨将竞争引入管理，让员工承受适度的压力，从而培养其危机意识，促使其不断努力，不断提高，在竞争的压力中发挥出自己的最大潜能。这也就是所谓的竞争激励。人天生都有惰性，尤其是长时间处于一个缺乏竞争的环境中时，惰性就会越来越强。当一家企业长期处于稳定期时，如果一直没有外界的刺激（如竞争因素），员工尤其是老员工，就很容易对工作产生倦怠的情绪，企业也将渐渐失去生机，走向崩溃。因此，管理者要做好竞争激励，可以通过竞争激励使优秀员工脱颖而出。

---

① 卡耐基,柳如菲.最受欢迎的卡耐基口才课[M].上海：立信会计出版社,2015.

当企业长期处于稳定的环境中时,老员工容易像"沙丁鱼"一样满足于现状,因循守旧,懒散懈怠,缺乏激情、斗志和责任感。久而久之,他们的贡献率和价值将趋于零,企业的效益也将毫无保障。要杜绝这样的情况,最理想的办法就是引入打破稳定平衡的"鲇鱼",让新员工加入进来,带给老员工压力,让他们产生竞争意识,激发他们的工作积极性,促使他们为了生存而转变思想态度,进行自我突破、自我改变。这就是管理上的"鲇鱼效应",实际上也就是竞争激励。① 因此,管理者要想为企业引入竞争激励,让优秀员工脱颖而出,一般采取以下几种方式。

1. 优胜劣汰,增强企业员工的竞争意识

自然界遵循着"物竞天择,适者生存"的法则,也正是这一优胜劣汰的法则,使自然界的生物不断进化,以适应环境的改变和发展,而那些无法跟上进化队伍的物种,则会不可避免地走向灭亡。纵观人类的发展史,人类就是从与其他动物处于相同的生存状态发展到处于食物链顶端,这就是人类在残酷的自然法则竞争中所产生的改变和进步。竞争从来都很激烈,但也正是这种优胜劣汰的竞争意识促使人不断进步,不断突破极限,创造奇迹。

这种竞争意识对于企业管理来说同样适用,尤其是在公司内部的成员配置方面,竞争意识既能激起员工的危机意识,让他们在压力下提高工作效率和能力,也能帮助企业沙里淘金,适时裁减冗员,节省公司成本。

2. 为员工设置"假想敌",激发其求胜斗志

很多人都有好胜心,尤其是面对与自己旗鼓相当的对手时,心底总希望自己比对方优秀,以此获得优越感。从心理学上来说,这种心理是一种潜在的自我优越欲望。这种欲望根植于人性之中,无论你的竞争意识是否强烈,这种欲望也不会完全泯灭。尤其是在特定环境、特定对手的压力下,这种求胜的欲望会得到激发,变得更加鲜明。

管理者在以设立"假想敌"的方式激励员工时,有个问题需要特别注意,就是为员工所设立的"假想敌"的各方面条件应该跟准备激励的员工旗鼓相当,或者能力稍微比准备激励的员工强一点点。如果双方实力对比过于悬殊,就不存在任何可比性,如此一来,非但不能激励员工进步,反而可能会让员工在挫败感中一蹶不振。

3. 适时引导,杜绝恶性竞争

良性竞争能激发员工斗志,让团队成员实现共同努力、共同进步的良好局面;恶性竞争则会导致团队成员之间相互抹黑,甚至以互相拖后腿的方式来达到压过对方的目的。因此,在对员工进行竞争激励时,管理者应该注意,在关键时刻适当引导,以避免员工之间的竞争转化为恶性竞争。而要想达到这个目的,管理者就务必在工作

---

① 崔瑞泽.金科玉律[M].长春:北方妇女儿童出版社,2015.

中不断培养员工的团队荣誉感,做到根据员工个体差异进行目标设定,强化员工正确的竞争意识,也只有这样,才能在企业内部形成真正的良性竞争局面。

五、危机激励

在企业中,管理者必须正确对待危机,做好危机的管理和激励工作。"生于忧患,死于安乐。"对越来越多的企业来说,能够在成功中居安思危是一种超凡的管理智慧。管理者要学会给员工制造必要的危机感,让这种强烈的生存意识,推动企业不断发展与进步。

而一个没有危机意识的企业,也必然会在未来的发展中被危机所包围。管理者要重视危机激励的重要性,在工作中给员工制造必要的危机。

六、宽容激励

在激励管理中,除了前面的五种方式之外,还有一种特殊的激励方式,就是宽容激励。宽容作为化解员工工作矛盾的关键,是人性化管理中激励员工、同时也让员工能够得到更好发展的关键。

在企业的发展中,管理者要用宽容来更好地激励员工,并且要学会给员工一次将功补过的机会,不断激发员工的工作激情和工作动力,让员工爆发出更大的工作潜力。

1. 要学会灵活"偏袒"偶尔犯错的员工

在这里,这个"偏袒"是指管理者应该勇于保护那些略有瑕疵的优秀员工,尤其是要容忍员工的短处,以达到更好地发挥员工长处、赢得人心、拉近同事关系的目的。同时,管理者也可以通过这一方法不断提高自己在员工中的声誉和威望,塑造出一个宽厚、豁达的管理者形象,更好地带领员工去实现既定的企业管理目标。

2. 要允许员工失败,并给予足够的信任

在企业管理中,员工可能经常会面临失败的情况,管理者要谨记"失败是成功之母"。没有员工想失败,他们都很渴望成功,想要把事情做好。所以,管理者要允许那些有创新意识并愿意冒风险的员工失败,要给予他们足够的信任,强调并肯定他们的努力,以"吃一堑、长一智"鼓励他们继续前进。

第四节 员工激励长效机制建设

关于机制的问题常常见诸报端,在会议上、文章里、报告中也屡屡出现。我们要问:什么是机制? 机制的组成是什么? 怎样才叫建立了机制? ……面对这一系列问题,并不是所有的人都能做出回答。

一、机制的基本内涵

（一）机制的概念

机制的定义来源自机械学,原本指的是机器不同部分相互之间的从属与限制关系,以及内部结构与运行原理。这一概念后来被引入到生物学和医学中,例如,研究生物体的功能也被称为对生物体生理机制的分析。掌握某一事物运行的机制,意味着对此事物已经完成了从现象到本质的认知过程。在管理中引入机制的概念,就是定义系统中各子系统之间的相互沟通、促进和限制,以及系统的内部运行模式。机制具有内在性,客观存在于一定的系统中,按照其固有规律自动运行。它既非原因也非结果,而是意志与行动、原因与结果间的媒介,能够决定某项事物的功能,并制约其功能的发挥。评价机制优劣须以其运行导致的系统机能强弱为标准。

（二）机制的组成

管理体系的诞生与机制形成并不存在绝对的因果关系,建立可靠的管理机制,需要包括三个方面的内容。一是组织机构。管理机制需要通过组织机构的搭建得以实施。为实现某些目标而创建的机构具有一部分独特的功能,机构间的关系也是在这个基础之上建立起来的。这类机构组成了一个有机体,组织内各部分被联系到一起,这些部分的状态能反映出组织的状态,对运行过程中产生的各类数据进行分析,对良性数据予以加强,对不利数据加以处理。二是规章制度。规章制度是管理机制的基础和依据,也是其重要的驱动力。规章制度与管理机制是灵魂与血肉的关系,缺少规章制度,管理机制会因缺乏秩序陷入混乱。规章制度保障了组织的正常运行和可持续发展,具有很强的引导性和执行性,不过其自身作用必须通过组织机构和工作人员才能得以发挥。三是工作人员。要赋予管理机制以生命力,让组织机构和规章制度有效运转和有力执行,需要富有活力的工作人员。不过规章制度和组织机构的活力与工作人员的活力不是完全一致的关系,在具有一定职能的机构中,依托有力的规章制度,工作人员的劳动智慧与职业责任感才能为规章制度和组织机构注入活力。以上三个因素共同构成了一个优质管理机制的全貌。

（三）机制的特征

机制具有以下三个方面的特征[①]。

1. 闭合性

闭合性（或合拢性）原本指闭合的图形比开放的图形更容易被看成是一个整体,

---

①　中共中央组织部人才工作局.深化人才发展体制机制改革：理论探索[M].北京：党建读物出版社,2017.

管理学中被引申为系统的各个部分和程序相互连接，形成首尾相连的闭环。这一概念具体表现在三个方面：运行方面，管理机制内部的各个组织在日常工作中自上而下、循环往复；监督方面，机制内各个环节工作人员具有双重身份，在监督他人的同时也作为被监督者处在他人的监督之下，监督因而也构成了一个闭环；政策方面，管理机制内的政策因其具有的权威性而往往不可抗拒，所以出台的政策要全面、不留空隙，政策间必须相辅相成，如若存在冲突和矛盾，在实施过程中易出现效果被减弱的问题。

2. 内驱动

内驱动是源自机制本身的一种生命力。在内驱动因素的支撑下，机制系统内的人员与组织自我加压、自我优化和自我运行。内驱动是机制功能的主要特征，是创造积极的终极目标，而"三个自我"的落实可以让整个机制焕发活力，将无效化为有效，低效变作高效，实现高水平运转。这种模式看似较为理想化，一旦运转便能展现其自身的科学性，让管理机制保持较高的水准。管理者借此便可以达到"无为而治"的管理境界。

3. 自组织

自组织是系统以自身力量为条件自发增加其活动和结构的秩序性、组织性的进化过程。内部机制的水平高低能够决定一个系统是否可以独立存在。自组织管理模式尊重系统内部各要素的积极性，尊重系统中各个组成部分的平等互动，融合了无为而治、灵活管理、随机应变等措施，遵循"无为而无不为"的原则，以期实现高效管理。自组织过程是系统从无序演化到有序的重要内在因素。一个系统要生存下去，就必须拥有一个自我作用、反馈、调整和改进的有效机制，但这种自我组织机制的形成周期有长有短，质量也有好坏之分。我们所要构建的管理机制是一个以理论为指导，旨在实现特定目标的高层次系统，不仅展现出领导者意志，而且符合自然规律，能够在人类智慧指引下及时发现自身问题并迅速调整的自组织功能。

二、员工激励机制的含义

企业拥有众多员工，并不代表企业就一定有竞争力。员工需要激励，如果没有激励，员工的能力只能发挥 20%～30%，因而，企业的员工优势也就不能转化为企业竞争优势，这正是我国许多企业存在的主要问题之一。从管理学出发阐释"激励"的概念，就是激发员工的工作积极性，调动其主观能动性，挖掘他们的潜能，从而提高员工个人和企业本身的效率。激励是人本管理的核心。

激励机制是指通过设定工作目标、利用行之有效的激励措施，激发员工积极性，充分释放他们的潜能和创造力，提高其工作效率的管理机制。建立科学的员工激励机制，对于企业激发员工核心动力，促进和鼓励员工按既定规划行动，确保工作目标的最终实现极为有利。有效的激励机制还能帮助出色的员工在工作中崭露头角,形成良好的选拔制度,打造优秀的工作团队,增强企业的凝聚力,吸引更多人才加入。反之,如果企业在人力资源管理中对员工的激励方面不够重视,则易造成投闲置散、怠惰因循、人心不稳和员工流失。

三、员工激励机制的运行模型

我们可以在理论分析和实际操作中归纳出两种员工激励机制的基础模型。

(一)机制模型一:普适性机制

分析模型,我们可以发现四种环境共同构成了完整的系统。如图4-5所示。

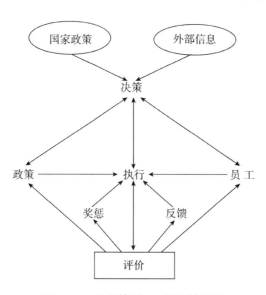

图4-5　机制模型一:普适性机制

1.决策环境

正确而及时的激励性决策往往能够改变个人或者组织的命运,这体现了决策的重要性。决策质量的好坏不仅取决于决策者与生俱来的个人能力,还与所掌握的信息数量、真实度和有效性有直接关系。该模型提供了五个限制决策制定的信息来源:第一,国家政策。国家政策为决策提供了重要依据,所有决策都应该与国家政策相符合,在其允许的范围内灵活运用。第二,外部信息。市场信息、全球市场规则、国际政治环境与同类竞争者的状况共同组成了外部信息。第三,原有内部政策。在经过实践工作检验后认为其中存在不足的原有内部政策,可以作为参考,为决策的及时调整提供经验。第四,决策执行。决策的执行者在决策执行过程中可以发现其中利弊,同时也能够启发管理者的新想法、新思路。五是员工评定。员工对决策的评判具有感性的、直接的特征,它对决策必然具有基础性影响。将这五个方面的信息有机结合,能够形成一个尽善尽美的新解决方案。

2.执行环境

执行是将决策付诸行动的过程,模型中有六个因素会影响执行效果:第一,决策。执行必须在决策规定的框架内进行,受到决策规定条件的约束。第二,政策。决策决定了员工应该"做什么",而政策则告诉他们"怎么做"。第三,员工。执行的数量与质量直接与他们的行为效果相关联。第四,奖罚。奖罚是对执行过程与结果的评价,形成政策之后会反作用于执行状态。第五,评估。评估具有定位、指导和促进执行的作用。第六,反馈。执行人获取评估结果信息之后,政策执行会因其判断结果而出现不同。

3. 监督环境

马克思曾经说过,凡是直接生产过程具有社会结合过程的形态,而不是表现为独立生产者的孤立劳动的地方,都必然会产生监督和指挥的劳动[①]。在人们对客观世界的认知能力还没有充分加深,知识水平和世界观意识还没有得到显著提高的情况下,对劳动的监督会是一个不可或缺的重要环节。它并不是对员工的个人才能与品性的否定,而是对他们的心智、体能、能力尚未达到应有水平时的一种助力。不可否认,个别员工离开劳动监督之后,其自控能力不足以弥补监督缺失所遗留的空白,因而现阶段监督依然因其对员工所发挥的告诫、限制、补充的作用而必不可少。在前面的模型中,监督能够被实现是借助了四个闭环圈:第一个闭合圈是执行—评价—奖惩—执行,第二个闭合圈是执行—评价—反馈—执行,第三个闭合圈是决策—执行—评价—政策—决策,第四个闭合圈是决策—执行—评价—职工—决策。四个闭合圈的中介分别是奖惩、反馈、执行和政策、执行和职工,依据则都是评价。前两个闭合圈称为内闭合,执行是通过奖惩和反馈这两个中介去监督和制约的;后两个闭合圈称为外闭合,分别以政策和职工等各种中介来控制和约束决策。由此我们可以得出结论,四个闭环圈得以形成一个有机循环,是因为它们的共同基础是"评价","评价"是机制运行的原始动力所在。

4. 柔性环境

柔性环境是隐蔽于机制中的软环境,它没有在模型中予以明确体现,却贯穿于机制的全方位、全过程。模型中的决策环境、执行环境以及监督环境带有明显的刚性色彩,特别是受控环境具有更为明显的刚性特质。根据模型中呈现的情况分析可以得知,建立在评价基础之上的内闭合以及基于评价的外闭合,在方位和力度两个层面几乎都达到了无隙可乘的水平。因而其对完善法律制度、严格程序措施和避免偶然性、减小误差的作用是不可或缺的。但要使机制发挥作用,仅仅具备上述三种环境依然是不够的。以上三种环境具有过多的强制性,具有强烈的不可抗拒色彩,虽然刚性运作作为首要条件就像生命体中的骨骼,是必须的,但仅有骨骼难以构成富有活力的生命体,要辅之以血肉才具备成为生命的可能,而附加的血肉就是机制中的柔性环境。因此,需要形成一个基于人格、道德建设和文化层面的软环境,使得组织意志能够成为根植于人们内心的承诺,每个人都能够尽心竭力地发挥自身潜力,施展个人才能。

(二)机制模型二:全过程激励模式

如图 4 - 6 所示,这是一个基于双向信息交流的全过程的激励机制模型。

---

① 洪远朋.新编《资本论》导读:第 1 卷[M].上海:上海科学技术文献出版社,2018.

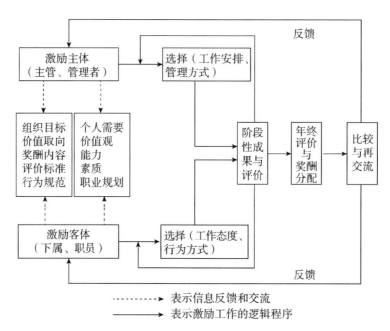

图 4 - 6   机制模型二：全过程激励模式

此类激励机制模式启动于工作人员进入工作状态之前，在组织实现目标的过程中贯穿始终，故又被称为全过程激励模式。其运行分为五个步骤。

1. 双向交流

管理者根据员工的职业规划、个人需求及素质能力等，为员工明确组织内部的价值观、奋斗目标、奖惩规则、绩效评价标准和行为守则等；员工则需要向组织准确表达自己的能力优势、各方面需求和职业规划。

2. 落实选择

通过双向交流，管理者为员工分配岗位，需要依据其能力素质、性格特长和个人意向，并向其阐明工作目标和评估方案，让员工选择适合自己的工作方式，展示自己的才华。

3. 阶段评价

阶段评价是对员工在某一阶段的工作展开情况和取得的成果予以评价考核，为管理者和员工提供工作调整的依据。根据员工的具体工作，可将评价周期确定为一周、一个月、一个季度或半年等。

4. 总评论赏

这一步的工作是在年终进行的，管理者对员工全年的工作成绩进行评价，根据评价结果和事先的约定论功行赏。同时，管理者要把评价结果向员工反馈并听取员工的意见。

5. 决定去留

组织对员工评价后得出结论,员工在评价后确定自己的满意度。组织与员工双方皆满意,员工将继续留任;通过协商达成共识,从而继续保持合作;如果不能达成协议,则双方的合同关系将因此终止。

全过程激励模式之所以也被称为激励机制,是因为它有目标、有标准、有评价,基本上满足了机制的条件。这种模式强调信息自身的交流作用,将员工激励工作进行了逻辑划分,步骤明晰,具备可操作性。但是,这种激励模式给人以"讨价还价"的感觉,而且过于琐碎,没完没了。显然,它对于高层次人才,对于重大工程、长远目标、科技攻关等都是不适用的。

第五节　员工激励保障机制建设

员工激励是员工发展的重要组成部分,分配激励和员工奖励能够很好地展现对员工劳动的尊重。除此之外,也要对员工的自身价值和产权加以关注和尊重。开发利用好员工资源的关键因素之一是要充分调动起各类员工的积极性、主动性、创造性,从而使整个员工队伍充满活力,不断推动社会的发展进步。建立健全富有中国特色的员工激励机制,对于在当前的社会主义市场经济条件下组成一支协作良好、具有活力和创新能力的高水平员工队伍具有不可忽视的作用。全国人才工作会议曾提出:"要建立健全与社会主义市场经济体制相适应、与工作业绩紧密联系、鼓励人才创新创造的分配制度和激励机制[①]。"推进人才强国战略,必须创新员工激励机制,必须理顺员工激励的基础理论指导。

一、员工激励保障机制存在的问题

员工工作的一个重要内容在于对员工潜能的激发,帮助员工将主观能动性和个人创新能力发挥到最大限度,以此促进组织和员工共同目标的实现,推动社会进步。而要使员工充分发挥主观能动性,就必须坚持以人为本,建立良好的员工激励机制。激励措施的主要内容是给予各类员工与其业绩相符合的报酬、物质和精神奖励、待遇等等,这既是员工价值在一个方面的集中体现,又是员工持续发展应具备的条件。

我国的人才工作在近年来取得了极大发展,尤其是员工激励方面的措施取得了很好的效果。但相对而言,员工激励依然偏弱,"铁交椅""大锅饭"问题比较突出,干

---

① 徐虹霞,王玉贵.吴文化的创新特质与苏南创新型社会的构建[M].苏州:古吴轩出版社,2015.

多干少一个样，干好干坏一个样，严重妨碍了员工队伍积极性、主动性和创造性的发挥，员工资源的利用率一直比较低，影响了我国社会生产力的发展。

在员工激励保障方面，最为重要的是收入分配制度的问题。事业单位目前存在管理人员工资制度、专业技术人员工资制度和工人工资制度等三种制度，三种工资都是由固定工资和活的津贴两部分构成。岗位（职务）标准工资是固定工资，归国家统一管理。地方与单位在活的津贴方面有部分自主的权利。借助管理工资总数，国家得以对分配的总量进行宏观调控。事业单位分为社会公益型和经营服务型。社会公益型事业单位主要依赖国家财政拨款，而经营服务型事业单位则可以通过经费自筹创收营利。现有工资改革方案虽然在岗位标准工资制的基础上设置了活的津贴，但所占份额相对较少，加之与单位业绩没有直接关联，因而依然属于集权工资管理模式，难以满足当下门类繁多的事业单位对工资分配层面的客观需要。仅干预微观分配层次已不能与实际需求相适应，会对市场发挥自身导向作用产生不良影响，阻碍竞争手段的介入。而党政人才队伍的员工工资实行职级与职务工作相结合的工资制度，同样存在激励机制不科学、不规范等问题。此外，国有企业经营管理员工同样面临一个激励约束机制过于僵化而缺乏足够竞争力的问题。

二、完善各类分配制度

（一）完善各种分配激励机制

分配制度是员工激励机制的基础，健全员工激励机制，必须努力构建一整套科学规范的收入分配制度体系。

1. 完善分配激励机制

分配激励机制意义十分重大，其总体要求是适应深化收入分配和干部人事制度改革的需要，逐步建立起一套符合完善社会主义市场经济体制要求、有利于员工成长和人尽其才、科学规范、鼓励有效的收入分配机制。加强收入分配宏观管理，纠正规范收入分配秩序，提高薪资收入水平，保持动态增长，保障各行业劳动者能够获得与自身工作量与社会贡献程度相应的工资报酬。要完善按劳分配为主体、多种分配方式并存的分配制度，坚持效率优先、兼顾公平，各种生产要素按贡献参与分配，形成合理的工资收入分配关系。

2. 完善公务员薪酬制度

结合完善公务员制度，逐步建立岗位与职级相结合的公务员薪酬制度，综合体现岗位职责、个人能力、绩效、工龄等因素。针对不同岗位、不同职级，应制定制度使其反映在收入差距上，以此对职称级别的激励作用进行强化。确立工资水平决定机制，公务员的工资水平应当与社会进步程度相适应，因此应使其和国民经济发展状况挂钩,与企业职工平均工资大致保持同等标准。完善边远困难地区的社会保障体系,在中央政府统一监管的前提下,实行分级管理的区域性补充社会保障制度。制定针对政府机关中的特殊专业人员的特殊工资、津贴政策。

3. 建立新的事业单位薪酬制度

结合社会各类事业单位的特点,对事业单位的体制和人事制度进行改革,建立新的事业单位工资制度,以期反映出真实职务绩效,实现分级分类管理。健全工资分配激励和约束机制,在政策上对关键岗位和优秀员工的收入有所倾斜。事业单位在中央政府指导下,努力探索生产要素依照贡献参与分配的实现形式和途径。加大对基础教育、基础研究、战略高技术研究、重要公益研究等事业单位的分配政策扶持力度。对专业技术人员兼职收入的管理,要制定完善的管理制度。

4. 建立新的企业薪酬制度

分阶段分步骤,与深化国有资产管理体制改革和建立现代企业制度相结合,建立市场机制调节、企业自主分配、职工民主参与、政府监控指导的企业薪酬制度。经营者的薪资分配要坚持按劳分配与按生产要素分配相结合的原则,协调激励与约束、短期激励和中长期激励,使收入与经营者所承担的风险、责任和获得的经营业绩挂钩。要通过逐步建立与市场运行规律相符合的激励机制,不断对收入结构予以优化。对国有企业经营者的年工资制度,要在目前的基础上分类指导,分阶段进行完善。要尝试探索产权激励机制,逐步对现代产权制度进行完善。鼓励符合条件的企业对有突出贡献的企业管理员工和专业技术员工实行股票期权和晋升,依法保护知识产权。研究建立人力资本有偿转移制度及研究成果。在计划经济中,只承认货币资本的产权,而对人力资本的产权不予承认;在市场经济中,货币资本和人力资本的产权都应该得到承认。

(二) 建立规范有效的员工奖励制度

员工奖励制度作为员工激励机制的重要组成部分,有利于充分发挥社会荣誉和社会经济效益双重激励作用,是我国国家管理制度建设中极为重要的一项内容,不仅有利于促进经济发展,优化员工成长环境,也能为全面建设小康社会提供人才保证[①]。为此,要重点做好以下几点。

1. 建立规范有效的员工奖励制度

建立员工奖励体系应当以政府奖励为指引,社会各界和用人单位奖励为主体部分,坚持物质奖励与精神奖励有机统一的原则,将经济利益和社会荣誉双重激励的作用予以充分发挥。精神上的奖励和物质上的奖励居于同样重要的位置,都有不可忽

---

① 王晓初.政府人才管理的创新与发展[M].北京:党建读物出版社,2017.

视的作用,因而必须兼顾。政府奖励是各级政府及其工作部门为表彰在社会各领域为国家发展作出突出贡献的单位或者杰出个人所给予的物质层面或精神层面的奖励,是奖励体系中的主体。各大社会组织与用人单位应当成为我国员工奖励制度的重要组成部分,要积极引导和支持各社会组织和用人单位对员工的奖励工作。同时要坚持奖励与惩戒相结合,做到奖惩分明,实现有效激励。

2. 建立健全党和国家功勋荣誉表彰制度

建立健全党和国家功勋荣誉表彰制度,奖励杰出人才,对继承中华民族优良传统,树立模范标杆,激励各类人才奋发有为,努力为祖国的改革开放和现代化建设事业作出更大贡献具有极为重要的意义。要明确人才国家级功勋奖励的原则、主要内容、授奖形式、享受待遇、获奖人员的权利和义务等等。

三、完善社会保障制度

建立健全员工保障机制是加快现代化建设和维护社会稳定的需要,也是营造实施人才强国战略的体制环境、创新员工工作机制、培养和用好各类人才的客观需要。完善分配、奖励和保障制度,建立健全与劳动生产率密切相关的激励保障机制,有助于充分体现员工价值,激发员工活力,维护员工合法权益。这是我们推进人才强国战略的重要机制内容之一。为此,要重点抓好以下几项工作。

(一)积极探索机关和企事业单位社会保障制度改革

1. 积极探索机关事业单位社会保障制度改革

对社会保障制度进行新的探索,保障制度应与工伤保险、养老保险制度合理衔接,并且机关事业单位的社会保障制度都应符合本单位的特点。机关事业单位人员的医疗保险制度以及退休后的养老金调整政策的完善、人员流动时出现的社会保险交接问题的改善都是需要重点关注与解决的。

2. 进一步完善企业社会保障制度,为推进员工工作深入开展提供保障

基本的养老保险制度需要稳定的征缴管理系统作后盾。社会统筹水平的提高、筹资渠道的拓展以及社会与个人账户的对接与结合都是完善企业社会保障制度的重要举措。各种保险的覆盖面也需要合理地扩大,争取使企业中的每一位员工都纳入失业、医疗、养老、工伤和生育保险的覆盖范围,使其能够得到可靠的基本生活保障。

3. 逐步建立重要人才国家投保制度

重要人才国家投保制度,是对重要人才实施激励的一个新内容。用国家的名义对重要人才进行投保,常见的有医疗保险或是人身安全保险等。国家投保体现了党和国家对重要人才的关心、爱护。

根据不同类型人才的特点与需求,采取多种形式开展重要人才的国家投资保障

制度,对重点人才进行国家投保时要明确所选择人才的受保资格和条件,注意向重点人才倾斜,并且保证对受保的不同保险种类和价格、投保数量和审批流程进行严格把关。

（二）加快福利制度改革,逐步实现福利货币化

加快社会福利制度改革,以社会福利取代单位福利。我国的福利包括社会福利和单位福利两个层次。社会福利是指社会为改善人民的物质文化生活而举办的一切事业和采取的一切措施,面向全体社会成员。单位福利是指党政机关、企事业单位等除了正常劳动报酬发放之外,为员工提供的一种福利待遇。一般形式有补贴的发放或是公共服务设施的设立等,并且主要面向本单位的员工。通过完善福利制度,可以改善员工的工作和生活条件,满足员工的共同需要,解决个人或家庭的某些特殊困难,从而起到稳定员工队伍,调动员工积极性的作用。

1. 逐步实现福利待遇规范化、制度化、货币化

计划经济时期,我国的党政机关和社会企事业单位的员工劳动报酬中,福利收入方面占据较大的比重,员工可无偿获取包括医疗、交通、住房、子女教育和文化娱乐设施等生活所需。进入市场经济时期,这类"低工资、高福利"的福利措施不能与社会经济发展相适应,成为国家与政府的沉重负担。针对我国现有福利制度存在的弊端,改革和完善现行社会福利制度的基本方向是,把由机关部门、企事业单位实施的社会福利制度纳入统一管理,规范各单位的福利保障的实施,建立合理的福利待遇制度,对同一地区的党政机关的福利待遇进行规范,加强监督管理,使福利制度能够充分发挥应有的激励作用。要结合价格、住房和医疗制度的改革,把部分福利性补贴纳入本人工资,由"暗补"改为"明补",增加收入的透明度,实现福利收入的货币化。

2. 努力提高各类员工的福利待遇水平

由于地区经济发展不平衡,强调地区财政投入,突出单位性质,强化人员的地域、单位、所有制、城乡的身份,客观上形成了机关、企事业单位同类人员在福利待遇上存在很大差距。随着社会保险、医疗保险以及住房制度改革的进行,党政机关、事业单位的福利项目正在逐步减少,原有的一些福利标准由于多年没有调整,也显得比较低。因此,要深化福利制度改革,建立与经济发展相协调的福利制度,保证各类员工福利待遇水平随着经济发展不断提高。对于党政机关工作人员的福利,总的考虑是,要保障他们的福利待遇不因各项改革而降低,同时要进一步建立并完善休假、疗养制度,使大家能够有条件调整身心,保持旺盛、充沛的工作精力;对于企事业单位的福利问题,总的考虑是,要保证企事业单位员工的福利水平随着经济发展不断提高,并注意适当向优秀员工倾斜。

案例分析

苏彪是一位工程师,任职于山东鲁能软件技术有限公司,是电网信息事业部的员工。他平时的工作就是负责公司的电力软件开发。最近苏彪收到了分红,这笔分红是公司在实行激励机制后分发的第一批奖励。

鲁能软件是国网山东省电力公司所属的市场化科技公司。近年来,为了提升技术领域人才的积极性和创新性,增强公司以科技为主心骨的核心竞争力,国网山东电力不断在研究如何对公司的技术人才进行激励,在推进科技等生产要素按贡献进行分配、中长期的岗位分红激励制度等方面进行积极探索。

一、给予骨干员工更多福利,留人且留心

任成宾始终记得自己获得第一笔岗位分红那一天的情形:作为鲁能软件能源信息技术事业部项目经理的任成宾,在 2020 年 7 月 29 日收到了岗位分红的到账通知,当时他正在秦山核电站设计工业互联网赋能平台架构,岗位分红的金额超出了他的预期。

国家电网有限公司在 2019 年 8 月宣布正式推出岗位分红激励措施。为保证岗位分红激励措施的顺利实施,公司不仅成立了相关监督和领导组,还为激励组提供了管理工作的办公场所,并且选送主要的负责人去有经验的集团单位进行学习。

张俊岭主任作为参与此激励方案制定、修改、拍板的当事人这样说道:"在决定激励对象时,我们排除了各部门的高级管理人员,主要向一线的员工和我们的核心技术人员倾斜。竞争压力一小,研发人员的积极性也就高了。"

二、综合排名为依据,多拿就要多干

能够参与鲁能软件公司的分红激励制度的对象包括一线的各类核心技术人员,而确定最终奖励的对象需要经过两轮评选。这两轮评选的标准是一种综合考量机制,员工的价值、贡献以及工作经历等因素都包含在内。除此之外,还有个人绩效和工作的贡献这两项额外指标。科研成果、技术标准加之专利成果这三项是工作价值贡献的审核参考;专业考试、绩效考核、论文发表等方面作为个人绩效的审核参考。

在得到分红激励后,公司对激励对象将开展持续追踪考查。每位激励对象的综合评价都不是静态的,都随着个人业绩的增减而不断变化。想要得到更高的奖励,就要有相应的业绩。苏彪还提示到:"公司建立这个分红激励机制不是无条件地给员工奖励,而是需要在企业业绩达标的基础上才能够实施。"

三、配套措施激发团队活力,赶有目标学有方向

孟宪鹏是一名投运前的检查员工,主要是对中广核集团的企业资源管理系统的工作票模块进行作业。2020年9月17日,虽然鲁能软件的第一批岗位分红激励人选没有孟宪鹏,不过这项激励机制激发了他的热情,让他对自己的工作充满干劲。综合积分是动态的,更新让排名每年都会出现变动,只要努力工作,业绩优秀,获得岗位分红的希望就一直都有。

岗位分红制度存在硬性条件——第一批获得岗位分红激励的员工有18人,人数不超过员工总数的15%。如何激发其他科研工作人员的工作热情,成了摆在管理者面前的新问题。

为了解决这个令人头疼的新课题,鲁能软件开创了一种能纳入更多科研技术员工的激励机制——"大研发"考核。在公司的工资资金总额中拨出一部分款项专门用于激励员工。当然"大研发"激励机制的标准和上述的激励机制的评价考核与奖励事宜相一致。公司的岗位分红制度越来越完善,实施也越来越稳妥,能够得到岗位分红的人员也越来越多,员工们的积极性也在不断提高。

鲁能软件在探索中建立的岗位分红和"大研发"考核双重机制对员工的激励卓有成效,公司的创新员工队伍结构日趋合理,素质稳步提高,在推进创新成果转化和加强员工队伍建设两方面都实现了"大丰收"。

（资料来源：王萌,段德咏,孙锁龙.用业绩衡量　以收入兑现：国网山东电力聚焦科研人才试点岗位分红激励机制[N].国家电网报,2020-9-22.）

阅读案例,讨论以下问题：
1. 上述案例中,鲁能软件采取了哪些员工激励措施?
2. 通过上述案例,你有什么启发?

第五章
组织管理与沟通

万人操弓,共射一招,招无不中。

——《吕氏春秋》

第一节 组织沟通概述

一、组织沟通的定义和作用

组织沟通就是为了完成组织目标,在组织内部传递知识、信息、情感的过程,该过程受组织内部和外部环境的影响,信息传递呈现出方向性、顺序性等特征。

组织沟通,首先它具备沟通的最基本的职能,即传递信息,而信息的接收者通常是组织的员工。发送信息的目的,是为了指导员工的行为,员工的行为应当围绕组织目标而产生。组织为了适应变化的外在环境,会不断地调整组织的目标。所以当组织目标发生变化了之后,员工通过组织沟通,能够及时获取信息,信息掌握得越全面越详细,工作越会有成效,员工的行为才不会偏离组织目标。

组织沟通的第二种作用就是征求意见。征求意见的目的是为了制定更加合理的决策。任何决策都离不开准确和及时的信息,以及对这些信息的分析,然后在分析的基础上,对于行动给出具体的要求。有价值的信息往往是来源于一线的员工,通过组织的沟通,可以让他们把真实的信息,逐层传递到负责决策的主管部门。主管部门在对这些决策进行整合、分析讨论之后,继而提出相应的决策。在决策制定和发布的过程当中,可以要求员工一起参与,提出修改的建议,以保证决策的合理性,以及执行的有效性。

组织沟通的第三个作用就是可以增强组织的凝聚力。任何组织都需要利用制度来规范员工的日常行为,通过组织的沟通渠道,可以让所有员工清楚地知晓组织的相关制度、企业的文化,有利于统一员工的价值观念。此外,在组织的绩效管理当中,通过上下级的相互沟通,可以让不同层级的员工,了解自己对组织做出的贡献,获得成就感,同时对自己有一个合理的定位,这对员工未来的发展,有很大的参考意义。在沟通的过程当中,必然夹杂着情感因素,良好的有效的沟通,可以进行充分的情感交流,当情感联系建立起来,就意味着凝聚力也得到了增强。

总之,在一个组织中,通过不断地沟通,可以积累很多的经验,在大量的经验基础之上,既可以找出工作中存在的问题,也可以归纳出提高工作效率的方法和技巧,甚至可以凝练出组织独有的文化。良好的组织沟通,就像是运行无碍的血液循环系统,新鲜血液的不断供给,可以保证身体机能的正常、有效的组织沟通,可以激发组织蓬勃发展的活力。

罗斯·佩罗是一个性格直爽的亿万富翁,他在 1984 年把自己的电子数据系统(EDS)公司以 25 亿美元的价格卖给了通用汽车公司,并成为其最大的股东和董事会成员。通用汽车公司购买 EDS,主要是需要用佩罗的管理技能来协调公司内部大规模的信息管理系统。公司主席罗杰·史密斯也希望佩罗的进取精神能重新激发出公司的活力。但从佩罗进入公司开始,他就成了公司现有政策的激烈批判者,他认为公司生产一辆汽车所花费的时间比打第二次世界大战的时间还长,他尤其严厉地批评了公司内部存在的官僚主义作风,要求公司在追求结果的过程中培养团结一致的精神。到 1986 年 11 月,史密斯认为公司已明显地具有了足够的佩罗式的精神,而此时,公司内对佩罗的批评声到处可闻。结果,这个汽车巨头花费了佩罗原有股权两倍的价格打发他,让其从董事会退休。[①]

二、组织沟通的网络模式

在组织当中进行沟通的时候,信息的传递会遵循一定的网络模式。这些模式既有正式的,也有非正式的。各个模式既有优点也有缺点,都有其适用的情境。

1775 年 4 月 18 日下午,在美国波士顿一家马房干活的一个小伙子,无意中听到一名英国军官对另一军官说"明天要好好教训美国人"之类的话。之后小伙子朝着波士顿北区一路小跑,来到银匠保罗·里维尔(Paul Revere)家,并把听到的消息告诉了他。里维尔决定警告波士顿周边地区的居民:英国人已开始采取行动。他纵身跳上一匹马,开始了去往列克星敦的"骑马夜行"。他仅用两个小时便跑完了 13 英里。沿途每路过一个小镇——查尔斯顿、麦德福德、北康桥、麦诺托密——他都敲门传话,告

---

① 魏江,严进,等.管理沟通:成功管理的基石[M].北京:机械工业出版社,2019.

诉当地的民兵首领"英国人就要来了",并让首领们再把消息传达给其他人。当那些从保罗·里维尔口里得知情报的首领们把自己的骑手派出去时,这个消息就像病毒一样传播开来了,整个地区都拉响了警报。接下来发生的事情已经成为历史传奇——"美国独立战争"就此拉开序幕。①

1. 正式的沟通网络

正式的沟通网络,是在组织系统内部有明文详细规定,并作制度要求的沟通模式。因为其制度化,所以约束力比较强。组织当中重要的决策一般都是通过正式沟通网络进行传达,也因为其权威性,一些机密敏感的信息,一般也是通过该网络模式传递。

正是沟通网络模式有不同的形态,根据对信息、资源的集中程度,员工的满意程度,组织凝聚力等维度,可以分为链式、环式、Y 式、轮式和全通道式五种类型。

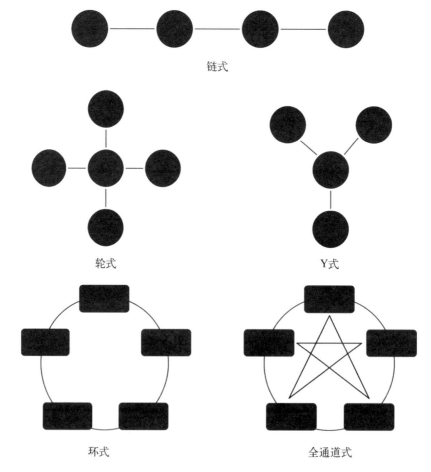

图 5-1　组织沟通网络图

---

① 格拉德威尔. 引爆点[M].钱清,覃爱冬,译.北京:中信出版社,2014.

　　第一种是链式沟通网络模式。链式的结构比较简单，可以与纵向沟通相类比，从上到下有不同的层级。信息可以从上到下，或者从下到上进行传递。这种网络模式在一些比较复杂的组织系统中较为常见。也正因为其分级授权，导致层级较多，使得信息在传递的过程当中会被扭曲乃至失真。

　　第二种是环式沟通网络模式。这种模式的优点是可以提振员工的士气。因为在环式的沟通当中，组织内部人员的沟通比较充分，没有管理层级的过多约束。这既是其优点，也是其缺点，因为过于分散导致集中资源和信息的能力较弱。在面对危机的时候，无法快速有效的制定决策。

　　第三种是Y式沟通网络模式。Y式沟通网络与链式沟通网络比较类似，但主要的区别在于其结构的头部，也就是管理层长着"双角"，这是由于任务比较繁重，需要他人的辅助，但是又需要对其他员工具备较强的控制力，所以Y式的下端其实就是链式。由于同样存在层级过多的缺陷，所以信息难免失真。除了中心点的员工，其他人无法获取足够的信息，沟通渠道单一，满意度会有所下降。不过Y式头部的独特结构，使其在保证资源、信息和权力集中化的同时，解决问题的能力也得到提升，因为在多人辅助的前提下，管理层做出正确决策的概率较高。

　　第四种是轮式沟通网络模式。在该模式下，管理者居于网络的中心位置，其他人单独和管理者进行沟通，所以其优点仍然是集中度较高。但是其缺点也非常明显，表现为沟通的渠道比较少，员工之间没有互相交流的机会。所以这种结构适合紧急状态下的临时沟通，因为其具有很强的控制能力，但是不适合组织的长期发展。

　　第五种是全通道式沟通网络模式。全通道沟通网络，外形与环式沟通网络较为类似，但是组织内部人员之间，沟通的渠道大为增加。因此，其优点表现为员工之间的合作性得到大幅提升，但是也正因为渠道过多，会造成信息的混乱，而且环式模式和全通道模式共同的缺点仍然是缺乏集中性的控制。该模式适合复杂多变的情境，因为信息的沟通频率加快，员工会提出更多有创造性的建议。

　　2. 非正式的沟通网络

　　非正式的沟通网络，是与正式的沟通网络相对的，所以其没有固定的形态，很多是临时组建临时解散，通常具有隐蔽性。信息在非正式沟通网络中可以跨部门传播，没有了层级的限制，而且多数表现为口头的传播，因此其传播速度比正式沟通网络要更加快捷，不过也正因为其传播的速度太快，所以很难被组织所控制，而且信息通常会在传播的过程当中失真。

　　非正式沟通的网络模式一般有群体链式、密语链式、随机链式和单线链式。因为这四种形式其实都缺乏规律，具有很强的随机性，因此也被形象地比喻为葡萄藤。非正式组织沟通网络有其存在的必要性。如果一些重要的信息无法在正式沟通网络中获取,但是该信息又与员工的一些重大利益直接相关,比如人事的变动或者福利待遇的调整等,当员工无法从正式沟通网络获取这些信息的时候,为了缓解其焦虑,就会从非正式沟通网络去获取。

虽然非正式沟通网络具有存在的价值,但是对于组织而言,如果不对其加以控制,任由其发展,那么它很可能在组织内部形成一个个利益化的小团体,从而导致组织内部的凝聚力下降,甚至产生内耗。所以对于一些重要的决策,组织应当通过正式沟通网络告知员工其发布的时间、制定的原因,以及该决策可能产生的利与弊,并且允许员工对其进行公开讨论,征求员工的意见,通过这些举措安抚员工的情绪。

第二节　纵　向　沟　通

纵向沟通,就是在组织内部,信息沿着组织结构中的层级直线传递的过程。因为是直线传递,所以既可以从上往下,也可以由下向上,也就是下行沟通和上行沟通。下行沟通,比如说上级对下属的授权或者是激励,是纵向沟通当中的主体,所占比重较大,但是这并不意味着上行沟通就不重要。如果上行沟通的渠道不通畅,或被堵塞,会导致组织逐渐僵化,失去活力。

一、下行沟通的目的

下行沟通有三个目的,首先就是让员工了解组织中的重大决策,比如说产品的计划、利润的分配、劳资关系的调整、人事的变动等等。此外,下行沟通的目的也是为了让员工更好地完成组织的目标,了解自己的工作职责,以及如何与其他部门能够和谐相处。下行沟通的最终目的,就是宣传组织形象,让员工更加了解组织为社会做出的贡献,以及组织独特的文化和影响员工的价值理念,从而提升组织的凝聚力,激发员工的创造力,增加员工的忠诚度。

二、下行沟通的形式

下行沟通的形式可以分为两大类,一类是沟通的信息比较稳定,不需要很好的沟通技巧即可完成。另外一类与之相反,需要较高的沟通技巧,但是沟通的内容却难以预测。这两种分类,都与信息的时间跨度有直接关系。比如组织要向员工介绍组织的中长期计划,这些信息的内容在很长一段时间之内,比如3年到5年之内,都不会发生太大的变化,除非发生特殊的情况。因为所传递的信息内容是稳定的,所以沟通的形式往往采用书面形式,如可以写成白皮书、备忘录,或者制作出员工手册,方便员工了解和查阅。

下行沟通所传递的信息，无论是事实还是观点、意见，在短时期内都不会调整。如果信息的时间跨度不超过 1 年、几个月或者几周，如组织发布的半年计划，或者组织内部近期所发生的某些重大事件，或者企业每个季度的业绩等类似的信息，仍然具有较为稳定的特征，所以同样可以采用书面的形式，比如组织可以发一些内部的期刊，让员工了解相关的信息，也可以采用各种各样的会议，比如说月会、周会等，进行信息的传达。

但是在日常的工作当中，有时会发生临时的、突发性的事件，那么下行沟通所要传递的信息就会特别紧急，也因为突发性，导致所传递的信息很难提前预测，需要临时应变的能力。因此遇到这种情况，如果进行下行沟通，一般会采用口头沟通的方式，这是利用了口头沟通传播速度快、反馈速度快的特点。当然也可以利用书面沟通，不过就不会采取那种较为复杂的、耗时的书面沟通，而是采取简短有效的方式，特别是现在的即时通信技术比如微信、钉钉等，为这种情形下的下行沟通提供了重要的技术辅助，提高了沟通的效率。

三、下行沟通的障碍

下行沟通是纵向沟通的主体，所以在下行沟通中出现的问题比上行沟通更加严重。著名管理学家彼得·德鲁克认为，"数百年来，管理者只注重向下发号施令，尽管他们表现得十分出色，但这种沟通常常无济于事。究其原因，首先是因为仅仅关注管理者想传达的，所有传达的内容都是指令"。[①] 我们在第一章中提到沟通必须是双向的，因此下行沟通也应该是双向互动的沟通。

而下行沟通之所以在组织沟通当中变成单向沟通，主要原因有两个：一是管理者对员工的要求较高，认为员工已经百分之百接收到信息，信息没有任何遗漏，而且员工能够百分之百理解接收到的信息，没有任何歪曲；第二个原因是因为管理者主观意愿上并不想得到员工的反馈。

美国的管理学会（AMA）曾经做过一个统计调查，调查的目的是想要了解企业内部上下级对于员工工作的共识程度。该调查选择了五家不同的公司内部的 85 名员工，分别从工作的要求、工作的职责、工作中可能存在的变化，以及妨碍工作的因素四个方面进行了调查。调查结果显示，上下级对于工作职责的共识程度较高，85.1% 的上下级达成了 50% 以上的共识。但是对于工作中存在的障碍，只有 31.7% 的上下级能够达成 50% 以上的共识。对于工作中的要求，以及工作中存在的一些变化，能够达

---

① 　德鲁克.卓有成效的管理者[M].北京：机械工业出版社，2020.

成共识的百分比都不能令人满意。

因此我们把下行沟通的障碍分为两种类型。一种就是结构性障碍,因为在组织结构中存在很多的层级,如果信息沟通的网络模式中层级数量很多,信息在逐层传递的过程当中会不断地失真扭曲,最后员工所接收到的信息已经远远偏离最原始的信息数据。第二种就是沟通模式中的障碍。沟通的模式,之前提到有信息的发出者,即管理者,而管理者的风格是不一样的,有的更倾向于控制,所以更多地采用命令式的沟通方法;而有的管理者比较"亲民",更喜欢采用授权的方式。但是不同的风格应当随着不同的沟通情境,做出适应性的调整。沟通情境的维度有信息的复杂性、重要性以及时间的紧迫性等。如果时间宽松,内容简单,采用支持性的风格无可厚非;但是如果时间紧迫,任务繁重,则采用命令式的风格,更容易完成组织的目标。

从听众的角度而言,不同的员工,他们对于信息的理解程度也是不同的。特别是新来的员工,对组织中很多背景资料都不了解,对他们而言,要比那些老员工理解起来难度更大。而且员工的教育背景不同、工作经历不同,都会导致他们的理解力呈现出差异性。

此外,无论是信息发出者还是信息接收者,如果没有良好的沟通技巧,比如说最基本的倾听技能,双方都急于表现,频繁地打断对方的言谈,就无法做到理解信息。如果不理解信息,还要妄下判断,就会导致沟通失效甚至中断。因此对于管理者而言,在编码的环节要考虑到员工的理解程度;而对于员工而言,在解码的环节,如果有不理解的信息应当及时做出反馈。

四、下行沟通的策略

前面我们提到了下行沟通的障碍,根据这些障碍,可以有针对性地提出一些策略。

（一）信息源策略

下行沟通中,所有的信息在发出之前,首先要审慎地选择,特别是针对员工,除了让员工了解组织发展的目标,还应当让员工了解具体执行的步骤,组织内部发生的重大事件也应在第一时间内让员工知晓。此外包括顾客,还有外部组织的一些信息,如果有必要,也应该让员工了解。当然,不是所有的信息都要传递给员工,有些涉及组织战略的机密信息,因为时机未到,并不适合向外传递。管理者应当对所要传递的信息进行排序,排出轻重缓急。对于时间跨度比较长的信息,也无须日日讲,落实于文本即可。如果对信息内容不加以控制,把任何信息都传递下去,会让员工抓不住重点,遗漏关键信息。

（二）双向互动策略

因为下行沟通的双向性较弱,因此作为管理者,有必要思考在传递信息以后,通过什么样的方式鼓励员工进行反馈。如果想要增强下行沟通的双向互动性,授权是一个较为可行的方式。"在某些方面,授权就像是翻译:领导层飞翔在一万两千米的高空,拍到了他们眼前的宏观蓝图,他们察看近处的森林,远眺遥远的地平线,在确定公司的最佳发展方向后,他们就设定目标,并把这些目标交给他们下面的中层管理者去完成。"[1]因为授权意味着对于员工的信任和激励,激励可以激发员工产生更好的创造力,信任会提升员工的忠诚度,这两者都会提升员工的工作积极性,让他们与管理者进行主动的反馈。

(三)减少信息流通环节

下行沟通的障碍当中,第一种障碍就是组织的结构造成的障碍。因此,应当尽量减少沟通的环节,在完成组织目标的过程中,尽量避免新的、冗余的组织机构的形成。我们可以建立诸如项目小组、产品小组之类的临时组织机构,这样既可以完成任务,又不会使组织系统过于臃肿。

(四)信息编码策略

在编码的环节,管理者应当使用简单的语言,确保员工容易理解。而且传递信息的时候,最好能够面对面直接沟通,一是可以避免间接沟通造成的信息漏洞;二是管理者可以根据员工的肢体语言,比如动作和表情,了解到他们对于信息的态度以及理解程度。

(五)信息载体选择

如果想要保证信息不丢失,就需要不断地重复和强调。因此在沟通方式的选择上,可以多种载体互相叠加。比如可以先采用备忘录的书面形式传递信息,之后在正式或者非正式的场合中,再利用口头沟通,多次进行强调,确保重要的信息能够传达到位。

(六)负面信息处理

管理者所要传递的信息,有时候是负面的,比如对员工的批评和指责,或者由于外部的环境压力,不得不降低员工的工资待遇等。

当面临这样的沟通情境时,管理者首先不应该隐藏问题,甚至欺瞒下属,应当直面现实,把真实的情况告知员工。所以前提是管理者对于事实的掌握要准确,要根据事实发表观点,不可以人云亦云,而且要注意听取员工的想法和意见,不应听取一面之词,在掌握了充分证据的情况下,才可以做到对事不对人,传递的信息才会较为客观。此外,在公众场合批评员工,显然不是正确的选择,而应该选择恰当的时机。古人亦云"规过于私室",要尊重员工的感受,员工面子受损会产生抵触心理,甚至引发

① 柏秉斯基.团队正能量[M].北京:中国友谊出版公司,2012.

争吵等严重的后果,所以管理者应当注意沟通的技巧,要保持内心的平静和理性,当员工情绪激动的时候,更要保持冷静。

五、上行沟通的目的

上行沟通,就是在组织机构里面下属向上级传递信息的过程。上行沟通虽然不是纵向沟通中的主体,但是它的作用不容忽视。首先,管理者通过上行沟通,可以收集到有关组织的各种信息,比如说财务的信息、员工工作的信息或者市场销售的信息等等,而这些信息对于组织的有效管理至关重要。其次,上行沟通也有助于建立上下级之间的信任关系。虽然在下行沟通中,通过授权的方式也可以建立信任,但是通过上行沟通建立的信任关系会更加长久,这是因为在上行沟通渠道畅通的组织当中,必然有着支持上行沟通的组织环境,而环境一旦建立,短时间内不会被破坏。具体就可以表现为比较民主的、鼓励创新的组织文化等等。最后,通过上行沟通,管理者也可以了解员工的工作状态,比如真实准确地了解上级发布的指示,以及员工的情绪状态等。上行沟通可以看作是下行沟通当中的反馈,如果缺失了这个重要的环节,就不能成为沟通,因为其环路是断缺的。

六、上行沟通的形式

上行沟通一般分为直接和间接两种形式。所谓直接沟通,就是面对面的人际沟通,不过由于人员数量和沟通场所的限制,无法实现所有的员工与管理者进行沟通。因此一般是从不同的组织部门当中选取一些代表,他们熟悉本部门经常遇到的问题,同时也收集了部门人员的意见,能够代表本部门员工的利益,然后与组织的领导层进行沟通,其中座谈会就是常见的一种表现形式。通常座谈会在固定的时间举行,可以半个月或者是一个月,或者是一个季度举行一次。这种面对面的直接沟通,最好安排在非正式的场合进行,这样可以缓解因为组织层级带来的紧张气氛。同时要选择一个善于活跃气氛的主持人,由他来引导大家围绕某一个主题进行讨论和协商,这样可以避免跑题。此外主持人最好具备较好的沟通技巧,可以避免因为上级和代表们之间存在矛盾而发生争吵和冲突。

上行沟通的间接形式,通常是借助中间的人或物完成信息的传递。比如在企业当中经常使用意见箱来收集一线员工对提高产品质量和工作效率的意见,而管理者也会通过发放奖金等措施进行激励。如果员工的建议得到了采纳,那么其参与感和成就感都可以得到满足。不过使用这种方式需要注意,如果员工的建议没有被采纳,也有可能会影响士气。

另外一种则是借助"中间人",比如巡视员制度,就是在员工和上级之间,另外设置一些监督的岗位,我们称之为巡视员。巡视员制度是源于瑞典公民对政府部门履行职责的官僚的申诉,想要进行申诉,就需要通过巡视员来完成。"巡视员"首先是去了解员工目前最为关心的问题,然后将这些信息收集并汇报给管理者。不过这种方式对"中间人"的要求比较高,要求他们更加客观公正地去看待和反馈问题。

七、上行沟通的障碍和策略

上行沟通的主要障碍来源于沟通的接收者。信息接收者,也就是管理者应该创造上行沟通的机制,只有机制健全,员工的信息才能够及时地传达到。否则就会发生两种情况,一种是员工的信息要经过好多层级才能够传递出去,另外一种情况就是信息根本到达不了管理层。当然还有更为特殊的情况,就是员工根本没有机会发表意见。

另外一种障碍来自信息的发出者,也就是员工。员工在发出信息的时候,对于信息已经进行过选择处理,因为考虑到自己或者部门的利益,会上报一些不实的信息,这就是官僚主义影响下的"报喜不报忧"的表现。

因此,针对第一种障碍,上下级之间应该建立信任的关系,而这种信任的建立需要时间成本,需要管理者付出精力及其他的资源才能实现。比如管理者应该经常去工作的一线,与员工进行交流。管理者在一些非正式的场合,比如食堂或者电梯,以及员工工作的现场,都可以与员工交流,从而了解到员工更多的信息。而且在交流的过程当中也可以获得更多的信任,因为物理距离减少了,心理距离也会减少。如果管理者经常在一线,那么员工在工作当中遇到问题,就可以及时反映给组织的管理者。

日本则等级森严,沟通在一般情况下都是逐层进行的,而且,其沟通信息的范围十分有限,所以许多日本人都因缺乏沟通而压力十足。但在日本这种文化环境之下,非正式的沟通却较为普遍,他们下班后,往往三五成群地去酒吧。在我国,组织的沟通受环境影响更为严重,由于社会的裙带关系,所以在正式渠道之外还有一个常规的非正式渠道,其信息沟通的速度往往较快。[①]

所以对于上行沟通而言,信息接收者的一方更具有主导性。管理者应该改变高高在上的姿态,能够主动地接受下属的反馈。一方面要创造这样的反馈机制,另外一方面也要主动下到一线去和员工进行沟通。管理者的信任,也会反过来让员工更愿意去表达内心的想法,而不是隐瞒真实的情况。

---

① 苏勇,罗殿军.管理沟通[M].上海:复旦大学出版社,2021.

第三节　横　向　沟　通

一、横向沟通的定义和作用

与纵向沟通一样,横向沟通也是在组织内部传递信息,只不过是在组织结构内以横向的方式来传递信息,比如说跨部门之间的信息交流,所以横向沟通当中并没有上下级的关系。

因此我们可以知道,因为横向沟通没有层级的关系,所以在沟通的效率上面要比纵向沟通高一些,一般情况下比较容易达成共识,除非部门之间的员工有非常大的利益冲突。因为纵向沟通当中层级关系的存在,常常会导致信息遗漏或者员工在信息理解方面出现偏差,产生误解,而横向沟通正好可以构成对纵向沟通的有益补充。

另外组织的目标需要不同的部门一起努力才能够实现,但是由于劳动分工的不同,同一个部门的员工,他们的利益是一致的。不同部门之间,为了争夺组织内有限的资源,有时会发生利益冲突,那么部门之间就无法很好地合作,继而会导致无法按计划实现目标。因此横向沟通的另外一个作用就是实现部门的协同。

二、横向沟通的类型和形式

横向沟通可以从沟通的主体来源以及沟通主体的岗位层级两个维度进行分类。

所谓主体来源是指沟通的双方来自哪里,他们是来自同一个部门,还是来自不同的部门。岗位层级是指沟通的双方是处于同一层级,比如他们都是部门经理,还是处于不同层级,如果他们在不同层级但是没有隶属关系,也可以进行横向沟通。

需要注意的是这两种维度的分类是可以交叉的,比如说同一个部门的员工,他们的岗位层级是不一样的,可以分为管理者之间的沟通和员工之间的沟通。同样,不同部门也可以进行这样的分类。

至于横向沟通的形式,可以根据之前他们不同的分类模式进行适应性的调整,比如通常情况下同一个层级的管理者之间,较常用到的就是会议的形式,如常见的部门经理的会议,在这些会议上可以制定决策,或者传达组织的一些重要信息。而在同一个部门里面的员工,因为大家工作的环境一样,相互之间也比较熟悉,因此面对面的交流会更加合适,这样的沟通效果也会比较好。

三、横向沟通的障碍

前面我们提到了横向沟通的优点,但是这并不意味着横向沟通在组织当中的沟通效果更好,有时候横向沟通的表现反而不及纵向沟通。

要进行沟通,首先要有沟通的意识,但是组织中部门之间进行横向沟通的意识,并不像下行沟通那样强烈,而且部门之间因为利益的冲突,根本不愿意进行横向沟通。此外横向沟通的效果到底如何,我们也很难去评估和控制,而且有时候横向沟通比纵向沟通的成本更高。

在纵向沟通当中,我们提到下行沟通是纵向沟通的一个主体,而与横向沟通比较,在整个组织沟通当中,同样下行沟通是主体,很多的信息传达都是通过下行沟通来完成。

部门之间的横向沟通,通常都是由部门的负责人牵头完成,但是如果工作任务太过繁忙,自然以上下级的相关事情为重,就会花比较少的时间去进行横向沟通。另外在进行跨部门沟通的时候,虽然没有层级的约束,沟通的氛围会比较轻松一些,压力少一点,但是也正因为没有约束,部门之间有时会相互推脱,缺少很好的配合度。所以虽然有沟通,但是最后难以达成共识。另外在一些组织当中,部门之间是有空间距离的,平时见面就比较少,那么在进行沟通的时候难度就会更大。

通过以上分析,可以总结出横向沟通的障碍具体表现为部门的本位主义,而部门的本位主义,在很多组织当中都是与绩效评估体系有直接的关系。在一个部门当中,无论是管理者还是员工,他们想要获得晋升或者得到奖励,都要完成本部门的业绩考核,所以都是以本部门的利益为先的。此外,在组织当中有些做出突出贡献的部门,比如企业当中的市场部或者产品开发部门,会对其他的部门有一种轻视的态度,带着这种偏见去进行沟通的时候,效果可想而知。除了上述组织的结构性障碍外,还有就是横向沟通主体的个人障碍,比如沟通的双方,工作的经验不同,成长生活的经历也都各不相同,因此在处事习惯或者性格方面存在差异,这也会给横向沟通造成障碍。

四、横向沟通的策略

要提升横向沟通的效果,首先要有重视横向沟通的意识,比如在企业当中对于顾客是非常重视的,经常说"顾客就是上帝",如果能够把对顾客的这种态度还有热情,转移到组织内部其他部门的员工中,横向沟通的效果就能够得到提升。

另外由于部门之间难免会有利益的冲突,所以在部门之间沟通的时候,不是去诉苦,就是去指责他人不积极配合,如果在沟通的过程当中一味地去发泄自己的不满,又怎会有时间去认真倾听对方的想法呢? 更别提去体会对方的感受了。横向沟通同样需要换位思考,如果无法跳出自己的立场和思维模式,站在他人的角度去思考问题,就很难去理解对方为什么这么做。沟通中我们不一定要马上同意对方的观点,但是至少要去理解对方做这件事情的目的。

在上行沟通当中,我们曾经提到巡视员制度,就是在沟通的主体和客体中间,再设立一个中间人或者机构,通过他们来促成沟通。在横向沟通中,"中间人"的作用主要是定期在部门之间展开沟通,然后协调各部门之间的关系,可以要求各部门提交一份关于自己部门的工作汇报,各部门之间交流这些工作汇报中的信息,再提出各自的一些建议供大家讨论和协商。此外也可以弱化横向沟通的目的,把目的仅仅限于沟通,而不是一上来就去解决较为敏感的问题。随着部门之间的横向沟通增加,部门之间的相互了解程度也会加深,这时候再围绕如何解决部门之间的一些利益纠纷,提出一些意见和建议,各部门间的配合度就会增加,也更容易达成共识。此外,横向沟通的具体方式随着沟通目的的不同,要做出相应的调整。如果横向沟通的目的是为了进行决策,就不需要很多的参会人员,通常只需要各部门的管理层参加即可。如果沟通的目的是为了获取更多的想法,特别是创新性的想法,就要求各部门的员工能够尽可能地参加,信息之间的相互交流会激发出更好的创意。

第四节　团队沟通

一、团队和团队沟通

荀子曾经说过:"力不若牛,走不若马,而牛马为用,何也? 曰:人能群,彼不能群也。人何以能群? 曰:分。分何以能行? 曰:义。故义以分则和,和则一,一则多力,多力则强,强则胜物。"

在当前社会,随着工业化的发展,社会分工已经逐渐细化,而完成的任务却日趋复杂,除了分工的密切合作之外,没有其他办法完成目标,所以团队的员工必须相互依存,比如为了完成一个组织目标,需要组织管理者、法务人员、财务人员等通力合作,有时还需要聘请相关专家一起参与。

团队之所以成为团队,其主要原因在于有一个共同奋斗的目标,而团队沟通则是团队成员为了完成该目标互相交流的过程,在这个过程中,团队成员的互动是积极主动的,分工也是明确的,而且能够形成互补,相互促进。

二、团队类型

关于团队的类型,美国的管理学家斯蒂芬·罗宾斯(Stephen Robbins)曾经将团队分为三大类,即问题解决型团队、自我管理型团队、跨职能团队,分类的标准则是参照团队成员的组成,是否具有自主权,以及团队的目标。

（一）问题解决型团队

问题解决型团队中的成员主要来自同一个部门，团队的目标一般是改进某个工作程序、提高产品质量或者工作效率，通常是临时聚集起来的，没有决策权。比如我们通常见到的质量管理小组，就是问题解决型团队，他们通过学习质量管理的理论，应用质量管理的方法，给出相关的建议，然后由上级来选择并实施。

（二）自我管理型团队

自我管理型团队与问题解决型团队比较，最大的区别在于他们具有决策权，可以自行解决问题。正因为自我管理型团队需要自己解决问题，所以也需要承担相应的责任。

对于一个自我管理型团队而言，一般来说由 10～15 人组成。他们的分工非常明确，更为重要的是他们之间相互监督检查，重点是检查对方的工作完成情况，比如说对于绩效的检查。另外，自我管理团队还有一个非常显著的特点，就是他们可以根据工作的节奏、任务的完成情况来自由安排工作时间。

（三）跨职能团队

第三种类型的团队是跨职能团队，我们也称之为多功能团队。之所以称它为跨职能团队，是因为这个团队是由不同部门里面不同的员工共同组成的。在一个知识型组织中，主要依赖于具备不同知识和技术的专业人员，由他们组成的团队，工作才能有效。"各路英雄"的合作，贵在自动自发，贵在能依循情势的逻辑和任务的需要，而非仅依赖正式的组织结构。

此外，团队要完成的任务也不是一般的工作任务，它具有复杂性或者突发性，这个时候就需要跨职能团队来完成。因为团队成员来自不同的部门，大家看问题的角度都不一样，所以团队成员在工作的时候更有创造性，能够提出更多新的观点。正因为如此，跨职能部门也存在一个问题，即团队成员需要一定的时间，去适应整个团队的环境。同时因为团队的任务一般比较复杂，去了解这个任务也需要一些时间。

除了以上三个团队之外，还有另外一种团队，这种团队一般是由组织和组织之间共同成立的，我们称之为虚拟型团队，因为它不在一个实体组织里面。团队成员可能来自不同的地方、不同的组织、不同的国家，但是因为大家都有一个共同的目标，有着共同的利益需求，所以会组成一个团队。

虚拟型团队的出现源于全球化的大背景。在全球化日益发展的过程当中，不同的组织之间的协作性变得越来越强。因为在这个协作过程当中，大家可以资源共享，而发达的网络通信技术，也是虚拟型团队能够建立并发挥作用的一个重要条件。

三、团队沟通策略

(一)点式计划法

点式计划法与名义群体法比较类似,在前期的准备过程中,需要大家集思广益,先搜集解决问题的各种方案。不过在点式计划法中,需要将所有的方案进行记录,并将其粘贴在公告牌上面,因此运用该方法,需要有场地,也需要团队成员聚集。

在完成粘贴的工作之后,就进行"点式投票"环节。在该环节,每位与会成员手中都有3~5个即时贴,这些即时贴一般有两种颜色以示区别,一种颜色代表重要,一种颜色代表次要,形状一般是方形和圆形两种。团队成员可以自行上前,根据自己的判断,将即时贴贴在相应的解决方案上。当所有人完成之后,可以非常直观地看出哪些建议是重要的,哪些是次要的,然后对所有的方案进行排序,排名靠前的就是大家共同认可的决策。

(二)名义群体法

在进行团队决策的时候,参与者的表现是不同的,有的人积极主动,甚至想要主导和控制决策的过程和结果,而有的人却很少发表意见,甚至沉默不语。究其原因,是因为参会者地位有高低之分。另外,讨论的问题也是一个主要原因,感兴趣者自然愿意多说,而不感兴趣者就表现得比较消极。

运用该策略进行团队决策,首先需要一个"优缺点清单",这个清单是关于某个问题的解决方案的,因此可以先用头脑风暴法,让团队整理出若干个解决方案,然后才能制订出"优缺点清单"。这个清单应该得到大家的共识,所以要对它进行公示,公示过后如果大家没有异议,团队中的成员就需要根据这份优缺点清单,对解决问题的方案进行排序,这个排序的过程是独立的,是团队成员独自完成的,尽量避免受到他人的影响。

当完成各自的排序之后,将会生成一个主列表,也就是对所有人各自的排序进行统计,按照优先顺序从高到低排列。后续的工作就是与会成员都围绕主列表进行讨论,直到得出最后的决策。

名义群体法最大的优势是让与会人员能在不受他人影响的状态中提出建议,因为一旦受到影响,很多时候其实就是胁迫,有些人可能顺从于有权势的人,而不愿意袒露心胸,有些人可能因为不善言辞,不乐于与人辩论,更愿意独自提出想法,所以运用该方法可以避免团队决策中出现的一些冲突。此外,该方法的使用也比较灵活,因为个体排序完全可以在其他时间完成,因此该决策过程的时间可以大大减少,有利于快速决策。

(三)德尔菲法

在20世纪50年代,美国的一个智囊团——兰德公司发明了德尔菲法,该决策方法包括两个小组,一个是问题解答小组,一个是问题监督小组。

德尔菲法最为显著的特点在于参与决策的人员不需要见面,因此如果需要做出决策,而人员又因为某种原因无法聚集,可以利用在线会议技术,用德尔菲法进行决策,这是不错的选择。

在使用该方法进行决策时,监督组应当提前完成准备工作,工作的核心内容包括需要解决的问题、围绕问题设计的调查问卷以及相关的资料,同时还应当组建一个解答小组,一般是由 20 人左右的专家组成,他们主要负责回答问卷并给出意见。

当前期准备工作完成以后,就可以进入德尔菲法的主要环节。首先发放第一轮问卷,其目的是搜集各位专家对于所选问题的观点。监督小组在汇总所有的观点之后,给出观点清单列表,再次以问卷的方式发给所有专家,并告知他们评价标准,各位专家对观点进行打分并给出建议。这一过程可以进行多轮,直到能够达到共识,最后给出最终的评估结果和大家都认可的观点,并附上讨论中提到的其他问题。

德尔菲法要求所有的专家不能互相讨论,而是匿名给出观点,因此其最大的优点在于决策的过程不会受到某位专家的控制和影响,得到较为公允的建议。不过该决策方法耗时较多,如果组织需要快速决策时,不一定适用。

（四）理性问题解决法

该决策的方法是美国的杜威（John Dewey）于 1910 年提出来的,虽然时隔已久,但是其基本流程仍然适用于现代社会。

确定问题就是确定要讨论的目标,如果没有目标,方案的讨论就难以聚焦。在这个过程中,要特别注意让大家对于该问题达成共识,并将其公布出来,最好能显示在类似白板等工具上,使得所有人在讨论过程当中都能注意到该问题,以免跑题。

在进行决策的时候,经常犯的一个错误就是在确定问题之后,直接寻找解决问题的方案,这么做的结果会事倍功半,因为问题虽然确定了,但是缺失了分析问题的环节,比如不知道产生问题的原因,以及该问题目前对组织造成的影响,而且如果忽视了问题与组织目标之间的关系,很容易造成提出的方案可执行程度不高,或者超过了组织的资源承受能力,或者与组织的战略定位南辕北辙,因此分析问题是必要的一环,不能略过。

方案的提出需要创造性的思维,自从亚历山大·奥斯本第一次将头脑风暴法用于商业领域以来,头脑风暴法在收集解决方案的过程中,被视为一种行之有效的方法。

不过在进行头脑风暴时,需要注意几个问题:所有方案不应该被评估;对方案的可行性也不做判断;某个解决方案也可以被当成头脑风暴的目标,而不仅仅是要解决的问题;参与头脑风暴的人员最好是非同质化,比如既有男性也有女性、既有年轻人也有老年人、既有销售部门也有财务部门等。

头脑风暴之后,会得到若干解决方案,针对这些方案,需要进行筛选,而筛选就要制订标准,比如是否有更低的成本、是否可行、是否能马上执行、是否合法等等。因为有一系列的标准,所以方案的筛选过程就较为理性,而不是凭着某些人的主观认定。如果方案被筛选出来,进入了执行层面,那就要注意在执行过程中,方案是否能被落实,以及方案本身是否有缺陷。如果能够监督到位,发现问题也会比较及时,漏洞也不至于扩大,可以及时对方案进行调整和修改。

第五节　组织外部沟通

任何组织都不能脱离环境而单独存在,必然与其他的组织发生各种关系,如此才能保证生存和发展。

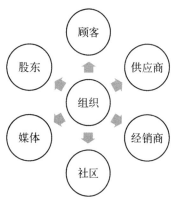

图 5 - 2　组织外部沟通图

（一）上下游组织

外部沟通的第一类是上下游组织。对于企业而言,就是供应商和经销商。如果没有供应商及时提供合格的原材料,企业就无法生产出高质量的产品;如果经销商不作为桥梁,那么企业的产品将大量积压无法卖出。因此对于企业组织而言,应该秉持合作双赢的原则,与上下游组织进行沟通。可以与之建立高效的通信网络,共享信息。在一些重要的决策中,应该去咨询他们的意见,而且平时企业组织应当与上下游组织进行频繁的交流,深入了解,从而发现潜在的问题,然后共同探讨,找出对策。俗话说"一个好汉三个帮",上下游企业就像是盟友,缺乏了朋友的帮助,企业将会变成孤家寡人,寸步难行。

（二）顾客

对于组织而言,第二种比较重要的外部沟通对象就是顾客。顾客的重要性不言而喻,因为组织的生存和发展离不开他们,同时组织的价值也要通过他们来实现。因此要通过多样的方式,去了解顾客的需求。比如问卷调查的方式,或者与顾客进行直接的人际沟通,在沟通的过程中,还可以做出人性化的调整,以适应不同顾客的要求。在了解了顾客的需求之后,就应当在产品的设计以及服务的安排上面,进行灵活的变化。在产品售出之后,要做好售后服务,了解顾客的使用情况。如果产品出现了问题,也要提供比较便利的维修服务。

（三）社区

第三类外部沟通的对象就是社区。与社区进行沟通,对于组织而言,可以提升组织的形象、获取组织需要的资源、取得社区的支持等等。组织与社区在沟通的过程当中,应当表现出积极主动的态度,参与社区的工作,特别是举办一些公益活动,参与志愿者的服务,与社区达成一种相互信任并依存的关系。

（四）媒体

第四种外部沟通的对象就是媒体。媒体就是一把双刃剑,正面的报道对于提升组织的形象有莫大好处,但是负面的报道会导致组织陷于被动,处于舆论的漩涡,不得不承受更大的外部压力。组织与媒体沟通要遵循以下原则:首先要讲诚信,不应当欺骗媒体。其次,要尊重媒体,表现为与媒体的积极配合,让公众对于组织的一些重要信息都能够及时知晓。与媒体沟通时,一般是由组织的高层出面,因为高层具有权威性。特别是在处理组织危机的时候,与媒体的合作是否顺利,会影响到危机是否能够顺利解决。

（五）股东

第五种外部沟通的对象就是股东。因为组织需要从股东那里获得资金的支持,尤其是当组织陷于财务的窘境时,就需要与股东进行积极的沟通,取得他们的信任。沟通形式有中报、年报、股东大会等等。

综上所述,就像鱼儿离不开水,组织也离不开外部的环境。如果能够从外部组织当中获得广泛的支持,对于企业而言,无论是谋求发展还是解决危机,都会事半功倍。

 **案例分析**

案例一

李单是一家香港公司的老板,近期组建了一个新项目组,准备写一本介绍公司工作法的书籍,一是为了介绍自己公司的高效率工作法,让更多的人学习这种工作经验,二是为来年的公司上市做准备。

新项目组人员是从各个不同的图书公司跳槽而来的,大家的写作风格各不相同,对图书的质量把控也存在很大差异。如果项目组里的成员都完全按照自己的方式写作,最后的成书肯定是各种风格掺杂在一起,猫不像猫,狗不像狗,不伦不类。假如李单坐视不管,不仅公司介绍高效率工作法的目的无法达到,公司来年的上市工作也将"胎死腹中"。

看到这种情况,李单将项目组的成员召集在一起,心平气和地说:"我知道大家都是各个公司的精英,在写作上拥有丰富的经验,都有独自负责这个项目的能力。但是,如今我们都只是团队中的一员,必须相互协作,统一方向。还请各位'将军'委屈下,踏实做个'士兵',彻底放空自己,完全忘记以前的写作风格,通过经常开会协商的方式统一文风,互帮互助,共同完成这个项目。"

　　李单坚持每天工作前把大家组织在一起开个小会,为项目组成员指出清晰的方向。"磨刀不误砍柴工",看似把大量时间浪费在开会上,实则为大家统一了方向,避免了无效的工作,最后的效率反而更高。

　　两个月后,项目组顺利编写出一本质量上乘的工作法相关书籍,深受读者的喜爱。公司的上市工作也因为这本书而向前迈出了一大步。

案例二

　　刘璐是一家机械厂的总工程师,做抽油机的设计工作。一天,公司董事长下达一个命令,要求刘璐一个月内设计出一款新式抽油机,将绘制好的样图提交给生产部门。刘璐是这家机械厂的骨干,拥有丰富的设计经验,拿过多项设计大奖。她轻车熟路地设计出一款新式抽油机,各种图样、数据都清晰地呈现在图纸上。此时正值电脑技术刚兴起不久,马上就要退休的刘璐哪懂得电脑啊,因为她读书时根本没接触过电脑,所以,多年来她的草图都由两名绘图员绘制,以弥补她在电脑技术方面的不足。但其中一名老绘图员突然辞职,公司新招的绘图员小刘刚刚毕业于一家设计学院。小刘为人谦虚,事事虚心求教,唯恐因自己缺乏经验而给公司造成损失。没想到刚入职就接到这么重要的工作任务,他在欣喜的同时也忧心忡忡,担心自己的能力无法胜任。

　　小刘来到刘璐办公室,虚心地问:"刘总工,咱们要绘制的图纸是二维的还是三维的?"刘璐瞪了他一眼,责怪道:"读书时老师怎么教你的? 这么点儿小事还要问,怎么教你的,你就怎么绘。"小刘解释道:"绘制二维图纸需要使用 Auto CAD 绘图软件,绘制三维图纸需要使用 Solid Works 软件。我们读书时只教了 Auto CAD 绘图软件,如果可以的话,我就绘制二维图纸了。"刘璐气冲冲地说:"你自己决定吧! 觉得怎么绘制正确,就怎么绘制,别总是让人手把手教你。"

　　小刘被一通臭骂,情绪低落,只能凭自己在学校里的经验绘制图纸。一个月后,小刘绘制出二维图纸,另一名绘图员则绘制出三维图纸。两个人原本各负责一半绘制工作,但如今一种是二维图,一种是三维图,怎么可能拼装成总装图呢? 期限到了,新设计的抽油机却因为这点儿小事被耽搁,公司从设计部到生产部和销售部都蒙受了巨大损失。

　　(资料来源:周剑熙.团队沟通的艺术[M].北京:民主与建设出版社,2017.)

　　阅读案例,讨论以下问题:

　　1. 上述案例中的沟通属于组中沟通中的哪种类型?

　　2. 结合案例分析不同的沟通方式带来了哪些不同的效果。

　　3. 结合案例分析良好沟通对组织的重要性。

第六章
战略决策与管理

兵者,国之大事,死生之地,存亡之道,不可不察也。

——《孙子兵法》

第一节 战略决策

一、战略的含义

"战略"一词在西方源于希腊语,是对关系全局性的问题进行整体的、长远的规划和对解决根本性问题的谋划,强调整体性、系统性、预见性和根本性。中国最早说明战略重要性的文献是孙武的《孙子兵法》,"争一时之长短",用战术就可以达到,而"争一世之雌雄",就必须从全局出发去规划,这就是战略。对于企业来讲,按照国家当前的政策法规、国内外的发展条件,根据本行业的比较优势,或者结合行业本身、产业优势等进行综合分析,做出符合自身发展的规划,就是企业战略。

二、战略的构成因素

企业目标的主要内容是"利润从何而来",为了明确该目标,企业的战略规划需要包含发展目标、发展规划、商业模式、投融资计划、市场规划、产品规划、运营规划等。其中发展目标是根据企业的目标进行规划,它明确了企业在未来的发展方向以及最终要达到的效果,比如同行业排名前十、年销售额多少等等。发展规划就是围绕着战略目标而确定下来的"应该做什么",是从上到下的思维,用来指导企业的具体行为准则。商业模式即"企业怎样赚钱"的方法,每个企业的商业模式都不是唯一的,有时可将多种商业模式同时运用于不同的市场。投融资计划就是运用财务手段,提高现金流的创造能力,概括来说就是如何让企业可以合理合法地创造更多的利润,实现对企业资产的高效运营。市场规划就是需要分析市场的需求、机会、竞争、风险等因素,明确自身的产品定位在哪个领域或范围内,具备哪些核心技术,进而明确自身能够自由开拓的领域,以及如何提升自身的市场份额。产品规划就是研究产品的卖点、客户的需求、产品的功能、产品的形象、产品的风格、产品的独特性、产品的定价战略等。运营规划就是企业要如何选择战略的速度和顺序,很多因素影响着战略的顺序和速度,例如资源、紧迫性、要素成果的价值等。从另一方面看,战略的构成因素主要如图 6-1 所示。

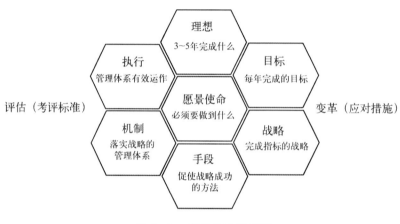

图 6-1   战略构成因素图

三、战略存在的原因

企业战略设定了企业的愿景目标、企业的未来方向,并明确了实现目标的流程和具体措施。企业在落实战略的过程中对成本进行有效控制,进而提高经济效益。

随着市场的需求变化,大量的外资企业涌入国内,新的业务模式不断出现,企业不可避免地卷入更加激烈的市场竞争中,客户对产品的需求也随着经济的快速发展而不断变化。面对瞬息万变的市场和激烈的竞争对手,企业战略有利于企业科学研判外在环境的风险和机遇,准确判断外部环境的行业发展趋势,并针对企业运营的实际情况及时做出相应的调整,以达到适应新变化、稳固企业发展的效果。

四、战略制定方法

在经营过程中,企业往往按照企业的规模大小、经营性质等选用不同的制定战略的方法。

一般来说,自上而下提出的企业战略是富有凝聚力和系统性的方法,企业方针、目标和行动目标也都非常清晰。在企业战略制定后再分解成每一业务单元的战略和指导方针并交由各业务单元去执行落实。具体来说,首先由各个业务单元共同制定战略,然后呈报上级组织,最后由企业决策层把各个业务单元所制定的战略汇集起来,构成企业的整体战略,也是对各个业务单元战略的合并。但这种方法,对于战略制定的第一层,即各业务单元来说,他们通常是按照自身所在的地区环境制定对应的战略,其首要的战略目标是保障其部门已有的经营活动,以及使其部门的战略地位得以巩固和提高。

鉴于业务单元对企业的生存与发展具有重大影响,通常业务单元的管理人员也比较了解企业的实际经营情况,对企业经营管理拥有较大的话语权。同时,业务单元选择的方案,通常是能够满足企业发展迫切需要的方案,所以提交上级主管部门审核后,都比较容易获得通过。但自上而下制定战略的方法也有个明显的弊端:因各个业务单元的战略都是针对自身的不同情况制定的,如此一来,汇总出来的企业级战略很容易没有统一性和一致性,对于组织架构相对复杂的企业,也无法很好地与企业的实际经营环境相契合。

这个方法的主要优点是企业和营业组织的战略制定活动都是相对独立的。其中营业组织的战略是为了满足适应企业发展环境和实现企业总体目标而制定的。营业组织战略形成后,经企业管理层同意并实施,通常每个月进行一次企业战略的检查和评价。但企业级的战略制定与重新调整不具有连续性,只有将其重心放到明确企业的发展方针上来,从企业的角度分析存在的各种风险和机会,才能对企业现有组织架构内的所有行业提出适当的优先原则等。这就是说,企业中级管理人员的职责重点放在了研究业务整合问题和在总体上改进业务组合的活动上,而不能放在评估和决定业务部门的发展战略上的具体操作过程中。

战略制定的方法,除了自上而下的方法外,还有其他几种常见方法,简要归纳为表6-1。

表6-1 战略制定方法

方　　法	特　　点	优　　点	缺　　点
由下到上	制定部门战略——汇总	方案符合企业发展	具有局限性,缺乏企业范围的统一性和凝聚性
自上而下	企业高层讨论并解决各业务部门存在的矛盾	凝聚性、统一性、明确企业整体方向和目标	缺乏基层管理者的意见和建议,战略不完善
协商式	企业和业务部门联合战略	反映企业目标与要求,契合各部门的实际目标	协商和考虑时间长,耗时耗力
半自治式	战略方案相对独立	定期对部门战略进行检查和评估	企业战略是连续的,部门战略是短期的

五、制定完善战略的基本条件

企业要进行战略选择,首先要对企业进行定位,根据其服务的客户类型,客户的需求,上下游产业的具体情况,以及市场对行业的需求等,进行清晰的定位。

巴菲特说:"如果说我们有什么本事的话,那就是我们能够弄清楚我们什么时候在能力圈的中心运作,什么时候正在向边缘靠近。"巴菲特的投资企业从来不碰高新技术,他说高新技术是他看不通、看不透的,因此不愿意进入相关市场,只投资快消品,因为在快消品领域,他就是专家。因此,千万不要用自己的兴趣去挑战别人的专业,那样你将会一败涂地。与此同时,科学分析竞争者的战略目标,弄清楚自身的产品和服务在行业中的竞争地位,以及本企业的市场核心战略,可能产生的新的竞争对手等等,有助于企业制定完善的战略。

企业的战略组成要素见表 6-2。

表 6-2　企业战略组成要素

类 型	总 体 战 略	业 务 战 略	职 能 战 略
对应内容	愿景、使命、目标、价值观、发展战略	业务格局、业务领域、重点业务、关键路径	研发、生产、质量、营销、人力资源、财务
主要特点	总体战略,指导整体发展	基本业务格局领域,关注重点业务	部门规划、审视指标、举措、行动计划的落实情况,分析、跟进、优化、整改

六、如何判断战略的可信度与可行性

在内外部环境变化巨大、市场竞争激烈的现实情况下,企业决策者能否做出准确的战略选择,对一个企业的发展至关重要。因而,在战略选择前充分判断战略的可信度与可行性便显得尤为重要,它可以使决策者在制定战略时事半功倍,有利于管理者看清形势,做出明智的选择。

 案例分析

"做最好的零售企业,方便广大消费者。"

曾经全国百强零售企业排名第四的海沙集团总经理认为:优秀的企业必须制定清晰的企业战略和目标,同时还必须制定有效的竞争战略。海沙集团根据市场上对

家电、百货、日用消费品的调查,发现越来越多的消费者喜欢在网上购物,实体店慢慢成为消费者的试用体验场所,建立网上商城是未来的发展趋势,网上商城也将是海沙集团最主要的经营方式。

为此,海沙集团设定了企业发展目标：做中国领先的网上商城,6年内在中国电子商务同类行业中排名前三。

为了实现这个目标,海沙集团做出了初步的实施规划。

(1) 两年时间,海沙网上商城的销售额要超过日均40万元,并通过两年的市场经验和口碑积累,进一步拓宽网购模式。

(2) 用不到4年的时间扩大经营范围,由点到面,全国开花,覆盖40多个大中城市,日均销售额要达到400万及以上。

(3) 在覆盖40个大中城市之后,再花不超过两年的时间,在有需求的地区复制经营模式,让消费者足不出户就可以买到满意的产品,日均销售额要达到1 000万及以上。

阅读案例,讨论以下问题：

1. 企业的战略目标与企业的精神是否相符?

2. 案例中企业战略的实施是否符合企业发展的需要?

3. 企业战略的制定是否受到外部环境的影响?

第二节　管理决策

管理决策也称作战术决策,是为了保障战略决策的实现,执行战略决策过程中的具体战术的决策,一般由企业或组织的中层管理人员具体执行,主要内容基本是实施方案的选择、资源的分配等。管理决策的核心是组织内部资源的有效利用,解决"怎么做"的问题,如销售计划、生产计划等。

一、类型

从调整对象的视角看,管理决策往往是在方向和内容方面给出的行动方案,从而解决"怎么做"的现实问题;从涉及的时间范畴看,管理决策是指具体部门在未来较短时间内的具体行动方案;从效果与影响范围看,管理决策的执行成效则影响到企业的发展前景。

二、原则

管理决策的原则基本上包含七个方面的内容：经济性原则、系统性原则、预测性原则、可行性原则、方向性原则、信息性原则、民主性原则。

经济性原则：指管理决策必须以经济效益为目标和方向，以最小的消耗获取最大化的成果。

系统性原则：又叫作整体原则，它需要把决策的对象看作一个系统，将系统整体目标的优化视作核心，同时协调与平衡各分系统的彼此关系。

预测性原则：预测是决策分析和判断的主要根据。预测研究基于过去与目前已有的统计资料，利用各种科学研究方法和技巧，进行科学化的决策。它取决于对未来风险评估的合理水平，要求必须用科学的方法，防止盲目决策。决策的正确与否，常常造成决策结果的天壤之别。

可行性原则：其研究方法是可行性理论的外在体现，是决策过程的重要环节。只有通过可行性研究讨论后确定的决策方案，才是比较理想的首选方案。可行性原则的具体规定，是在综合了有关考虑因素的基础上，作出全面性、选优性、合法性的科学分析。

方向性原则：决策必须要有明确的指向目标，而且这种方向与目标一旦确立，就不会再轻易改变。

信息性原则：信息是决策的基础，所以信息的质量直接影响着决策的质量。科学决策所依据的信息务必要准确、及时。决策前，需要广泛收集相关的信息，然后进行整理分析，从而为科学的决策提供准确的依据。

民主性原则：该原则是指决策者需要充分调动参与决策者和后续执行者的积极性，让其广泛参与决策，依靠群体的智慧进行科学的决策。

三、程序

管理决策的程序见图 6-2，具体包含以下几个步骤。

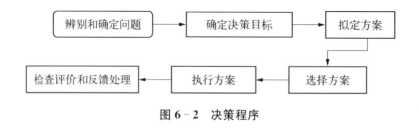

图 6-2　决策程序

（一）辨别和确定问题

决策者需要清晰了解到哪些地方有问题，要对事物进行深入分析，找到问题的核心，为后续步骤做好准备。

（二）确定决策目标

决策的目标，即决策者们希望通过决策所要获得的理想成果。确定决策目标，也是后续评价选择方案的重要依据,是衡量和评定结果的尺度。

（三）拟订方案

在决策实际处理过程中,通常必须提出两种及以上的备选方案。备选方案通常应当包含如下内容：一是实现决策要求的所有次级任务和实施的具体方式；二是在总体目标达成进程中的主要影响因素,以及控制的有效程度。

（四）选择方案

该步骤的最终目的是选出最优方案。要用既定的决策标准,对多个备选方案的预测收益和风险性进行综合分析,最后选出最佳方案。

（五）执行方案并检查评价和反馈处理

通过检查与评价方案的实际执行结果,可以发现问题,并采取相应的措施来进行决策调整与控制。一般处理措施有三类：一是维持现状,不采取任何措施；二是采取措施纠正；三是修改并优化最初的决策内容。

四、决策方法

企业经营决策常用的方法有定性决策、定量决策两大类。前者侧重决策者自身的经验和判断,后者则侧重各因素之间的关系。

（一）定性决策方法

定性决策方法主要有：① 头脑风暴法,其具体做法是安排相关的专家开放性讨论特定的问题,以达到最终统一的决策方案；② 名义小组技术法,该方法是通过举办研讨会的方式,把相关专家学者集合到一起,给他们提出要决策的问题,由这些专家学者提供不同建议并加以探讨,从而选择最终对策。这个方法特别适合一些争议性的决策问题；③ 德尔菲法,具体做法是采用匿名的方式,通过多次专业函询的方法,收集学者们的观点,由研究小组对每一次的观点加以综合整理,汇总后再分享给所有参与的专家,便于他们进一步展开分析和判断,提出新的方案。这样重复多次,所有的想法逐渐一致,并确定最后的方案。

（二）定量决策方法

定量决策方法,是指在传统定性分析科学技术的理论基础上,运用数学模型和现代计算机信息技术,对决策问题进行统计和量化分析,并提出解决决策问题的方法。这个方法的重点在于,通过数学模型将决策问题的变量因素以及变量和目标之间的关系,以计算机数学公式方法或数学模型表现出来。

定量决策主要包含三类决策方法：① 确定型决策：该决策方法是指决策者充分了解内外部环境影响因素的预期状态,且重点研究和分析一种状态；每一个决策方案都对应特定的预期结果。② 风险型决策：也称随机型决策。风险型决策有明确的目标,如获取最高的收益;有两种及以上的预期结果;不同预期结果的发生概率可以预估。因此,按照已知的风险程度就能够预估各种方案所产生的损益值。管理者在决策中,不管选择哪一种方法,都必须承担相应的风险。③ 非确定型决策:该决策是在未来事项不确定的情况下做出的决策,其模式几乎完全依靠决策者的经验和认知水平。

五、决策模式

（一）概念

决策模式是对人类决策行为模式的理论概括,是学者们通过对各种不同的决策活动进行分析研究,进而整理归纳出的主要的、共性的决策理论框架。

（二）决策模式的具体分类

现代科学将决策模式分为:理性决策、有限理性决策、渐进决策三种模式。

1. 理性决策模式

该模式可追溯到古典经济学理论,古典经济学理论给出了关于人们行为决定的一种绝对准则,即人们在决定时所遵从的必然是利益最大化准则,即追求最大化的收益,获得最大程度的利润。理性决策模式的局限性在于决策模式往往受到很多现实因素的影响。所以,在实际的决策活动中,人们很难完全去遵循该模式。

第一,由于理性决策模式必须在满足特定条件的限定范围内才能够得到有效结果,因此,专业性较强或所包含的对社会影响大、心理因素较少的决策问题都可以通过理性决策模式来作出决定。此外,针对较为复杂的决策问题,可暂不考虑次要因素的影响,从而得出最后的分析结果,作为最终决策的依据。

第二,由于决策的理性方法自身也将随着科学技术的提升而进一步得以发展,因此其适用领域也会拓宽。比如,在现代决策方法学研究中日益发展起来的对非量化因素进行测量的技术以及应用于模糊数据的技术等,都进一步拓宽了理性方式的范围。

2. 有限理性决策模式

美国管理学家赫伯特·西蒙认为,决策过程中不存在最优决策,而只有满意决策,这既受到决策者的目标与价值观影响,又受到决策者的期望程度影响。这个期望程度又有两个特点,一是它随决策任务与环境而变化,当需要做出的决策较简单时,决策者的期望程度就比较高;当决策者认为决策任务很复杂时,对应的期望程度也会比较低。赫伯特·西蒙的决策理论认为,决策程序分为四个过程:情报活动、设计活动、抉择活动、审查活动。其中,前两个过程是尤其重要的。

3. 渐进决策模式

渐进决策模式是美国科学家林德布洛姆提出来的。林德布洛姆先后担任过耶鲁大学政治系主任、美国政治学会主席等职,提出的渐进决策模式具有非常大的影响力。林德布洛姆把决策方法分为根本方法和分枝方法两类。根本方法要求目标清晰、评价明确,只要有可能就尽量使价值定量化以供后续分析。分枝方法要求管理者按照过去的做法,对现有的决策只做出少量的调整,同时决策活动是不间断的持续过程,目的是希望取得"积小以成大"的成效。这种做法将决策制定和决策实施紧密联系在一起,建立了系统化的持续发展流程。

六、提高决策能力的关键

现代大型企业如电力企业,作为社会经济发展的中坚力量,必须要牢固树立科学发展的观念,不断提高科学决策的能力,为促进社会经济发展提供有力保障。企业决策者要提高决策能力,需要坚持以科学发展观为指导,同时坚持以下三个原则。

（一）信息准确原则

在决策的过程中,首先要确保信息的准确性、及时性、完整性、有效性,这也是决策的前提条件。信息是决策的基础。决策者要善于从相关信息中发现决策问题,并在掌握充足信息的基础上制定和选择决策方案。要通过直接或间接获得的相关信息,对决策效果进行评估。可以说,信息贯穿于决策的全过程。没有准确的信息基础,就难以进行科学决策。

（二）可行性原则

在决策过程中,针对选择的决策必须具备可行性原则,否则就是空谈,没有实际意义。因此,决策者需要充分考虑决策的可行性,使决策建立在可行、可靠的基础上,不能只强调需要,而不考虑可行性。作为决策者,需要坚持正确的指导思想,有全局观,才能更好地确保决策的准确性与科学性。

（三）对比选优原则

决策经常需要在多个备选方案中进行选择。这就要求决策者在进行决策时,必须建立在对比选优的基础上。选优,既可以在多种备选方案中选出最优的一个,也可以提炼多个备选方案中的优秀部分,形成一个全新的方案。进行方案选择时,决策者不仅要看方案选得"对不对",还要看选得"好不好"。判断决策方案"对不对"的依据是决策目标,与决策目标背道而驰的方案,肯定是错误的。判断决策方案"好不好"的依据,一是看方案实施后预计需要承担的风险和成本,二是看方案实施后能否取得预期的效果。"好"的方案,应当收益率最大、稳定性最强、风险性最小。不同决策方案的优劣,只有通过对比才能判断。因此,对比选优原则成为决策科学化、准确化的重要原则。

第三节　决 策 选 择

一、决策上的七大陷阱

作为企业的决策者,如果做出的决策行为是以牺牲企业利益为代价的,而决策者却仍然认定决策是正确的,这种情况就是决策陷阱。决策陷阱主要包含七大常见陷阱,如图6-3所示。

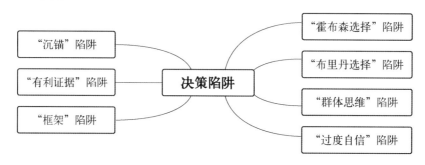

图6-3　决策上的七大陷阱

（一）"沉锚"陷阱

在进行决策的时候,决策者会本能地对获得的第一个印象或数据非常重视。这里的第一印象或数据就好似沉入大海的船锚,把决策者的思维模式固定在了某处。"沉锚"效应的表现形式多种多样,较普遍的"沉锚"是先例或趋势。例如,某电力企业生产部门在制订最新季度生产计划时,会习惯性地借鉴往年的计划,但若过度依赖旧的数据,那旧的数据就是"沉锚",把决策者的思维固化了。

（二）"有利证据"陷阱

"有利证据"陷阱非常普遍,例如他人的一个正确或错误的经验都可以成为阻碍决策者决策的因素。"有利证据"陷阱是决策者有意识地寻找对自己观点有利的证据,并会有意避开那些不利于自己观点的证据。

（三）"框架"陷阱

趋利避害也是决策者的本能。为了确保决策的安全,决策者更倾向于安全性的决策方案,而不愿意去冒险尝试新的决策,这就是"框架"陷阱。这就好比很多电力工人会下意识地认为电线就一定是绝缘的而极少出现漏电,人们普遍认为乌鸦一定是黑色的等等,这些都是非常典型的框架思维陷阱。

（四）"霍布森选择"陷阱

1631年,英国商人霍布森贩马时对买家们说,购买或者租借他的马匹,只要给一个相同的低价钱,就可以随便去选择马匹。但是霍布森却把马圈只留出了一条很小的门,那些高大的马匹和肥壮的马匹根本就出不去,跑出去的也都是些瘦弱的马匹。他允许买家们在马圈里随意挑选,但买家挑来选去,最后也不会得到想要的马匹。

通过此故事我们看到,这种选择是限制性的选择,被限定在有限的空间里。决策者在制订企业决策方案时,也经常出现这样的"霍布森选择"陷阱,导致决策者不管怎样决策,最后也不会获得最佳的决策方案。

(五)"布里丹选择"陷阱

有这样一则故事,曾经有个叫布里丹的人,他牵着驴去找草吃。当他看到左边的草很好,就牵着驴去了左边;又觉得右边的草更好,就牵着驴去了右边;然后又认为远处的草更好,便又牵着驴去了远方。就这样一会儿左一会儿右,一会儿远一会儿近,他始终不确定如何选择。最终,驴也没能吃到草。

在现代企业管理中,人们把这个现象称作"布里丹选择"陷阱。在制订企业决策方案的时候,决策者很多时候会因为对多个方案没有进行充分的分析和判断,从而犹豫不决。

(六)"群体思维"陷阱

集体决策是作出决策的基本途径之一,但并不意味着集体决策就一定是科学决策。在集体决策中,即便经验最丰富的决策者也很容易受到其他决策者的思维模式影响,并最后选择了错误的方案,这便是"群体思维"陷阱。

(七)"过度自信"陷阱

企业实践管理中,决策者往往因经历过很多类似的决策活动,便会习惯性地认为自己是相关问题决策的专家,直接按自己认为完全准确的方案进行决策,而忽略了许多必要的检查和对内外部环境的分析。这就是"过度自信"陷阱。

避免"过度自信"陷阱,要求决策者要经常反思错误决策,不断提高全方位思考问题的能力。

二、如何避免跌入陷阱

(一)决策者要避免独断专行

企业管理工作中往往有这样的情景:某电力企业在进行某项决策讨论会议时,某骨干决策者会提到"我的三项选择……五点主张……七条意见……",然后询问大家的意见。下属管理人员认为决策者独断专行或认为其已拟定"固定"方案,考虑到即使自己发表意见也不会被接纳,还可能受到批评和排挤,所以纷纷表示拥护,会议结束。但是,不少人却在会后私下议论"他讲的根本不对"。所以,这种以决策者的主张为导向、自上而下的决策形式是一个决策误区，直接阻断了员工的意见渠道。

（二）决策者要避免主观片面

决策者过于主观和片面是影响正确决策的主要因素之一。在作出重大决策之前，必须全面做好内外部环境的分析研究。外部环境分析研究是对外部的政策、文化、竞争对手情况等要素的研究，内部环境分析研究侧重于对人力资源和组织文化等方面的研究。

（三）决策者要避免僵化死板

有的企业决策者做事非常谨慎，但过度谨慎就是过于保守，在风险面前总是迟疑不决，所以往往会错失很多宝贵的机会。这类企业决策者也经常强调"不怕一万，就怕万一"。

有这样一个故事：有人问一位农夫是否会在自己的耕地上种下玉米，这位农夫回答："不会，我担心天不会下雨。"那人接着问："那你会选择种大豆吗？"农夫说："不，我害怕虫子把大豆都吃了。"于是那人最后问："那你会选择补种点什么吗？"农夫说："我准备什么也不种，这样就安全了。"这位农夫虽然保证了平安无事，但他必定会饿肚子甚至会饿死。这则故事也折射出管理哲学，即机遇与挑战同时存在。现代企业管理活动中，管理者或决策者都需要学会正视风险，避免僵化死板的思维模式，要善于分析风险，挑战风险，克服风险，从而让企业获得更多的发展机遇。

三、做好决策的六步曲

（一）对问题进行分类

企业决策实践中，决策者面对的问题一般可分为四类。第一类是普遍性问题，决策者在具体项目上面临的问题大多属于这一类。这一类问题往往会透过许多的表面现象显示出来，倘若只是去分析一些表面现象，而不去分析研究事件的深层原因，那么问题将得不到根本解决。第二类问题，对当事者来说可能是唯一的，但是已经在其他企业中出现过，那么此类问题就可参考其他企业的经验来处理。第三类是真正独一无二的问题，此类问题需要单独解决。第四类问题中隐藏着新的普遍现象，因此该类问题需要新的方法来处理。

（二）对问题进行定义

这一步要弄清楚到底出现了哪些状况，以及相关因素有哪些。以往美国汽车业认为，世界上之所以会出现汽车交通事故，是因为道路不够安全，或者因为驾驶员的技术太差。但实际情况是，汽车交通事故的出现不仅只有上述两个原因，汽车自身的设计等方面也存在不安全因素。为了准确而全面地定义问题，决策者需要对发现的相关因素不断进行检验，一旦发现此定义不能包含全部的情况，就要把它摒弃。

（三）明确问题的限定条件

应清楚地列出决策所要达到的预期效果。开始阶段经常犯的错误就是设定了多个目标,但彼此间有冲突。另外,虽然一开始的决策是正确的,但是随着后续相关因素发生改变,若不及时调整决策,就可能造成严重的损失。

（四）区分哪些是正确决策,而不是先考虑哪些决策会被接受

决策者不宜事先思考哪类决策才会被接受,因为在考虑这个问题的过程中,很容易就会让决策者迷失方向,进而无法作出正确的决策。

（五）在制定决策时将实施行动考虑在内

在这个步骤中,决策者要保障任务和责任已落实到具体的人或部门,同时还要确保执行者具备落实决策的能力,事前制定好相关的责任考核方法、任务完成标准以及激励机制。

（六）对照实际执行情况,检验决策的有效性

决策者需要报告数据等系统化的信息。但是因为存在较多的抽象信息,且此类抽象信息不能如实反映实际情况,所以,针对反馈的信息,决策者若不以实际情况为核心,就极易被教条主义所束缚。

四、决策矩阵分析法

（一）决策矩阵实施步骤

决策矩阵是风险型决策经常用到的分析手段之一,又被称为"决策表""益陨矩阵""益陨表""风险矩阵"。用决策矩阵评价一系列的选择,同时为其排序。具体来说,小组先设计相关的评价标准,之后根据设定的标准对每个选择进行评价,它属于 L 型矩阵的一种。

决策矩阵的实施步骤及方案如下:

（1）用头脑风暴法得出适用的评价标准,这个过程最好有顾客参与。

（2）讨论并修改评价标准,分清"必须要"和"必须不"。从这些标准中选出最重要的,可能要用到列表削减法及多轮投票法等方法。

（3）按照每个标准的重要程度给每个标准分配一个权重,总分为 10 分。权重的分配可以通过讨论、投票完成。或者每个组员给每个标准分配一个权重,将每个标准得到的权重相加,按总权重和的大小排序。

（4）画出 L 型矩阵。把评价标准放在顶端,选项排列在左边。习惯将条目少的项作为列项。

（5）按标准评价每个选项,具体有三种方案。

方案 1:

给每个标准设立等级,确保设立的等级是一致的。写下标准,并使最大值(5 或 3)

表示最期望的选择：即对顾客来说最重要、最容易或成功的可能性最大。比如：

1，2，3：1 表示低，2 表示中，3 表示高；

1，2，3，4，5：1 表示一点，依次类推，5 表示很多。

方案 2：

按选项与标准的符合程度来排序，1 表示与标准最不符合的选项。

方案 3：

建立一个基准，可以是一个选择，也可以是当前的产品或者服务。将每项选择与基准比较进行评分：差(−1)，相同(0)，好(+1)。也可以用更细致的标准，比如"2，1，0，−1，−2"五个等级或者"3，2，1，0，−1，−2，−3"七个等级。

(6) 将每个选项的排序与权重相乘，然后相加。得分最高的选项不一定是必选项，但是得分多少对问题的讨论是很有意义的，并能帮我们最终达成一致意见。

（二）案例分析

图 6-4 是巴黎风情酒店的顾客服务小组设计的一个决策矩阵，用来决定"等待时间过长"中应先解决哪一方面的问题。问题出现在"顾客等待接待""顾客等待服务员""顾客等待食物"和"顾客等待付账"几个方面。

标准→ ↓问题	给顾客带来的不便(5)	解决的容易程度(2)	对其他系统的影响(1)	解决的速度(2)	
顾客等待接待	高(顾客没有别的事做) 3×5=15	中(包括接待和勤杂工) 2×2=4	高(给顾客不好的第一印象) 3×1=3	高(足够空余的座位) 3×2=6	28
顾客等待服务员	中(顾客可以先吃面包) 2×5=10	中(包括接待和服务员) 2×2=4	中(会让顾客觉得无人理会) 2×1=2	低(服务员更加忙碌) 1×2=2	18
顾客等待食物	中(周围气氛好) 2×5=10	低(包括服务员和厨房) 1×2=2	中(可能导致服务员更多往返于厨房和顾客之间) 3×1=3	低(厨房设计空间有限) 1×2=2	16
顾客等待付账	低(顾客可以喝咖啡、吃零食放松) 1×5=5	中(包括接待和服务员) 2×2=4	中(可能会观察到等座位的顾客) 2×1=2	低(需要计算机化票务系统) 1×2=2	13

图 6-4　决策矩阵示例

1. 评价标准

评价标准为"给顾客带来的不便"(多大程度上对顾客造成不良影响)、"解决的容易程度""对其他系统的影啊"和"解决的速度"。本来"解决的容易程度"常写作"解决的困难程度",但是那样使排序反过来了。现在每个标准的最大值都表示最期望的选择:给顾客带来不便、易于解决、对其他系统有很大的影响,以及很快可以解决。

2. 权重及排序

赋予"给顾客造成的不便"5分权重表示小组认为这是最重要的评价标准。"解决的容易程度"和"解决的速度"各有2分权重。"对其他系统的影响"有1分权重。

用3,2,1分别表示将每个问题分成高、中、低三个等级。例如:在问题"顾客等待食物"中,由于周围气氛很好,给"顾客带来的不便"就被评为中级(2)。因为它关系到服务员和厨房工作人员,这个问题不容易解决(1——不容易)。"对其他系统的影响"中,服务员必须更频繁地去厨房。由于厨房设计得很拥挤,故这个问题不能很快得到解决(1——低速)。

3. 得分

将每个得分都与权重相乘。例如,"顾客等待接待"一项在"给顾客带来的不便"(权重为5)的问题上,评价为高(3),那么得分就为15分。将每一排的得分相加可以得到每个问题的总分。"顾客等待接待"得到了最高分28分。由于次高得分是18分,选择哪个就很显然了。

五、选择方案的五个基本原则

(一)可行性原则

决策的目的是为了行动,可行性原则是选择决策方案的前提。制定出来的方案是否适合企业的发展,是否对企业的发展有益,可行性是首先需要考虑的问题,要从人力、财力、技术能力等方面来分析。如果制定的决策无论从企业的外部环境还是内部环境来说都是不可能实现的,那么该决策就是毫无意义的。

(二)多样性原则

选择决策方案的多样性原则,往往需要管理者以多种方式,多角度、全方位地制定各种方案。任何一个决策都要有两种及以上的备用方案,决策者在选择时可以对多个方案进行对比,使决策趋于合理。

(三)层次性原则

选择方案的层次性原则,要求决策者要全面考虑微观的、宏观的、近期的、中长期的、远期的企业战略目标,多层次思考决策方案的可行性、风险性。

(四)创新性原则

选择方案的创新性原则,就是要打破原有的选择模式,形成新的选择方案模式,这是一个"重塑性"的过程,包含决策思维创新、决策控制创新、决策评估创新,也是一种科学性的活动。只有敢于选择具有创新性的方案，才能让企业始终走在同行业的前列，推动企业的可持续发展。

（五）优化性原则

通过总体权衡，运用科学的程序和方法对各个方案的损益值、对比分析方案的优劣、科学判断方案的可行性做出最优方案的选择。优化性原则要求决策者能够从多角度分析研判方案的预期收益值，在收益最大化、风险最小化方面，运用科学的方案进行筛选对比，从而选出最优的方案。

第四节   决 策 转 化

一、制定目标的信息资料

（一）远景和使命陈述

企业决策者在制定具体目标之前，需要准确认知几个重要概念，如远景、使命等。远景（vision）是指企业未来的样子，使命（mission）是指企业的业务和任务。

1. 远景

优秀的决策者或管理者会用激动人心的语句表达出企业未来的样子，会用超越产品层次的语言来描述企业"应该干什么""会成为什么"的远景和使命。远景包含企业的经营理念、企业的价值观、企业的远大规划，以及对未来企业的描述。企业的价值观和经营理念是持久的，不会随着管理者的管理理念而变化。它的目标必须非常清晰，是企业所有人的聚焦点，也是团队的精神所在。例如，索尼公司的远景是"体验为公众利益而提高和应用技术的快乐"，迪士尼公司的远景是"使人幸福"。

2. 使命

使命陈述的内容包含企业的经营目的、市场、采用的技术、宗旨等。使命陈述的几个要素分别是：

公司的精准用户是谁？

公司的主要服务项目或者公司的主要产品是什么？

公司在哪些领域具有竞争能力？

公司的技术与同行业的技术相比是否是最新的？

公司是否有良好的财务状况？

公司的发展观念是什么？

公司最主要的核心竞争力是什么？

公司是否已很好地履行了社会责任？

公司是否珍惜员工？

（二）战略环境分析

战略环境分析包括一般环境（宏观环境）和行业环境分析、竞争对手分析、企业自身分析和目标市场分析。其中，宏观环境研究包括政治因素研究、经济因素研究、生态因素研究、社会文化因素研究还有技术因素研究，行业结构研究包括产业分析、理解产业结构和产业的竞争态势。

（三）竞争对手研究

竞争对手研究主要是研究竞争对手在行业里出现的问题，弄清楚竞争对手对目前所处的行业地位是否满意，了解竞争对手目前在做什么，下一步作何行动，以及可能做到哪一步。竞争对手有没有最容易被攻击的地方？企业采取怎样的行动有可能引起竞争对手的反击？

（四）自身分析

围绕企业利润，从企业的内部结构、生产作业过程、市场营销战略和销售方式、服务态度等分析企业的采购、技术研发改造、人力资源和企业基础设施，企业是否正常运作？人员的配备是否合理？企业的组织架构是否已经完善？企业只有拥有完善的组织架构才能正常运转。

（五）顾客研究

通过与顾客对话，了解买方真正的需求和购买标准，降低顾客成本，提高顾客效益。在对顾客的研究过程中，重点需要把握顾客选择问题，同时再结合相关因素进行研究，包括议价能力、服务成本、购买需求、增长潜力等。

二、制定目标的工具

"凡事预则立，不预则废"，这说明了制定目标的重要性。每个人都有过制定目标的经历，制定目标看似是一件简单的事情，但是如果上升到技术层面，管理者需要将SMART原则作为工具制定目标，这也是现代企业常用的方法。具体来说，制定目标时，目标需要是具体的、可衡量的、可达到的、相关的、有时限的，具体如表6-3所示。

表 6-3　SMART 制定目标工具

	定义/基本原理	制定目标的应用
具体的 （Specific）	目标必须是具体的	简明扼要地阐述需要完成的目标，不要使用模棱两可的词语，例如：完成项目（完成项目所需要达成的结果、什么是可交付成果和结果）

续　表

	定义/基本原理	制定目标的应用
可衡量的 （Measurable）	目标必须是可以衡量的	设定具体的、可观察的目标，衡量目标实现后的不同结果，如生产力（从产品到市场数字）、成本（项目成本结余、预算指标）
可达成的 （Attainable）	目标必须是可以达到的	确保目标在时间、成本以及难易程度上是可行的，不切实际的任务容易浪费时间、资源，需要对项目进行优先级别排序；避免日常工作没有足够的挑战
相关的 （Relevant）	目标必须和其他目标具有相关性	确保个人业务目标及发展目标与部门和（或）组织的目标一致
有时限的 （Time-based）	目标必须具有明确的截止时间	明确任务的各个时间节点，如完成时间、启动时间、交付时间等；将大目标细分为特定的关键活动，并明确相应的完成日期

（一）SMART 工具解读

1. S（Specific）——具体的

目标是具体的、明确的，能够很清晰地看到部门或个人计划要做哪些事情，计划完成到什么样的程度。如，某省电力企业拟建设国内首个智能电网项目。

2. M（Measurable）——可衡量的

"可衡量的"是指目标应该可以量化的，而且必须是具体的数字。如，第一阶段完成 300 个电力站点的传感器智能化建设，建成 1 个统一的数据收集和整合系统等。

3. A（Attainable）——可达成的

"可达成的"是指任务是基于实际的并具备相当的挑战性。如，通过引入使用国内某大学新技术，开发建设智能化的集成管理系统，加速电力生产、输送、零售各环节的优化管理，完成智能化升级。

4. R（Relevant）——相关的

个人目标与企业目标相关；长、中、短期目标互有关联；目标与岗位职责相关。如，企业的一年短期目标是将智能化管理系统拓展应用到太阳能、风能、地热能项目。

5. T（Time-based）——有时限的

目标的时限性是指目标的实现是有截止日期的，规定了目标实现的具体时间和周期。在目标实施过程，设置了中间的检验点，强调了行动速度和反应时间，并针对各个步骤制定相应的阶段性目标（每年、每月、每周、每日）。如，为实现电力智能电网建设，1 个月内完成建设方案框架的设定，3 个月内完成首家电力站点试验，12 个月内完成 50％以上电力站点的升级,2 年内实现全部站点的智能升级。

举例如下:

某运动员为了提高 2 000 米的跑步成绩,每天安排 1 次 2 000 米的训练,希望速度在 1 个月可以从原来的 4 分 30 秒提高到 4 分 20 秒。其中,

S 指 2 000 米跑步;

M 指进步 10 秒;

A 指进步 10 秒是具备可行性的;

R 指为了进步 10 秒而要完成的相关性目标;

T 指一个月内进步 10 秒。

以上是对 SMART 目标工具的具体分解。由此可以看出,在制定目标的过程中,SMART 原则工具能够帮助管理者高效完成目标的制定。

(二) SMART 工具注意事项

制定每一个具体的目标,都需要有针对性的行动计划,包括 how(如何做),who(谁来做),what(做什么),when(什么时候做)四个项目,而且要遵守 PDCA 原则。

三、目标主体

企业决策的目标主体主要建立在以下几个关键层面。

市场营销目标:一家企业首先要善于积累客户,因此,企业应该明确营销战略。任何企业都取决于经济学家所提出的三种要素,即人力、资金和有形资源。上述资源的创造、运用和开发应当服务于企业的目标。

利润目标:利润并不是一个终极目标,但它又是必需的,不然任何目标都不能够达成。为达成目标,也需要承担风险,这需要以利润去抵消风险可能造成的损失。

社会责任与创新目标:企业存在于社会,不能忘记企业的社会责任,要承担应尽的义务。企业仅仅提供产品与服务是远远不够的,必须通过创新提供更好的、更经济实用的产品。在创新型的企业里,技术创新不仅被定义在科学技术的研究领域,而且延伸至企业的所有方面。

四、目标范围

目标范围是指目标管理工作的实施范围,也被称作目标管理工作推行的深度,它是指企业目标管理工作"从哪里开始做起""要实施到哪些单位及层次"。目标必须是可操作的,需要能转化为明确的工作目标和细化的工作分配;目标必须能够集中资源

与精力,必须区分出最基本的目标,以便人力与物力能合理利用;必须有多个目标而不是只有唯一的一个目标,要管理好企业就必须平衡好多元化的发展需要,这就需要有多种发展目标;企业赖以生存的各个职能部门都要有目标,目标的制定有赖于企业战略,而这些目标应当服务于企业的总体战略目标。

第五节　决策改进

一、管理者经常要思考的问题

管理者的第一工作是思考,如何学会"怎样思考"对管理者来说是个大问题。从企业实践管理经验来看,管理者需要抓住三个重要方向,即要学会趋势思考、全局思考、关键思考。

（一）趋势思考

作为一个管理者,必须时刻考虑企业身处的领域,以及未来可能出现的变革。竞争者将会有怎样的战略性举措? 企业所在的领域未来变化会是什么样? 企业应当做出怎样的举措? 假如企业没有相应的措施,又会产生怎样的影响? 人们常说"未雨绸缪",作为管理者来讲,也需要多进行趋势思考。

美的控股的前董事局主席和 CEO 何享健是一位特别懂得趋势分析的管理者。何享健每年都会定期访问家电市场,并分析研究家电市场的未来趋势,从而做出趋势判断。近 10 年来,美的公司持续合并了其他家用电器品牌,包括安徽芜湖丽光空调、广州华凌集团、安徽荣事达集团、无锡小天鹅等赫赫有名的企业,使美的集团实现了跨越式的成长。何享健通过趋势思考,认为中国未来的家电市场将有着很大的发展空间,在他的领导下,美的集团已成为中国著名的家用电器大王。

从案例中可以看到,美的控股的高层管理者充分利用趋势思考,科学分析企业所处的内外部环境,从而帮助企业进一步做大做强。

（二）全局思考

全局思考即整体思考,不能全局思考的管理者往往只能看到表面现象,看不到事情的本质,往往会对后续的管理工作带来失误的风险。

全局思考要求管理者能用全局观点了解企业运营中的全方位信息,既包含行业内所有竞争对手的信息,也包含与业务发展有关的外部信息;既包含企业上游供应商、下游销售商的信息,也包含企业内部开发、制造、营销、财务管理、人才等各方面的信息。唯有站在全局的视角了解信息,管理者才能进行有效决策。

10年前,美的控股有绝佳的机会进军早期的手机行业,且短期内就可获利。不过,美的控股的掌舵者何享健拒绝了这一机会。何享健在整体分析后指出,尽管投资手机行业短期内能够获利,但从公司的总体战略考虑,手机行业并不符合其家电行业的发展,技术门槛也较高,企业开展手机行业并没有明显优势。10多年后的今天证明了何享健当年的判断是对的,所有涉足手机行业的大公司包括TCL、联想、夏新等无不因手机业务而背上了沉重的包袱,直接影响到了企业的核心业务发展。

从案例中可以看到,美的控股的高层管理者充分利用全局思考,帮助企业制定了清晰的战略发展目标,指明了企业长远发展的路线和方向,使企业获得了健康、可持续的发展。

(三)关键思考

关键思考是与全局思考紧密相关的,不擅长全局思考的管理者同时也不会擅长关键思考。全局思考可以说是关键思考的基础和前提,管理者需要在全局思考的基础上,善于抓住关键的事项,这样才能准确把握影响企业的关键因素。

二、员工经常要思考的问题

作为企业员工,为了保证企业和部门措施的成功运作,配合执行并完成新的任务,需要经常思考以下几个问题。

(1)我的专业价值在哪里?

经常听到员工说"我有10年的经验",这个10年的经验是将1年的经验重复复制了9年,还是在10年里面不断提升了自己的业务能力和技术水平?每个人都需要去思考自己在企业里面的价值究竟是什么,唯有如此才能在竞争时代拥有立足之地。

(2)当下是自己最好的选择吗?

选择自己喜欢的职业和被职业选择的感受是不一样的。就像在理发店的时候,造型师经常问你一个问题:你照照镜子看看,你觉得还行吗?

(3)我的目标是什么?为了实现目标,我做了哪些努力?

职场中每个阶段的目标都是不一样的,初入职场的目标就是掌握基础知识融入团队,中期阶段是提升专业能力,后期阶段是提升综合能力。

(4)公司为什么制定了新的对策?新的对策对我有什么影响?

(5)部门为了配合公司新制定的对策,采取了怎样的举措?

(6)我如何配合部门执行并完成新的任务?

三、不断改进的八个步骤

第一步：分析现状，思考是否需要改善。

第二步：详细分析现状，分析具体原因和因素。

第三步：分析缺点根源，找出主要的影响因素。

第四步：制定改善方案，并预计可能达到的效果。

在进行这一步时要反复思考以下问题：

（1）（why）为什么要采取这些措施？

（2）（What）采取这些措施要达到什么目的？需要怎么做？

（3）（Where）在哪个工序、哪个环节、由哪个部门执行？

（4）（When）什么时候开始执行？

（5）（Who）由谁来负责并执行？

（6）（How）采用什么解决方法来完成？

第五步：执行，按计划严格落实。

第六步：评估检查计划的实际效果。

通过自查、互检等方法，认真检验最后的执行效果。

第七步：总结经验。

把通过解决问题获得的方法，总结成经验标准。

第八步：提出尚未解决的问题。

通过检查，对效果还不显著或者没有得到解决的问题，本着实事求是的精神继续探索解决方法。

四、不断改进的依据

20 世纪 80 年代以来，很多理论和实际工作者，对顾客满意度给企业带来的影响进行了长期研究。研究表明，顾客的满意度对企业的生存和发展具有重大影响，对客户意见进行收集、反馈和持续改进显得越来越重要。同时，为提高员工的满意度和忠诚度，也要重视员工的反馈并分析改进，以促进企业的持续发展。企业中员工和顾客的资产价值链如图 6-5 所示。

顾客（客户）反馈的侧重点：企业应将顾客看作是企业的投资者，顾客投入了时间和金钱，通过企业的产品和服务，与企业建立起信任关系。企业应重视及保护顾客对于企业的信任感，通过不断收集分析顾客的意见和建议进行改进，这对于企业的长远发展是非常重要的。

员工反馈的侧重点：什么是员工关注的议题？相同议题在不同部门或工作岗位

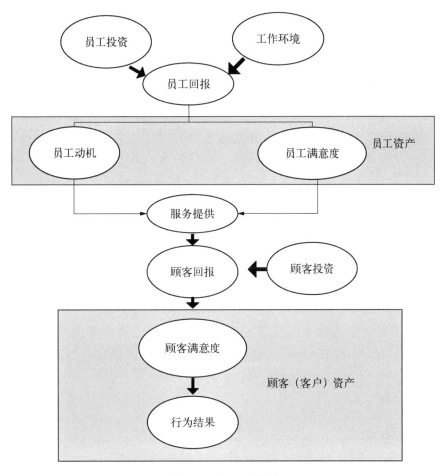

图 6-5　资产价值链

上会有什么不一样？员工对其工作性质、企业政策、管理层领导风格等有什么看法？企业要根据员工所需的工作环境及时提出改进的措施，让员工感受到管理层会不断关注工作环境的改善。建立一个长期的员工反馈系统意味着管理层对员工的意见会做出有效的反馈，形成一种管理层积极听取员工意见和建议的良好风气。

五、不断改进的良性流程

企业管理实践中，不断改进顾客（客户）与员工的改进流程，要遵循 PDCA 流程，如图 6-6 所示。

以上简称 PDCA 流程，该流程囊括管理活动不同阶段的不同步骤。

计划阶段：通过调查现状、分析原因、确定要因和制定计划四个步骤。在 PDCA 流程中要做到计划

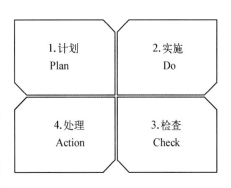

图 6-6　PDCA 流程图

到位。为什么要制定该计划？制定该计划要达到什么目标？如何完成制定的目标？由谁来完成？什么时间完成？只有弄清楚这些问题，才能制定出切合企业发展的计划。

执行阶段：产品的具体设计方法、方案的实施、人员的调配、具体的生产过程，要落实计划的每一个步骤，才能实现计划中制定的内容。

检查阶段：在执行的具体过程中，需要不断检查任务落实情况。分清哪些是对的，哪些是错误的，明确在执行过程中的效果，找出存在的问题。

处理阶段：根据检查结果，采取措施，及时处理。将成功的实施过程制成可以复制的标准流程，方便生产。总结失败的教训，以免重蹈覆辙。对于存在的问题，找到应对的措施，不能解决的问题则进入下一轮的 PDCA 流程，另行讨论。

六、不断改进的行动计划

在实际工作中，员工或各阶层的管理者都要重视不断改进的行动计划，经常反思问题，总结经验。员工要主动向上级管理者请教遇到的问题，并多和同事交流学习，以便于进一步提升工作能力。在落实行动计划前，首先需要查找存在的问题或预测可能出现的问题，明确行动目标想要达成的结果，然后严格落实具体的行动，最后根据实际结果进行评估、分析并改进。

 案例分析

某电力企业是国内较大型的综合能源企业之一，产业涉及燃煤、光伏开发、火力发电、风能、水力发电等，共有 70 多家电厂，企业投资项目遍及中国国内主要省份和地区，总发电装机容量已超过 2 000 多万千瓦，所投资的煤炭企业发展核定生产能力已超 4 000 万吨/年。该电力企业的公司愿景为：全球一流公司、最受尊重公司、最佳雇主公司。为实现该发展愿景，进一步将公司利润最大化，未来 5～10 年，该电力企业将继续稳固煤炭等能源核心行业的全球价值链升级，加强火力发电、洁净电力的研究开发工作。该电力企业一直以全面提高公司经济效益和品质为目标，把握"稳中求胜""稳中求优"的精神，树立"树新观念、创新思路、定新标准、拓新市场"的理念，同时积极参与社会公益建设。目前已为贫困地区投资建设 10 多所公益小学，直接资助贫困大学生超 200 人次，受到社会各界的高度评价。

阅读案例，讨论以下问题：

1. 该电力企业的战略目标是什么？

2. 哪些语言描述了企业愿景？

3. 哪些内容体现了企业的社会责任？

第七章
形象管理与礼仪

子贡曰："贫而无谄，富而无骄，何如？"

子曰："可也。未若贫而乐，富而好礼者也。"

——《论语》

第一节　仪　容　礼　仪

首因效应又叫"第一印象"效应。心理学研究发现，与一个人初次会面，45秒钟内就能产生第一印象。美国心理学家和传播学家艾伯特·梅拉比安（Albert Mebralian）提出的55387人际沟通定律指出，在人际交往中，别人对你的第一印象有55%来自你的外表，38%来自你的语气、语速、肢体语言等，7%来自你的说话内容。仪容、仪表、仪态礼仪和语言礼仪在社交中，不仅影响着他人对自己的看法，甚至在求职、换岗、考研等面试过程中，都影响着考官对自己的判断。因此，在人际交往中有必要加强形象管理，以便在45秒钟内给对方留下美好、难忘的第一印象。

一、美发礼仪

（一）女性发型要求

发型整理应遵循的礼仪原则：干净利落，美观大方；无头皮屑，无异味；与服饰搭配，与场合搭配。

1. 工作场所发型

1）长发：束发或盘发更适宜

礼仪原则：两鬓光洁，无多余耳发；刘海可卷可直，但不能覆盖眉毛，因为眉毛也是五官的一部分。

之所以束发或盘发，是基于以下两点原因：

第一,长发不利于工作、社交,当上台演讲、发表、答辩,进入电梯、餐厅,或鞠躬、倒茶水时,披头散发不仅给人拖泥带水的感觉,还严重影响操作,实在是弊大于利。

第二,束发或盘发更能显出干净、整洁、利落的形象,比如空姐、高铁乘务员、宾馆服务人员及保洁员,均是盘发造型,如图7-1所示。

图 7-1

2）短发：黑色、棕色为宜

礼仪原则：发型不能怪异,颜色以黑色、棕色为宜,黄皮肤配上黑色头发更显自然、协调；刘海可卷可直,不宜覆盖眉毛,如图7-2所示。

图 7-2

2. 社交场所发型

礼仪原则：与社交场所相适应，与服装、服饰匹配，符合身份并具有美感。

（二）男性发型要求

无论在什么场合，男性都应以短发为宜。

礼仪原则：发型不能怪异，颜色以黑色、棕色为宜，做到前不覆眉、侧不掩耳、后不及领，如图 7－3 所示。

图 7－3

注意事项：职场中尽量避免光头，也要避免蓬松杂乱的"鸡窝头"。

（三）脸型与发型

究竟选择什么样的发型才能给我们的职场形象加分呢？一般会依据个人的脸型、五官、性格及职业特点来设计发型，好的发型能够扬长避短、美化脸型，只有适合自己的才是最美的！

1. 长方形脸

重点在抑"长"，避免显露全部额头，避免留长而直的头发及头顶高而蓬松的发型，那样会使脸显得更长；宜选择刘海覆盖部分额头、耳朵两侧加宽的发型。

2. 方形（圆形）脸

为了达到最佳的脸部长宽比例，尽量增加头部的高度以拉长脸型，应避免头发中间分缝；圆脸女士适合头发高高盘起，圆脸男士应避免板寸头，宜选择露出额头、顶部头发高而蓬松、耳朵两侧收紧的发型。

3. 正三角形(梨形)脸

正三角形(梨形)脸也叫"由"字脸,这种脸型给人第一眼的感觉就是额头较小,下颌较宽。为修正上小下大、缺乏柔美的缺陷,力求上厚下薄,宜增加额头两侧的发量,加长刘海长度及发量并覆盖前额。

4. 倒三角形(心形)脸

倒三角形(心形)脸也叫"甲"字脸,这种脸型给人第一眼的感觉是上大下小,显瘦又上镜,要避免额头两侧的发量过宽、过多。

5. 菱形脸

菱形脸也叫"申"字脸,这种脸型给人第一眼的感觉是上下小、中间大,五官较立体,是很多女士钟爱的脸型,宜选择刘海遮住前额,头顶头发显得蓬松、饱满的发型。

(四)身材与发型

1. 身材高大威武者

可以选择直发或大波浪卷发,头发不要过于蓬松,避免"爆炸头"。

2. 身材高瘦者

可以选择长到肩膀的直发或中波浪卷发,避免把头发修剪得又短又薄,尽量显得厚实一些。

3. 身材较胖者

尽量让头发向空间拓展,显露脖子以增加身体高度,避免头发过于蓬松或耳朵两侧过宽,避免披肩长发。

4. 身材矮小者

可以选择精干的短发或盘发,尽量露出脖子使身材显得高挑,避免留长发或过于蓬松的发型。

二、手(臂)部礼仪

(一)女性要求

礼仪原则:双手清洁、健康。

指甲:修剪整齐、美观,不涂或只涂透明、粉色指甲油,指甲油均匀、完整无脱落现象,指甲长度不超过手指尖2毫米。

(二)男性要求

礼仪原则:双手清洁、健康,无烟熏痕迹。

指甲:修剪整齐,避免指甲缝里藏污纳垢,指甲长度不超过手指尖2毫米。

另外,在商务场合,无论男士、女士,肩部都不应裸露在衣服之外,尤其女士,切记不要穿腋毛外露的服装,有伤大雅。

三、个人卫生要求

（一）个人卫生标准

头发无头屑；身体无异味；口腔无异味；给人干净、整洁、优雅的印象。

（二）个人卫生原则

1. 做好"六勤"

勤洗澡、勤洗脸、勤洗手、勤理发修面、勤换洗衣服、勤修剪指甲。

2. 关注四部位

即注意眼、耳、鼻、口的卫生，养成出门前清洁眼部、耳朵、鼻子、口腔的好习惯；男士还应定期修理鼻毛、耳毛。

四、化妆礼仪

在人际交往中，化妆也是美化自己、尊重他人的体现，也是一种礼貌。

（一）化妆原则

（1）化妆应尽显自然：商务场合要避免舞台妆、烟熏妆，应化淡妆，略施粉黛，清新自然；化妆的最高境界是看上去没有化妆，却依然给人天生丽质、光彩照人的感觉！

（2）化妆要协调：与周围环境协调；与身份、气质协调；与自身整体协调；把脖子部位做相应处理，以避免出现"脸白脖子黄"的现象。

（3）化妆要避人：在公共场所、在饭桌上、在众目睽睽下化妆、照镜子，均是没有教养的表现，不得不化妆或补妆时，应到洗手间或更衣室去完成。

（4）不要借用他人化妆品，也不要把自己的化妆品借给别人，以避免皮肤交叉感染。

（5）不以残妆示人，注意及时补妆。

（6）不要非议他人的妆容。

（二）化妆步骤

第一步，清洁面部

第二步，爽肤、护肤

第三步，涂防晒隔离霜

第四步，打粉底

第五步，遮瑕

第六步，修饰轮廓

第七步，用定妆粉

第八步,修饰眼部(画眉→眼线→眼影→睫毛)

第九步,打造立体鼻部

第十步,刷腮红

第十一步,修饰唇部

第十二步,打高光阴影

第十三步,定妆

(三)脸型与化妆

1. 长脸型

(1)化妆时应在额头和下巴处用深色修饰,两颊用浅色修饰。

(2)眉峰位置不宜太高,眉尾不宜高翘。

(3)眼线上扬,眼尾眼影用深色系。

(4)腮红不宜用深色,宜横着刷,在视觉上缩短脸型。

(5)唇峰宜平,下唇宜丰满。

2. 圆脸型

(1)从两侧脸颊到下巴两侧用深色修饰,以打造立体美感。

(2)眉峰稍带角度,使脸型显长。

(3)用深色眼影,向鼻部加深。

(4)腮红宜斜向刷,在视觉上拉长脸型。

(5)唇峰不宜平,宜带角度。

3. 方脸型

(1)化妆时应在上额、下颌及脸的四个角用深色修饰。

(2)眉峰不可带有角度,可以修得稍宽一些。

(3)眼影用咖啡色系。

(4)腮红宜选择狭长腮红,与眼部平行。

(5)唇不可带角度,宜丰满。

4. 三角脸型

(1)化妆时应在下巴两侧用深色修饰,额头部位以亮色修饰。

(2)眉毛宜修饰成一字眉。

(3)用深色眼影修饰眼尾。

(4)腮红宜从外眼角处向下涂抹。

(5)唇不可带角度。

5. 倒三角脸型

(1)化妆时应在额头两侧用深色修饰,下巴两侧用亮色修饰。

（2）眉尾不可上翘，眼线也不宜过长。

（3）内眼角用深色眼影，外眼角用浅色眼影。

（4）腮红由颧骨最突出处，向上、向外涂抹。

（5）上唇宜丰满，下唇似船型。

6．菱形脸型

（1）化妆时尽量少用深色修饰。

（2）眉宜平直，眉尾不可太长。

（3）眼线宜细长。

（4）腮红宜淡，涂抹面积要大。

（5）上唇宜平和，下唇宜丰满。

第二节　服饰礼仪

一、男士西装礼仪

西装以其美观、庄重、挺括的外形为世人所喜爱，作为正装，是世界各国男士出席政务场合、商务场合以及各种正规、隆重的场合时的首选，如图 7 - 4 所示。

图 7 - 4

（一）男士西装分类

1. 圆角、后摆单开的单排扣西装

单排扣西装有很多款式，有一粒扣、两粒扣、三粒扣等，一粒扣西装更适合身材高大、魁梧的男士，三粒扣西装更加适合身材中等或瘦小的男士，而两粒扣西装包容性最强，为多数男士所喜爱，很多国家元首都偏爱两粒扣西装。

2. 方角、下摆双开的双排扣西装

穿着双排扣西装，当站立时，应将纽扣都扣上。这款西装使人显得更加老成、稳重，特别适合中老年或身材高瘦的男士。

（二）西装穿着注意事项

1. 西装

讲究版型挺括、无皱褶，西装的口袋只用于装饰，不宜摆放钱包、钥匙、手机等物品，只有左胸口袋可配手绢花；上衣盖过臀部 4/5，衣领、门襟熨帖。系上全部西服纽扣，将一只拳掌伸入西服下摆，如拳掌能上下自如移动，说明西服大小较合身。越是正式的场合，越讲究穿单色西装。"站时系扣，坐时解扣"是男士基本的西装礼仪。

2. 衬衫

以全棉、纯毛、单一色彩为佳，白色最受欢迎；衬衫的领子要硬实挺括，以高出西装外套的衣领 1～2 厘米为宜；在手臂自然下垂的情况下，衬衫的袖口应长出西装袖子 1～2 厘米；衬衫下摆要均匀地掖到裤腰里，里面一般不穿棉纺背心（除非特别爱出汗或胸毛明显）。

3. 领带

在正式、庄重的场合，穿西装必须系领带，领带是西装的灵魂。领带系好之后，站立时其下端以触及皮带扣中间为宜，即不短于皮带扣的上限，不长于皮带扣的下限。如有西装马夹相配，领带须置于马夹之内，领带尖也不能露出马夹之外。一般穿长袖衬衫时系领带，穿短袖衬衫时不宜系领带；系领带时衬衣领口扣子必须系好，不系领带时衬衣领口扣子应解开；穿牛仔裤、球鞋时，不可系领带，如图 7-5 所示。

4. 腰带

腰带颜色应与拎包、皮鞋的颜色保持一致，商务场合以黑色为佳，宽度以 2.5 厘米为宜。腰带系好后，以剩下 12 厘米左右的皮带头为宜。

5. 西裤

西裤的长度以盖过脚面 1/3 为宜，从前面看西裤以落下一个褶子为宜，如果褶子太多，表明西裤过长；从后面看裤子的长度刚好到鞋跟和鞋帮的接缝处，想让双腿看起来更加修长，裤管的长度可以延伸到鞋后跟的 1/2 处。西裤后侧的两只口袋，一般不放任何东西。

图 7-5

6. 皮鞋

最经典、最正式的皮鞋是三接头系带的黑色皮鞋,皮鞋应干净光亮无污渍;商务场合不宜穿休闲皮鞋或软底皮鞋;鞋面压鞋帮的皮鞋比鞋帮压鞋面的皮鞋更加正式,如图 7-6 所示。

图 7-6

7. 袜子

应穿纯棉、深色的袜子,以单黑色、单深色为宜,无图案最佳;袜子应该足够长,不能露出皮肤,长度应到小腿肚子中央;避免西装革履时搭配运动袜或白袜。

8. 配饰

男士除手表外，一般不戴配饰，若要戴，仅限于佩戴指环宽度不超过 3 毫米的金、银质或钻石细戒一枚；手表以设计简单为宜。

此外，在西装穿着中，还应注意以下事项：

（1）"三一定律"：皮带、皮鞋、公文包宜选择同一种颜色，如黑色、棕色，商务场合首选黑色，质地也要统一。

（2）"三色原则"：全身不超过三种颜色。

（三）男士西服的禁忌

（1）忌讳西裤过短，盖不住鞋面；

（2）忌讳衬衫放在西裤外；

（3）忌讳衬衫领子过大，领子和脖子间空隙过大；

（4）忌讳领带颜色过于鲜艳；

（5）忌讳系领带时，忘记扣衬衫领扣；

（6）忌讳西装、西裤的口袋鼓鼓囊囊；

（7）忌讳西服搭配牛仔裤、运动鞋；

（8）忌讳短袖衬衣搭配西服；

（9）忌讳短袖衬衣搭配领带；

（10）忌讳将西装上衣的衣袖挽上去。

二、女士正装礼仪

在我国，女士正装包括女士西装和旗袍。女士西装又分裙装和裤装，以裙装最为正式。

（一）女士西装穿着注意事项

1. 西装

大小合身，衣领熨帖，双手自然下垂时袖长盖过手腕；西服纽扣应全部扣上，口袋不装东西，如图 7-7 所示。

2. 衬衫

以全棉、纯毛、单一色彩为佳，色彩、图案不要过于复杂，领口不宜过低，衣领和胸围松紧适度，下摆均匀地掖到裤腰里；口袋不装东西；除最上端的一粒纽扣外，衬衫纽扣要一一扣好。

3. 西裤

长短、宽松合适，西裤裤长比男士略长，长度以盖过脚面 2/3 为宜。以搭配 6 厘米高的公务皮鞋为准，从后面看，西裤裤边后面要盖住后跟鞋面，不短于鞋面和鞋跟的

图 7－7

接缝处,不长于鞋跟的 2/3 处。

4. 西服裙

大小、宽松合适,如果是年轻人,长度在膝盖以上一寸左右的位置,如果是年长者,一般在膝盖以下,最长可以到小腿肚子中央。

5. 丝袜

以肉色连裤袜为宜,丝袜应该完好无损,避免破洞、抽丝的出现;袜口应没入裙内。

6. 皮鞋

以黑色方口高跟鞋(或到脚踝处的冬皮鞋)为宜,皮鞋应干净光亮无污渍,商务场合不宜穿休闲皮鞋或靴子,可选择与套裙色彩一致的皮鞋。

7. 配饰

女士可适当佩戴配饰,佩戴指环宽度不超过 2 毫米的金、银质或钻石细戒一枚;手表以设计简单为宜;可戴耳钉,不能戴耳环或耳坠;项链宽度不超过 2 毫米。

此外,女士在西装穿着中,还应注意以下事项:

(1)"三一定律":皮鞋、皮包、皮带或配饰,宜在色彩、质地、风格上相呼应。

(2)"三色原则":全身不超过三种颜色。

(二) 女士西装的禁忌

(1)忌讳服装有污渍、掉纽扣、起球等;

(2)忌讳西服、西裤的口袋鼓鼓囊囊;

（3）忌讳衬衫上有图案；

（4）忌讳衬衫放在西裤外；

（5）忌讳穿着套裙时露腰露腹；

（6）忌讳衬衫下摆悬垂于裙腰之外，或在腰间打结；

（7）忌讳西裤、西服裙过短；

（8）忌讳光腿、光脚穿西装；

（9）忌讳"三截腿"，以及丝袜破损或抽丝；

（10）忌讳西服裙搭配运动鞋、坡跟鞋；

（11）忌讳商务场合穿露脚趾和脚后跟的凉鞋和皮拖；

（12）忌讳穿着套裙时素面朝天。

（三）穿着旗袍注意事项

旗袍是我国女性的民族服装，是隆重庆典上的礼服，能体现东方女士端庄、典雅的神韵。

（1）发型：女士务必盘发，发饰颜色与旗袍相配；

（2）配饰：可戴珍珠项链、耳钉、耳环（长长的耳坠不合适）；

（3）旗袍：颜色不要太过艳丽，宜单一素色，面料典雅、挺括；最好长至脚面，开衩的高度应在膝盖以上、大腿中部以下；

（4）纽扣：必须全部扣好；

（5）鞋：与旗袍色彩相配的方口高跟皮鞋最佳，皮鞋应干净光亮无污渍；

（6）袜子：肉色连裤袜是最佳选择。

（四）穿着旗袍的禁忌

（1）忌讳旗袍领扣不扣；

（2）忌讳过分紧身、过分透视；

（3）忌讳过分短小（长度在膝盖以上）；

（4）忌讳旗袍有污渍、掉纽扣、毛边等；

（5）忌讳过分暴露肩部；

（6）忌讳光腿穿旗袍；

（7）忌讳丝袜破损或抽丝；

（8）忌讳穿旗袍戴手套；

（9）忌讳穿旗袍举止不够端庄。

三、饰品礼仪

正规场合首饰佩戴宜同质同色。

（一）戒指

大拇指一般不戴戒指；戴在大拇指的是扳指，是权利地位的象征；

戒指戴在食指上表示单身未婚，暗示可以向主人求婚；

戒指戴在中指上表示已有对象，正在恋爱中；

戒指戴在无名指上表示已订婚或已结婚；

戒指戴在小指上表示独身主义或已离婚；

无论男士、女士，戒指一般只戴在左手上，戴一枚最佳；十个手指最多戴两枚戒指，以免显得拥挤，如果两枚戒指分别戴在左右手，应力求对称。

（二）其他配饰

手镯应戴在左手上，最多戴三只手镯；

无论任何场合，男士佩戴项链一般不宜外露；

在正规场合中，无论男士、女士，应戴金属或深色皮带表，宽度不超过 2 厘米；手表的形状、色彩与衣服相配，如图 7-8 所示。

图 7-8

胸针、胸花应别在左胸襟，戴在第一粒和第二粒纽扣之间的平行位置上，以简单为宜，过大、过重、过于复杂都不合适。

另外，在我国医护人员、厨师、中小学生等礼仪规范中，不建议戴戒指或手镯等饰品。

第三节　仪态礼仪

仪态礼仪是个人最基本的礼仪，古人在仪态规范方面提出应行如风、站如松、坐如钟,从一个人的仪态可以看出他(她)的品格、学识、能力及修养程度。仪态礼仪不仅要求动作标准规范,还力求优雅高贵、美观大方。

一、站姿礼仪

站姿是形体礼仪的基础,"站如松"是说人的站立姿势要像青松一样端正挺拔,标准的站姿会给人端庄大方、挺拔俊美、健康向上的美感,男士显得英姿勃发、气宇轩昂,女士显得亭亭玉立、仪态万方。

(一)男士站姿

1. 男士立正式站姿注意事项

(1)头正颈直,目光平视,面带微笑;

(2)双肩打开,挺胸收腹,立腰收颌;

(3)两臂下垂,手指并拢,拇指尖贴于食指第二关节,中指贴于裤缝;

(4)两脚跟靠拢,两脚尖成 45~60 度夹角。

立正式站姿庄重、大气,适合正式场合,如图 7-9 所示。

图 7-9

2. 男士自然式站姿注意事项

（1）头正颈直，目光平视，面带微笑；

（2）双肩打开，挺胸收腹，立腰收颌；

（3）双手相叠放于腹前，左手在外，右手在内，左手小指置于右手指根处；

（4）左脚向左跨出 10 厘米左右，两脚平行分开，比肩略窄。

自然式站姿有亲和力，适合商务交流，如图 7 - 10 所示。

图 7 - 10

3. 男士跨立式站姿注意事项

（1）在立正式的基础上，双肩打开，挺胸收腹；

（2）左脚向左跨出 10 厘米左右，两脚平行分开，与肩同宽；

（3）双手在背后腰间以下尾骨处，右手握虚拳，左手握住右手的手腕。

跨立式站姿威武霸气，适合礼宾场合，如图 7 - 11 所示。

图 7 - 11

（二）女士站姿

1. 女士 V 字步站姿注意事项

（1）头正颈直,目光平视,面带微笑;

（2）双肩打开,挺胸收腹,立腰收颌;

（3）双腿并拢,脚跟靠紧,双脚呈 V 字;

（4）双手相叠放于腹部,右手在外,左手在内,右手食指置于左手指根处。

V 字步站姿有亲和力,适合参加庆典、商务交流,如图 7 - 12 所示。

2. 女士丁字步站姿注意事项

（1）头正颈直,目光平视,面带微笑;

（2）双肩向后舒展,双臂自然下垂;

（3）双膝并拢,左脚或右脚的足弓部位靠于右脚或左脚的脚后跟处;

（4）丁字脚位的角度以 30 度为宜;

（4）双手相叠贴在小腹前,右手搭在左手的手背上;

图 7 - 12

（5）右手食指盖住左手的掌关节，双手拇指内收。

丁字步站姿适合涉外活动、迎宾场合，如图 7 - 13 所示。

（三）站姿禁忌

1. 弯腰驼背

弯腰驼背的具体表现：不仅腰部弯曲、背部隆起，还伴有下颌朝外、胸部凹陷、腹部凸出等不良体态。弯腰驼背给人直观上的感觉就是缺乏精气神。

2. 手位不当

手位不当的具体表现：双手抱着后脑勺、双手交叉放在胸前、双手叉腰、将手插在衣服或裤子口袋里。手位不当会破坏站姿的整体效果。

3. 脚位不当

脚位不当的具体表现：双脚形成"外八字""内八字""蹬踩式"，"蹬踩式"指一只脚站在地上的同时，另一只脚踩在其他物体上。脚位不当会让一个人的整体形象大打折扣。

4. 身体歪斜

身体歪斜的具体表现：头偏、肩斜、腿曲、膝屈（屈膝就是膝盖打弯）。身体歪斜会直接破坏人体的线条美，给人感觉萎靡不振，甚至不健康。

图 7 - 13

二、走姿礼仪

走姿是站姿的延续,是人体的动态展现,最能体现男士的风度翩翩、女士的仪态万方。文雅、端庄、潇洒的走姿,稳重大气、富有美感,都将给人留下难忘、美好的印象。

(一)男士走姿注意事项

(1)头正肩平,下颌微收,挺胸收腹;

(2)双目平视,上身挺直,表情自然平和;

(3)双臂自然下垂,掌心向内;迈左脚时右臂在前,迈右脚时左臂在前;

(4)手臂以身体为中心前后匀速摆动,摆动的幅度为30~40厘米;

(5)手臂摆动时以肩关节为轴摆成直线,小臂不要向上甩动;

(6)双手五指并拢,拇指贴于食指第二节;

(7)脚向正前方迈出,按照先脚跟、后脚掌的顺序着地;

（8）男士的步幅约一脚半长。步幅指行走时两脚之间的距离，标准是一脚迈出落地后，脚跟离未迈出脚的脚尖距离恰好等于自己的脚长；

（9）男士的行进步频 108～110 步/分钟，步履矫健有力，展现阳刚之美；

（10）男士走路时最好的步位：两只脚踩在两条平行线上。

（二）女士走姿注意事项

（1）头正肩平，下颌微收，挺胸收腹；

（2）双目平视，上身挺直，表情自然平和；

（3）双臂自然下垂，掌心向内，迈左脚时右臂在前，迈右脚时左臂在前；

（4）手臂以身体为中心前后匀速摆动，手臂与身体的夹角呈 10～15 度；

（5）手臂摆动时以肩关节为轴摆成直线，小臂不要向上甩动；

（6）双手五指并拢，拇指与食指基本平行；

（7）脚向正前方迈出，按照先脚跟、后脚掌的顺序着地；

（8）女士的步幅为一脚长；

（9）女士的行进步频 118～120 步/分钟，步履轻盈快捷，有韵律感；

（10）女士走路时最好的步位：两只脚内侧踩在一条直线上。

（三）走姿禁忌

（1）忌讳走路时低头驼背；

（2）忌讳走路时眼神飘忽不定、左顾右盼；

（3）忌讳走路时摇晃肩膀或耸肩；

（4）忌讳出步和落地时，脚尖没有正对前方；

（5）忌讳走路时大甩手以及手掌僵硬；

（6）忌讳走路时双手插在口袋里；

（7）忌讳奔跑，有失优雅。

三、坐姿礼仪

坐姿礼仪是静态礼仪，入座的整个过程能体现一个人的风度、气质和涵养。正确的坐姿不仅给人端庄、稳重的印象，还能促进双方沟通、交流。

（一）坐姿的要领

1. 入座注意事项

（1）与他人一起入座时，讲究先后顺序，礼让尊长，不能抢先入座；

（2）遵循以右为尊的国际礼仪原则，把右侧通道让给他人，从椅子左侧入座，动作标准规范；

（3）男士应照顾身边女士，主动为女士拉椅让座。

2. 就座注意事项

（1）走到座位前，背对座位，右脚后移半步，待腿部接触座位边缘后，尽量让上身保持挺直再入座；

（2）坐下后上身与桌子保持一个拳头左右的距离，以坐满椅面的 2/3 为宜，动作从容不迫，优雅无声；

（3）女士若着裙装，入座前应用双手手背将裙摆稍稍捋一下；

（4）坐下后，保持头正肩平、双目平视、挺胸微笑、立腰收颌。

3. 离座注意事项

（1）若身边有人在座，应向他人示意并注意起身的先后顺序：

A. 地位高于对方时，可先行离座；

B. 双方地位对等时，可同时起身离座；

C. 地位低于对方时，可稍后离座；

（2）起身时右脚向后退半步而后缓慢起立；

（3）女士若着裙装，起立时应双手手背捋一下裙摆；

（4）向前走一步站定后再从椅子的左侧离座，动作大气稳重。

（二）男士常见坐姿

1. 男士标准式坐姿

（1）要求坐如钟，背对座位；

（2）保持头部端正，双肩放松，微收下颌，上身与大腿成直角轻缓入座；

（3）男士两脚分开与肩同宽，两个小腿与地面垂直，两膝盖间距一拳左右，两脚平落地面，双手分别平放于膝盖上，双目平视，面带微笑，如图 7-14 所示。

2. 男士前伸后屈式坐姿

在标准式坐姿的基础上，一只脚前伸，一只脚后屈，使左右脚形成一前一后之势，两膝盖间距一拳左右，双手分别放在两腿或扶手上，双目平视，面带微笑。

3. 男士重叠式坐姿

在非正式场合，男士可采用重叠式坐姿。在标准式坐姿的基础上，将一条腿自然搭放在另一条腿上，脚尖向下，双腿尽量重叠，不宜留出过大缝隙，双手自然叠放在架起的腿上，双目平视，面带微笑，如图 7-15 所示。

（三）女士常见坐姿

1. 女士标准式坐姿

（1）要求背对座位，两脚保持立正姿势；

（2）右脚后退半步，使小腿能碰触到椅子边缘；

（3）左脚跟上，保持头部端正，双肩放松，微收下颌，脊背挺直，缓缓入座；

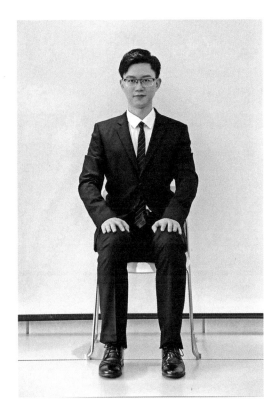

图 7 – 14

图 7 – 15

（4）女士双膝和双脚跟并拢，两个小腿与地面垂直，双臂自然弯曲内收，双手呈握指式，右手在上，左手在下，叠放于膝盖与臀部的中间位置，双目平视，面带微笑，如图 7 – 16 所示。

图 7 - 16

2. 女士前伸后屈式坐姿

在标准式坐姿的基础上,一只脚前伸,一只脚后屈,使左右脚形成一前一后之势,两脚前后在一条直线上,两个小腿与地面垂直,双臂自然弯曲内收,双手右手在上、左手在下叠放于膝盖与臀部的中间位置,双目平视,面带微笑。

3. 女士侧步式坐姿

(1) 女士左侧步坐姿

在标准式坐姿的基础上,双膝并拢,双脚同时向左侧斜放,两小腿平行并充分伸直,与地面形成 45 度的夹角,两脚跟靠拢,脚尖指向地面,使身体呈现优美的"S"形,双臂自然弯曲内收,双手右手在上、左手在下叠放于右腿上,双目平视,面带微笑,如图 7 - 17 所示。

(2) 女士右侧步坐姿

在标准式坐姿的基础上,双膝并拢,双脚同时向右侧斜放,两小腿平行并充分伸直,与地面形成 45 度的夹角,两脚跟靠拢,脚尖指向地面,使身体呈现优美的"S"形,双臂自然弯曲内收,双手右手在上、左手在下叠放于左腿上,双目平视,面带微笑,如图 7 - 18 所示。

图 7 - 17

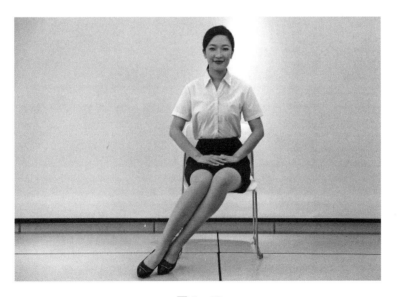

图 7 - 18

4. 女士侧挂式坐姿

（1）女士左侧挂坐姿

在标准式坐姿的基础上，左脚向左侧斜放，右腿以最小的幅度叠在左腿上，双膝并拢，两小腿平行并充分伸直，脚尖指向地面；双臂自然弯曲内收，双手右手在上、左手在下叠放于右腿上，双目平视，面带微笑，如图 7 - 19 所示。

图 7 - 19

（2）女士右侧挂坐姿

在标准式坐姿的基础上，右脚向右侧斜放，左腿以最小的幅度叠在右腿上，双膝并拢，两小腿平行并充分伸直，脚尖指向地面；双臂自然弯曲内收，双手右手在上、左手在下叠放于左腿上，双目平视，面带微笑，如图 7 - 20 所示。

图 7 - 20

（四）坐姿的禁忌

（1）忌讳趴在桌椅上或把头埋在桌子上，忌讳脊背弯曲；

（2）忌讳就座后双手抱头；

（3）忌讳用双手支在面前的桌子上，这是不礼貌的坐姿；

（4）忌讳就座后双手夹在两腿之间或双手放于臀部下面；

（5）忌讳就座后双手平放在沙发或椅面上；

（6）忌讳就座后双手抚摸双膝以下部位；

（7）忌讳在重叠式坐姿时，将双腿架成"4"字；

（8）忌讳在重叠式坐姿时，脚尖翘起半脱鞋；

（9）忌讳在重叠式坐姿时，双手抱膝，显得目中无人、傲慢无礼；

（10）忌讳腿部左右摇晃、上下抖动；

（11）忌讳双腿直伸出去，脚尖直指他人；

（12）忌讳猛坐猛起或频繁地更换坐姿；

（13）忌讳坐下后随意挪动椅子或更换坐姿时幅度过大；

（14）忌讳半躺半坐，没有坐相；

（15）忌讳不讲秩序，抢先入座。

四、微笑礼仪

希尔顿酒店有一句流传很广的座右铭：今天，你对客人微笑了吗？正是这句看似普普通通的座右铭，让希尔顿酒店成为一家业务范围覆盖全球近 200 个国家的国际知名酒店。中国古代有句俗话，"面无笑颜不开店"，可见微笑的魔力！微笑不仅能缓解紧张气氛，还能传达宽容和爱意，真诚的微笑往往能带来意想不到的效果，起到事半功倍的作用。

（一）微笑的礼仪原则

（1）目光亲切、友好，嘴角微微上扬；

（2）轻提眉毛，眉梢向上给人喜感；

（3）眼含笑意，露出 6～8 颗上齿，7 颗最标准；

（4）发自内心，恰到好处，给人自然、真诚、美好的感觉。

（二）微笑的禁忌

（1）忌讳不走心的傻笑；

（2）忌讳皮笑肉不笑；

（3）忌讳以手掩口（针对女士）；

（4）忌讳微笑时眼神恍惚、心不在焉；

（5）忌讳微笑时耸动鼻子，表情恐怖；

（6）忌讳微笑时嘴里嚼着口香糖；

（7）忌讳冷笑、怪笑、媚笑、狞笑等；

（8）别人失意、烦恼时，不宜微笑；

（9）在严肃的场合，如看望病人、参加追悼会时，不宜微笑；

（10）当别人出现失误，一脸尴尬时，不宜微笑；

（11）遇到先天有生理缺陷的残疾人时，不宜微笑。

（三）微笑语的作用

（1）微笑能迅速缩小人与人之间的心理距离，使人在心理上产生亲近感、安全感和愉悦感，能使人相悦、相亲、相近；

（2）微笑具有天然的吸引力，可以使人感到受欢迎、受尊重；

（3）微笑有助于树立良好的个人形象，培养良好的气质。

嘴角上扬、笑不露齿是"一度"微笑，露上排牙齿是"二度"微笑，露上下8颗牙齿是"三度"微笑，牙齿张开看到舌头是大笑！心理学家认为：微笑是人世间最美的笑，是社交场合最富有吸引力的面部表情。因此，在商务活动中，自然、真诚的微笑不仅能表达对他人的尊重与理解，同时也能获得别人对自己的尊重与理解。

 **案例分析**

【案例1】

礼仪铸就成功

罗斯柴尔德家族是世界上最神秘、最富有、极具传奇色彩的家族。

该家族的创始人老罗斯柴尔德，最早是个拾荒者，但他具有超人的商业头脑，且非常注意礼节，"每次去顾客（法兰克福的显赫贵族和富商）家送货前，他先去公共澡堂洗个澡，把胡须修剪得整整齐齐，再到租衣铺租上一套礼服，戴上借来的假发，全身光鲜地去拜访客户"。整洁的外表和优雅的谈吐，使老罗斯柴尔德给他的合作伙伴留下了美好的印象。精通礼仪之道、人情世故的老罗斯柴尔德很快在法兰克福的古董界打出了名号，得到了上流社会的认可，并因此与黑森王国的王储威廉王子搭上了线。威廉王子被老罗斯柴尔德的精明执着、温文尔雅所打动，最终赐予他无比荣耀的"王室供应商"的头衔，而老罗斯柴尔德也因此更加注重自身的仪表仪容……在老罗斯柴尔德看来，高贵的举止和得体的服饰是进入上流社会的通行证。

老罗斯柴尔德的命运由此而改变，之后罗斯柴尔德家族缔造了世界上唯一一个富过八代而不倒的家族企业——罗斯柴尔德财团。在英语里,罗斯柴尔德已成了富豪的代名词。

总之,是老罗斯柴尔德无可挑剔的个人修养和礼仪,加上其无可比拟的商业智慧和远大的政治抱负,引领着这个家族一步步迈向成功。

可见,礼仪可以提升个人魅力,形象是最大的人生财富。

(资料来源:陈清清.礼仪铸就成功[J].浙江经济,2012(23):53.)

【案例2】

形象决定未来

莎士比亚曾说:"如果我们沉默不语,我们的衣裳与体态也会泄露我们过去的经历。"形象是一个人行走社会的通行证,代表个人的素质和修养,在人际交往过程中,人们往往通过外在形象来判断一个人的社会地位,并相应地决定对他的态度。因此,美好的形象对于我们的择业、工作、社交等社会活动都有着重要的影响,决定我们的业务、事业能否取得成功,甚至影响我们的一生。

智慧、可信、不可触及的高贵形象对女人的事业起着推波助澜的作用,这是一个民意的时代,这也是一个形象的时代。

已经卸任的德国总理默克尔,原先是物理学家。2002年默克尔参加总理竞选,因疏于打扮,她的政敌指责她"发型古板,举止不够优雅,像足不出户的农妇,跟不上时代",最终默克尔输给了对手,这与她当时的发型过于古板不无关系。2005年夏天,默克尔在德国顶级发型设计师的指导下,换了一款新潮有活力的发型,更显端庄,同时搭配挺括的、能体现权威的黑西装,再配上大气沉稳的表情和手势,以崭新的风貌再一次竞选德国总理。随着竞选日期的临近,德国人在媒体上惊奇地发现默克尔"变漂亮了",《彩色画刊》认为默克尔"比以往更有魅力",媒体对默克尔的赞美声此起彼伏,这就是经过形象设计的结果。总而言之,2005年时的默克尔,展示给世人的俨然是一个优雅的、可信的、稳健的可贵形象,加之那一年她所代表的政党也深受德国选民的认可,默克尔的支持率奇迹般地飙升。

2005年11月22日,在媒体一片称奇声中,默克尔由昔日的科学家转型成为德国历史上第一位女总理。形象设计大师乔恩·莫利曾说:"穿着不当和不懂得穿衣的女人永远不能上升到管理阶层!"而"变漂亮了"、变得"更有魅力"的默克尔最终成功转型,之后又以超高的人气连任三届,几乎不可复制!德国媒体曾经用"艳光四射,才华横溢"来形容默克尔,形象蜕变不仅改变了默克尔的人生轨迹,同时还改写了德国历史,堪称神话!

　　企业形象塑造未必马上给企业带来经济效益,但它能创造良好的社会效益,获得社会的认同感、价值观,最终将收获可观的经济效益。

　　企业形象是决定企业在竞争中生存发展的关键性因素之一,也是企业的一项长远的无形资产的投资,因为它代表着企业的信誉、产品质量、人员素质等。有格局、有眼光的企业家们都会把企业形象塑造当作企业的长期战略,将企业的经营理念、企业文化和企业经营活动传递出去,以凸显企业的个性和精神,这些高瞻远瞩的企业家们坚信:细节决定成败,形象决定未来!

　　创办于1914年的IBM公司是备受世人尊重的公司,该公司一直在世界500强中位居前列,受人尊重的原因在于长期坚守"沃森哲学"。"沃森哲学"主要包括:必须尊重个人;必须尽可能给予顾客最好的服务;必须追求优异的工作表现。公司深知员工的素质代表着产品的质量,他们的言行则反映出企业的文化和素养,于是要求销售人员务必穿戴整齐,要穿衣领浆过的白衬衣,一律着深蓝色的西装等,从衣着到品味足以让客户对IBM公司刮目相看:连销售人员都如此整洁、专业、严谨,其产品质量也毋庸置疑。同时IBM在售前、售中和售后服务上也确立了自己的特色:快捷、便利、放心使用、保证维修,所有这一切,无疑是在昭告天下"IBM,值得信赖"!从而建立起"IBM,意味着最佳服务"的形象定位。事实证明,卓越的形象管理不仅提高了IBM公司的知名度,也增加了其产品在市场中的竞争力,从而为公司创造了巨大的经济效益。

　　当年法国总统密特朗曾花了12年的时间改变了被他的政敌屡屡攻击的不良形象,终于在他69岁时实现梦想,登上了总统宝座;三任英国首相的铁娘子撒切尔夫人花了9年的时间改变了尖利的噪音,赢得选民好感,最终成为英国历史上第一位女首相。无论是个体还是组织,懂得形象管理,给人留下美好的第一印象,必将赢得未来!形象比语言更有力量,成功,从形象开始!

　　(资料来源:陈清清.形象决定未来[J].公关世界,2017(11):125.)

　　阅读案例,讨论以下问题:

　　形象管理在我们的日常学习、生活和工作中,究竟能起到多大的作用呢?

第八章
危机冲突中的沟通

安而不忘危,存而不忘亡,治而不忘乱。

——《易经》

第一节　危机管理与沟通

开篇案例:1989 年,史玉柱研究生毕业,借款 4 000 元下海创业,研究开发的 M-6401 排版软件 4 个月就赚了 100 万元。1991 年,创立巨人公司,推出 M-6403 实现利润 3 500 万元。1993 年,推出 M-6405、中文手写电脑等多种产品,仅中文手写电脑和软件的当年销售额即达到 3.6 亿元。巨人成为中国第二大民营高科技企业。1994 年,史玉柱当选"中国十大改革风云人物"。1995 年,推出脑白金等 12 种保健品,投放广告 1 亿元。在经过最初的发展之后,巨人就急速进入了地产等许多非相关领域。1997 年,因一连串盲目扩张的决策失误和兴建巨人大厦造成资金链断裂,导致巨人集团欠下 2.5 亿元债务。最终,草率的多元化使得巨人大厦项目的失败波及整个集团,拥有上亿资产的巨人陨落。

(资料来源:吴晓波.大败局[M].杭州:浙江人民出版社,2007.)

一、危机的定义

组织在生存和发展的过程中,总是会遇到各种各样的问题,比如财务问题、质量问题、生产问题等,不过并不是所有的问题都是危机,要进行危机管理,首先要认识危机,因为应对危机的策略,有时并不适合处理一般问题。

劳伦斯·巴顿(Lawrence Barton)曾说道:"问题是商业世界司空见惯的。危机与日常甚至不平常的管理困境的区别在于,危机涉及一个重大的且无法预料的事件,它存在负面的影响。事件本身及其后果会极大损害一个组织及其员工、产品、服务、财务状况和声誉。"劳伦斯·巴顿在警告组织要时刻警惕危机的发生。

《危机管理》的作者史蒂文·芬克曾经对全球 500 强企业高层进行过调查统计，超过 80% 的被访者认为在现代社会，企业的危机是不可避免的；55% 的被访者承认危机的发生已经影响到了企业的正常运转。在完成了这些统计分析之后，作者认为："危机就像死亡和纳税一样，是管理工作中不可避免的，所以必须随时为危机做好准备。"

那么危机到底是什么？不同的专家学者从自己的研究角度，对危机进行了解释。

斯格（Seeger，1988）等人对危机的定义是："能够带来高度不确定性和威胁性的、特殊的、不可预测的、非常规的一系列事件。"

巴顿（Barton，1933）认为危机是："惊奇、对重要价值的高度威胁、需要在短时间内做出决定的特定状态。"

结合上述定义，我们不难发现，所谓危机是一种突发事件，有可能导致组织利益和组织形象都严重受损。

案例：三株品牌曾是 20 世纪 90 年代一个知名的保健品品牌。在鼎盛时期，三株实业公司曾有 600 多个子公司，15 万销售人员。1996 年，发生了这样一件事情，湖南常德一位老年男子因服用三株口服液死亡，家属诉讼到法院，要求赔偿损失 30 万元。三株总裁吴炳新坚持认为三株口服液没有毒性，家属索要 30 万元是敲诈，因而不予理睬。1998 年，法院做出了判决，吴炳新败诉。这场官司给三株公司造成了毁灭性的打击。全国 20 多家媒体以《八瓶三株口服液喝死一条老汉》为标题进行了密集报道。同时，"三株申请破产""总裁吴炳新逃往国外"等小道消息大肆传播。三株公司不服，提起上诉。1999 年，法院重新进行了审理，并做出了终审判决，三株公司胜诉。但三株公司赢了官司，输了市场，三株在全国所有的办事处和工作站全部关闭。在消费者心中，三株口服液已经和有毒联系在了一起。

（资料来源：韦桂华.三株为何枯萎：由三株官司看品牌的危机管理[J].管理科学文摘，2001(1).)

二、危机的类型

从危机爆发源的角度看，危机可以分为内在危机和外在危机两种类型。不过两种危机并非完全没有关联，而是相互影响，内在危机可能引发外在危机的爆发，同样外在危机也会导致内在危机的产生。

（一）内在危机

产生内在危机的原因有很多，最为常见的就是企业组织中的产品质量所造成的危机。危机的结果不仅仅影响企业的财务收益，还会导致市场出现负面评价，使得企业形象受损。

此外，引发内在危机的原因中，比较重要的还有战略决策上的失误，比如投资项目的失败、过度负债、产业链选择错误等等，因为这些决策严重影响了组织赖以生存的资源，因此一旦出现纰漏，就会给组织带来严重危机。

在组织中，人力资源是最为重要的资源，因此关键岗位的重要员工的辞职，将会对组织的生产和发展构成严重威胁，如果是核心技术员工的集体辞职，将直接导致组织停止运转。

在组织当中，不可忽视细节的变化，所谓"千里之堤，溃于蚁穴"，往往大的危机，都是小问题渐渐变化累积所致。

案例：1993年，中华鳖精借着当年马家军的田坛神话着实火了一把，险些造出暴富神话。后来《焦点访谈》记者实地暗访，发现偌大一个鳖精厂仅有一只鳖，还养在后院池子里，成箱成箱运到市场上的鳖精产品只不过是红糖水。此节目一出，鳖精保健品随即成了"过街老鼠"。

（资料来源：孙继伟.从"危机管理"到"问题管理"[M].上海：上海人民出版社，2008.）

（二）外在危机

组织不是孤立存在的，必然与周围环境中的诸多要素产生互动，在这个过程中，组织难以避免不受影响，特别是不可抗力因素，组织很难不被波及，有时甚至难以形成有效的应对策略。

外在危机的表现形式，一般表现为其他组织的反对，比如媒体对组织的一些负面报道，如果这类报道失实，就应当有理有据地进行澄清，这是因为媒体的社会影响面大。如果是因为组织自身问题而引发的媒体报道，更应该通过媒体，正视自身所犯的错误，给社会公众一个诚恳的答复。

此外，市场环境的变化或者产业政策的调整，对于企业组织而言，也会产生难以预料的危机，比如产业全球化的收缩，以及政府对于产能过剩的调控等等。在目前的国际局势下，因为产能过剩以及金融资本过剩，导致竞争进一步加剧，因此无论是政府组织还是企业组织，都应当未雨绸缪，将危机引发的负面影响，尽可能地降到最低。

三、危机沟通策略

危机发生以后,无论是对内,还是对外,都必须进行沟通。如果沟通策略能够有效实施,可以减少危机对组织产生的损失,同时也有利于组织形象的重建。

（一）对危机的调研和评估

古人云:"凡事预则立,不预则废。""无论是在战争中还是在竞争中,大多数战略性的错误,都是因为事先没有花时间去了解对手的情况,或者说,你认为你了解对手,其实你并没有。孙子曾经说过:'知彼知己,百战不殆;不知彼而知己,一胜一负;不知彼,不知己,每战必殆。'了解对手,又了解自己,每次作战都不会失败;不了解对手但了解自己,胜败的可能各半;既不了解对手,也不了解自己,那就每次作战都注定失败。"①危机爆发后,如果组织在沟通之前,没有了解造成危机的原因和危机的影响,凭着主观意志随意揣测,不能实事求是,只会进一步激化危机。因此,一方面要通过多种渠道对所得到的大量信息或对手发出的信号加以印证、核实,做到去粗取精、去伪存真,正确判断和把握对手意图;另一方面要尽可能直接与对手保持联络。② 因此相关的调研工作必不可少,调研的主要内容就是所发生的事实,在了解清楚事实以后,应当对其产生的后果进行评估,以及对相关责任人进行问询。此外,还应了解危机爆发后,舆情产生和发展的情况,因为沟通是双向的,组织必须对于受众的立场,有着清晰的判断。

在结束调研和评估之后,危机沟通的目的就会比较明确,有效的沟通必须围绕明确的目标展开,而这些目标必须是可以被估量的,同时也是能够实现的。

在整个调研的过程中,调研的速度至关重要,俗语说"好事不出门,坏事传千里",调研和评估需要在短时间内完成,特别是在互联网时代,信息传播快速,通常所谓的"黄金48小时"的原则可能会被打破,调研和评估完成的时间越短,越能更快地执行后续的沟通策略,从而减少危机的影响。

（二）危机团队建设

在危机沟通的具体执行层面,核心的要素就是人。从领导层面而言,如果曾经负责过类似危机的沟通处理,具有相关经验的人员应当重点考虑,而且应当对领导层的核心人员,要有储备,以防止出现因其他事件导致群龙无首,而使得整个团队出现混乱的情况。

除了领导层,其他人员大致可分为两类,一类是技术人员,负责相关技术的准备

---

① 宫玉振.善战者说[M].北京:中信出版社,2020.
② 徐辉.国际危机管理理论与案例分析[M].北京:国防大学出版社,2011.

和调试,比如应急电话、通信网络,其职责是要保证内外信息交流的通畅。另外一类就是各个领域的专家,比如律师,很多危机涉及利益关系,因此诉讼比较常见,律师也成为最常见的专家。在危机沟通中,还有一类专家经常会被聘用,就是公共关系领域的专家,因为他们擅长处理危机,特别是危机中的公共关系,比如企业和顾客的关系、政府与民众的关系等,因此可以从中选择一到两位作为发言人,凭借他们的沟通技巧,完成对外沟通的工作。除此之外,如果危机较为严重,已经影响到受众的心理层面,比如大地震之后,就需要心理学家的介入。不过需要注意的是,以上的专家应当尽可能从权威机构中选择,因为权威机构的解释更让人信服,此外在列出专家清单后,应当从重要性的角度进行排序,对于重要的专家,安排更多的资源。

（三）统一口径

统一口径,是指组织及其利益相关者所公布的信息能够保持一致,这里的一致既包括内容的一致,又要保持前后说法的一致。所谓利益相关者,有组织内部的各个层级的员工、顾客或者民众、外部的供应商等,如果能够得到当地政府的理解和支持,那将会事半功倍。

统一口径还包括信息传播的主要渠道,比如组织的官方网站、微博、公众号等,要根据反馈完成后续工作,比如因产品质量问题收到大量投诉,如何完成退款退货这类信息也应当在上述重要的渠道予以公布,以方便顾客查询和完成相关操作。

（四）危机培训

危机沟通的策略执行是否有效,同样需要事先的演练,所谓"台上一分钟,台下十年功"。

在发生危机之前,首先得有未雨绸缪的意识,为此应当针对组织可能发生的危机,进行情境设计和模拟。情境设计应当从不同的危机案例出发,比如恐怖袭击、大规模传染病爆发、财务危机等等,因为不同的危机下所采取的应对措施都不相同。

某公司的危机预警制度

某公司的危机预警制度有月报、周报,特殊时期要有日报,如行业发生危机事件时、本企业有投诉事件时。如何区分危机和一般投诉事件呢? 可从五个角度评判危机:一是投诉金额超过五万元;二是投诉者为重点客户;三是有政府介入;四是投诉事件超过一个月未得到解决;五是产生了媒体报道,哪怕是相关网页(甚至是论坛)上有负面消息,就会通知公关部门。只要出现以上五条中的任何一条,就要作为危机事件处理,由公司的危机管理部门出面,即法律部和公关部牵头,相关业务部门参与。

（资料来源：杨英.管理沟通［M］.北京：北京大学出版社,2020.）

在团队建设中提到的专家团队,也应当在案例模拟中进行模拟设定,此外,模拟也是对危机应对程序的一种检测,主要是检测在程序执行过程中,资源的调配是否迅速到位,比如发表一场紧急的新闻发布会,所需的相关信息是否能及时搜集整理,或者相关的物资储备是否充分等。此外,也可以检测团队配合程度以及应急反应能力等。

第二节　冲突管理与沟通

关于冲突,目前尚未有统一的定义,但是冲突本身是一个互动的过程,如果冲突促进了双方的理解,那么就属于有效的沟通,因为这个互动过程中的主体,不是一个而是两个或者多个。但是需要注意的是,产生互动的前提是双方都感知到了冲突。

此外,冲突最为明显的特征,就是对立互斥性,这表现在行为上,比如诸葛亮的"舌战群儒"。行为的背后是观念的分歧,比如目标不一致,或者价值观不同等。

当冲突外显化之后,会导致关系的不和谐,严重的冲突使得关系恶化,继而影响组织的目标实现。

一、冲突的意义

在组织中,似乎没有人喜欢冲突,特别是管理者,解决冲突会花费更多的精力和时间,有时还收效甚微,让人沮丧。但是和危机一样,在组织内部,冲突的发生同样难以避免,因此要学会正视和接纳冲突,并且认识到冲突并非总是惹人厌,如果处理得当,会有意外收获。

1. 冲突有利于个人发展

在冲突的解决过程中,作为管理者,如果坚持内心已有的偏见,必然会使冲突加剧,无法做到双赢,因此管理者首先得学会不斤斤计较,心胸开阔,做到"宰相肚里能撑船"。管理者要换位思考,找到冲突双方利益的平衡点,在这个过程中,作为冲突的解决者,无论是沟通技巧还是思想境界,都会得到锻炼。

此外,如果在冲突中,员工提出了反对意见,那么冲突处理得是否得当,会直接影响员工的工作积极性。对于员工而言,如果因为自己对工作提出反对意见,而使自己陷于冲突中,而冲突的结果总是使员工利益受损,则可想而知,员工将害怕提出反对意见。反之,虽然因员工的反对造成了冲突,但是如果管理者认真思考,能够采纳正确的反对意见,并对其进行奖励,则必然使得员工更加积极地反馈。员工在冲突中,得到了尊重,工作动力得到提升,工作能力自然随之提高。

2. 冲突有利于及早发现和解决问题

组织内一旦发生冲突，必然会引起管理者的注意，因此管理者通过解决冲突，可以从中发现组织中存在的问题，就像人通过生病而知道身体出现了什么状况。如同"早发现、早治疗"可以提升疾病的治愈率，冲突的早发现，也可以让管理者更早地发现和解决问题，不至于产生内部的危机。

3. 冲突有利于提升创造力

组织中造成冲突的原因有多种，分析这些原因，创造性地解决问题，就可能提升工作效率。比如冲突中有一类属于代际冲突，即不同年龄段的人在工作中产生的冲突，这是由于他们的工作理念以及工作方式不同造成的。在《"Y世代"如何取得职场成功》一书中，作者提到"婴儿潮世代"和"千禧一代"，前者是"规划师和调度员"，后者是"协调者"，显然这样的角色是截然不同的，冲突自然不可避免。因此针对不同年代的员工，管理者应根据其角色特性采用不同的沟通策略，这迫使管理者摆脱僵化的制度，创造性地解决问题。

总之，冲突虽然造成关系的暂时紧张，但是也是管理者和员工提升个人能力的机会，而且在解决冲突的过程中，双方通过不断沟通会增进了解，这也有利于人际关系的改进，而且冲突也有利于促进管理者完成正确的决策，这些都是冲突积极正面的影响。

二、冲突的来源

世界上的大部分组织，都有其自身的层级和结构，这样的设计，初衷是为了提升工作的效率，但由此也产生了冲突。

1. 资源配置型冲突

对于一个组织而言，资源不可能无限供给，因为任何资源都是有限的，然而组织内部的不同部门，为了争夺有限的资源，必定会产生冲突，特别是资金的投入，是各部门争夺的要点，因此年度预算也变成了各方争夺的"战场"。除此之外，诸如办公空间的大小、工具设备的优劣与否，都会成为冲突产生的根源。

2. 目标导向型冲突

组织需要不同部门的配合，部门之间也相互依存。虽然各部门都认可组织的共同目标，但是各部门的目标却是不同的，有些甚至相互冲突。比如销售部门的销售人员，为了更快地完成销售目标，可能需要经常出差，因此对于相关费用的报销，希望能够快速高效处理，但是对于财务部门而言，其目标是保证每一笔开销的合理，因此审核报销费用的流程，就很难达到销售人员的要求。又比如生产部门的目标是在规定时间内完成订单的要求，而质量部门更看重的是产品有没有质量问题，前者更看重速度，后者更看重质量，如果速度过快，产品质量就有可能下降，这都是目标导向不同造成的。

其实目标与部门权限又有很大关系,如果对于权限并没有做出明确合理的界定,那么部门当然是以自己的利益为主,很难从组织整体目标去思考问题。此外,目标导向在员工层面,则主要表现在报酬上,比如房地产公司中负责销售的员工,因为其报酬主要和业绩相关,因此如果其他销售人员抢走了客户,双方很可能因此爆发冲突。在组织中,随着级别的提升,报酬也相对提升,但层级一般是金字塔结构,因此越往上虽然报酬越高,但是人员数量越少,为此也会使得冲突加剧。

3. 价值取向型冲突

有一个成语是"志同道合",志向相同的人才能在一条道路上走得长久,反之,如果价值观念不同,冲突也难以避免。导致价值观不同的因素众多,完全超出了组织的控制范围,比如员工的不同信仰、不同的教育背景、各自的生长经历等等。在组织中,比较常见的价值取向冲突如代际冲突,80 后和 00 后对于工作的观念已经有了相当大的差异;又比如男性和女性因为性别差异导致的价值观的不同,如今女性工作者的比例逐年上升,因此作为男性管理者,应当多了解她们的需求和观点,才能更好地完成沟通。

此外,组织面临的外部生存环境的变化,也会成为产生冲突的根源,比如原材料供应的短缺,会导致组织对于内部资源的调整,如果涉及裁员,那么冲突可能会升级。其他诸如权力的更迭,也会导致"一朝天子一朝臣",涉及利益时总是会产生冲突。

三、冲突的感知

对于管理者而言,正确感知冲突,是需要经过练习才能具备的一种能力。"每一个管理者都必须承担起识别工作环境中的冲突的责任,包括潜在的和实际存在的,并且运用恰当的手段管理或解决不利于组织健康发展的分歧。"①因为面对同一个可能引发冲突的情境,有人视若无睹,有人过度解读,这两类都不是对冲突的正确感知,特别是对于情境不准确的感知,比如带有偏见的想象,反而会主观地加剧冲突。美国马瑞兹激励公司(Maritz Research)的一项研究表明,员工对于管理者的表扬行为打分很低,55%的员工指责管理者很少表扬他们的工作,但是管理者自己却非常肯定自己这方面的行为,只有 6%的管理者愿意承认自己不喜欢表扬下属。

感知冲突,可以从观察和体验情绪入手,如果发现有害怕、猜忌、敌对等情绪或者思想出现,管理者应当警醒,因为这些都有可能是冲突造成的。管理者如果想要进一步确认,应当与员工进行沟通,沟通中应当鼓励对方表达真实想法,用平和的语气以及有技巧性的提问,与对方讨论有可能引发冲突的问题,比如员工是否对组织的奖惩

---

① 奥罗克.管理沟通:以案例分析为视角[M]. 北京:中国人民大学出版社,2018.

结果不满,这就需要解释绩效评估的机制、评估的公平性、评估的专业性等等。更为重要的是,应当与对方共同探讨改进的方案,而不是任其自生自灭,如果对方情绪异常,应当先缓和对方情绪再进行沟通。

四、冲突解决策略

1. 回避

所谓回避,就是在冲突中保持中立,在态度上没有倾向性,表示不愿意承担责任,所以采用回避策略的人,让人感觉比较冷漠,因为他们对冲突产生原因不感兴趣,也没有解决冲突的意愿。

通常情况下,采用回避策略的管理者,可能会把"烫手山芋"扔给高一级的管理者,比如经常把冲突归因于某个政策;回避策略还经常使用一种自欺欺人的方法,就是"拖延大法",将冲突的解决方案一拖再拖,希望用时间来抹平一切。回避策略就像是讳疾忌医,因为不愿意看到冲突的发生,从主观上进行忽视,或者改变话题,但是客观上并不能解决冲突,反而失去了解决冲突的机会。他们本来可以通过冲突,获得了解上下级的机会,以此来增进人际关系和获取帮助,但因为回避导致态度消极,不利于创造性地解决问题。

2. 迎合(迁就)

迎合策略本质上也是一种回避,只不过迎合比简单的回避表现出一点积极主动。管理者面对冲突,如果采用迎合策略,说明他非常看重关系的和谐,不希望看到因冲突导致的关系恶化,所以在他心中,关系的稳定要大于目标的达成。因此通过牺牲自己的一部分利益来迁就他人,试图以此来获得他人的认可。采用迎合策略的管理者,在冲突发生时,经常以"和事佬"的身份出现,通过某种行为来停止冲突,比如提议休会等。

虽然迎合策略有时会产生一定的效果,特别是当管理者自身牺牲一部分利益的时候,但是如同回避策略一样,并没有真正解决产生冲突的根源,只是将冲突推迟爆发,而延后的冲突也许破坏力会更强,会严重影响到组织的目标,所以迎合策略应当选择性使用。

3. 强迫(竞争)

强迫策略带有极为明显的竞争行为,有时就是一种零和博弈,表现为我赢你输。因此,如果管理者采用强迫策略来解决冲突,会加大造成对立的概率,所以会导致一连串的冲突爆发。虽然管理者凭借权力地位,有时可以短时间压制冲突,被压制的对象表面上也会表示服从,但是俗语说"口服心不服",产生冲突的根本原因仍然存在,仍有再度爆发的可能。

采用强迫策略也会给组织的战略决策带来负面影响,因为强权压制会让员工丧失工作的积极性,不积极或者不愿向上级反馈执行过程中的问题,所以目标制定是否合理,管理者无法从一线员工那里得到反馈信息,从而导致错误的计划一直进行。

强迫策略在军事组织中经常被使用,可以解决极为紧急而且重要的冲突,但是在非军事化组织中,如果长期使用该策略,会严重影响士气,使得制度僵化而缺乏创造性。

4. 妥协

妥协策略被认为是解决冲突的最佳策略,是谈判中经常使用的策略。因为它有可能让冲突的双方都获利,虽然不是最大化的利益,但是非零和的特性,让其成为解决冲突的首选。不过是否能够完成妥协达到双赢,取决于双方是否能放弃控制对方的意愿,以及能否理性地思考"鱼死网破"的后果。所以,冲突难以妥协,要么过于短视,要么过于情绪化。短视会导致忽略重要的信息,而掌握信息越充分的一方,在谈判中就越有利,比如提前了解对方的底线和筹码,事先做好准备,即使有妥协,也可以获得更多的利益。

需要注意的是,即使妥协策略使得双方各退一步,并且各自获得了一部分利益,也并不意味着冲突得到根本解决,只不过比起前面三种策略,妥协策略更容易让双方接受。

第三节　谈　　判

一、谈判概述

（一）谈判的定义

"从应聘面试、要求加薪到裁员跳槽,从解决消费争议到面对客诉处理,从谁负责接送孩子到谁有权监护孩子,从争取保险理赔到公共意外怎么赔……谈判,无所不在。无论国际外交、两岸协商,商业交涉、买卖议价,劳资纠纷、损害赔偿,或是企业并购、公司经营,面试裁员、领导管理,两性亲子、人际关系,战场、商场、职场、家庭、工作、生活……人生无处不谈判。"[①]

谈判就是利益双方为了达成对自己有利的目标,不断调整各自的条件,完成协商的过程。

因此我们从协商的定义可以发现,谈判需要两个必要条件。一个是双方的利益有相关性,一般是指利益的互补,因为大家有共同的目标;另外一个条件就是发生了利益方面的冲突,这是因为利益双方都想达到利益最大化造成的。

---

① 郑立德.谈判的力量[M].北京:中国友谊出版公司,2021.

从谈判的定义我们也可以了解到,谈判的四个要素分别是谈判的主体、客体、目标,还有谈判结果。谈判的主体就是谈判的当事人,即使谈判的双方是两个组织或者多个组织,但是实际参与谈判的仍然是以人为主体的。当事人的谈判风格会影响到谈判的结果和目标的实现。谈判的风格一般分为竞争型与合作型,竞争型的谈判风格会更加具有竞争性,当一方处于绝对优势时,会采用竞争型;而合作型的谈判风格,会从双赢的角度去考虑各自提出的条件。

谈判的客体一般就是与利益相关的议题,比如说价格的高低、运输的方式等等。此外议题的内容,也应该在法律和道德允许的范围之内。

谈判的目标,表现为要求对方采取某种行动,或者要求对方进行某种承诺。目标可以分为三种类型,分别是最高目标、中间目标和最低目标。最高目标是最期望达到的目标,但是需要付出的努力也是最多的;中间目标,虽然不是最想达到的目标,但仍然较为满意;最低目标就是我们经常提到的底线。

谈判的结果分为有结果和无结果两种。对于谈判双方来说,都想达到有利于自己的谈判结果,但是有时候会不尽人意,会有无结果的谈判出现,比如说陷入僵局,这就是一个不完整的谈判。

（二）谈判的分类

谈判一般分为两种,一种是对抗型谈判,一种是合作型谈判。在对立型谈判中,因为双方太过注重自己的利益,而忽视了对方的利益,同时也并不重视双方长期的合作关系。在这种情况下,谈判就会发展为对抗型。而对抗型的结果有可能就是一种零和博弈,即我输你赢,或者是双输。如果采用对抗型谈判处理问题,通常表现为不愿妥协,意味着不愿意让步,或者只做出很小的让步。而对于对方的让步,则提出苛刻的要求,令对方做出较大让步,或者对方即使做出了让步,仍然不予回应。

此外,在对抗型的谈判中,如果情绪上呈现出比较激烈的状态,谈判双方会发生争吵,甚至离开谈判场所。一般具有优势的一方会要求对方在限定的时间内做出回应,要求具有强迫性,比如最后通牒。

而在合作型的谈判中,双方更加重视长期的合作关系,所以更愿意达成双赢的谈判结果。为此双方必须进行充分的沟通,沟通的内容包括双方各自的谈判目标,以及为了完成目标所提出的具体要求,这些要求就表现为一个个的具体问题。所以合作型谈判一般聚焦于问题的解决,而不是聚焦于立场的对立。

经过充分的协商和交流之后,在互惠的基础上,建立客观和公正的标准,双方可以提出若干个可行的途径,最后挑选出一种于双方都可以接受的方案。此外,在合作型的谈判中,需要双方做出妥协,不过妥协并非是无底线的。无论是谈判的哪一方,必须了解自己的底线在哪里,同时也应当去把握对方的底线,这样才有沟通的余地,才可以通过妥协和退让,完成合作和双赢。

二、谈判过程

(一) 谈判的准备阶段

案例:1987 年 6 月,济南市第一机床厂厂长在美国洛杉矶同美国卡尔曼公司进行推销机床的谈判。双方在价格问题的协商上陷入了僵持的状态,这时我方获得情报:卡尔曼公司原与台商签订的合同不能实现,因为美国对日、韩和中国台湾提高了关税的政策使得台商迟迟不肯发货。而卡尔曼公司又与自己的客户签订了供货合同,对方要货甚急,卡尔曼公司陷入了被动的境地。我方根据这个情报,在接下来的谈判中沉着应对,卡尔曼公司终于沉不住气,在订货合同上购买了 150 台中国机床。[①]

《孙子兵法》里面提到"知彼知己,百战不殆",所以在谈判的过程当中,谈判的准备,对于谈判的结果具有非常重要的意义。

在谈判准备阶段,首先要进行背景的调查。调查的内容可以从宏观和微观两个方面展开。宏观方面包括政治环境、技术水平、宗教信仰、法律法规政策等方面。在微观层面的调查,主要是针对自身以及对手信息的调查,比如自身的谈判需求是否清晰,以及与谈判相关的资源是否准备完毕,还有自身的经济能力、技术能力、财务水平等等。对于谈判对手,我们应该了解组织信息,如资信情况、谈判的人员组成及其谈判风格,还有对手在谈判中的需求等等。

在完成背景调查之后,可以进行谈判团队的组建。团队中的成员应该尽量做到知识能力上面的互相补充,比如说在团队里面既有技术人员,也有法务人员,同时也有商务人员。此外,在谈判团队当中要区分主谈和辅谈,主谈的责任就是阐发最为重要的观点,而辅谈则是负责出谋划策等。

在进行谈判之前,谈判方案的准备是重中之重。首先要确定谈判的目标,即前面说过的最高目标、中间目标和最低目标。然后围绕目标提出合理的战略意图。最后根据战略意图,制定出多种谈判的方案,以备在谈判的过程当中灵活使用。

在谈判的准备阶段,也要对于谈判的场所有所了解。谈判的场所可以分为三类,分别是本方地、中立地、对方地。如果具有主场的优势,会更有利于谈判目标的顺利达成。

(二) 谈判的开局阶段

在谈判的开局阶段,要完成两个任务。第一个任务就是营造氛围完成议程导入,

---

① 王黎.谈判决定成败[M].上海:学林出版社,2006.

第二个任务是根据对方开场陈述了解虚实。

谈判是因为双方有着利益的冲突，如果在开始阶段就进入冲突的状态，造成比较紧张的情绪，不利于谈判的后续开展。因此可以从双方感兴趣的话题入手，使用迂回的手段，营造一种轻松愉悦的氛围，然后再导入谈判的议程。

进入谈判的议程环节，也是双方互相了解对方需求的环节。虽然在谈判前期准备的过程当中，双方都收集了对方的信息，做了背景的调查，但是在谈判过程中，通过面对面的交流，可以更加深刻地认识对方的立场、谈判的原则以及其他细节性的问题。

一般来说在开局阶段，双方都会进行开场陈述，陈述的内容包括各自的立场（比如是合作还是竞争），各自的需求，以及对于存在的问题所持的观点等等。在开场陈述之后，会接着提出倡议，即围绕需要解决的问题，给出各自的方案。因为方案都是从自己的立场出发，提出的倡议也是为了维护自己的利益，所以双方都会持有异议，但是在这个环节一般只是先了解情况，不应迫不及待地对对方提出的建议进行批评和反对。

（三）谈判的磋商阶段

谈判的第三个阶段，就是讨价还价的阶段，也称为磋商阶段。因为要进行讨价还价，所以先有一个"价"，即由谈判的某一方，比如说卖方或者买方先提出他们的要求，然后在这个基础之上，再完成后续的磋商。

至于是由谁先来"报价"，这在不同的谈判场景中是不同的。一般来说，具有优势的一方通常会先提出要求，而弱势的一方一般会根据对方的要求，做出策略上的一些调整。根据心理学的锚定效应，先报价者具有一定的优势，但是这也并非意味着后报价者一定会损失利益。因为后报价者了解的信息更加全面，做出的判断也会更加有针对性，做到后发制人。

这个阶段的核心就是讨价还价，而讨价还价的过程当中，很有可能引起情绪上面的波动，所以保持一个平静的心态，不被对方的言语激怒，更有利于做出理性的抉择。此外，无论是讨价还是还价，所提要求不可以过于极端，应当适可而止，否则会让对方认为没有谈判的诚意，或者认为根本不熟悉谈判的内容。

讨价的一方可以要求对方调整报价，如果能够引导或者说服对方自愿降价是最好的结果。而还价的一方要对自己提出的要求做进一步的解释，也可以根据自己的谈判目标，做出一定的让步。

关于让步，要注意以下一些问题。让步的原则就是以最小的利益来获取对方最大的让步，所以不应该做一些无谓的让步，即自己的妥协并没有换来任何利益。此外当自己提出可以让步的时候，也应当要求对方承诺有相应的让步行为。此外，让步的幅度不能一次性过大，可以小幅度的逐渐让出利益。最后就是所做出的妥协和让步，一定要经过团队的集体商量，必要时要请示上级领导，如果让步过大，应当及时撤回，因为还没有签约,还有止损的余地。

总之在磋商阶段,要遵循有理、有利、有节的原则。有理,就是对于自己提出的要求和观点,应当给出合理的理由和解释;有利,是要表明自己的态度,即表明本着双方互利的前提而进行谈判;有节,是语言得当,不要做出伤害对方自尊和感情的行为。

如果双方在这个阶段,谈判陷入僵局,可以采用休会的手段,让双方的谈判人员冷静下来,也可以去寻找"外援",即中间人,利用双方都信任的中间人来平衡双方的利益。此外,对于难以解决的冲突焦点,双方可以协商,暂时放弃讨论该议题。最后可以选择更换谈判人员,但是这种方法应当慎重使用,因为会影响到谈判的士气,以及战略的调整。

（四）谈判的结束阶段

谈判的最后一个阶段,主要任务就是合同的签订。在签订协议之前,需要拟定协议内容,即将谈判过程中的口头协议转化为书面协议。

在转化为书面协议以后,谈判的双方可以对协议的内容进行修改和确认,确认过程当中,应该特别留意书面协议里面提到的权利和义务,以及协议当中是否存在有歧义的语句,应当尽量保证协议内容清晰明确。此外,要注意协议中关于违约赔偿以及免责的条款。如果合同的内容涉及机密,也要将相关的保密条款表述清楚。

签订协议的时候,需要提前了解个人或者组织的信息,并对这些信息进行核实,要重点关注签订合同的当事人是否具备相应的资格。

最后就是对整个谈判过程的经验总结,包括对己方谈判过程和结果的反省。如果有成功的地方,要思考是哪些策略运用得当,以及这些策略为什么会有效果;如果有失败的地方,要思考应该吸取哪些经验教训。同时也要注意总结谈判对手的优缺点,为日后进行类似的谈判提供借鉴。

三、谈判技巧

（一）合作型谈判技巧

之前我们谈到谈判的类型时,将谈判分为两种类型,分别是合作型谈判和对抗型谈判,有关合作型谈判的策略如下。

1. 谈判目标

不管是何种类型的谈判,首先要确定谈判的目标,而在谈判的目标中,先要确定的就是谈判的底线,也就是最低目标,而想要确定谈判的底线,则需要知道最佳替代方案。

所谓最佳替代方案,指的是如果谈判不成功,是否有其他的替代方案。在若干个替代方案里面,是否能够找到最能满足自己需求的方案? 如果除了目前的谈判结果之外,其他可以替代的方案满足自身需求的可能性极小,对于谈判者来说,完成谈判就是一件非常重要的事情。换言之,就是不可以轻易放弃谈判。所以在这种情况下,对于底线的判断就比较清晰了。因为如果没有其他可以替代的方案,对方提出的大多数条件,都是可以接受的。反之,如果可以找到多种替代的方案,就可以提高临界点。

对于最佳替代方案的了解,应该既包括自身,也包括谈判对手。如果能够在谈判的准备阶段就知道对方的最佳替代方案,就会在谈判中掌握主导权,甚至拥有绝对的控制权。

2. 价值差异

在合作型谈判中,如果对于同一事物,存在不同的价值认定,这种认知差异将成为双方合作的一个重要前提。比如购房者需要大量的资金去购买房屋,对于他们而言,更加看重的是资金现在的价值,但是对于银行来说,更加看重的是资金借贷出去所获得的利息,即远期利益。所以购房者就可以从银行那里进行借贷,完成借贷的协议,这种合作对双方都有利。又比如投资中的对赌协议,谈判双方在对未来利益的预测上存在不同的判断,因此双方可以合作;还有不同的保险协议,也是因为投保人和保险公司二者对于某一个特定的风险有不同认知,在此基础上才能够完成保险协议的签订。

3. 共同利益

除了去寻找双方在价值判断上的差异之外,还可以从双方的共同利益入手。特别是针对某些具体的问题,双方如果能够达成统一的意见,那么双方都认同的方案对双方都是有利的。比如在网络上购物的时候,买方和卖方都同意使用某种支付方式,因为这样既可以节省双方的交易成本,也更加具有安全性。

4. 建立信任

合作型谈判还有一个非常重要的前提,就是双方能够建立信任的关系。如果想要建立信任,就需要双方能够实事求是地去表达自己的真实需求和观点。因此在谈判的过程当中,可以结合自身的具体情况,提出一些假设,与对方共同磋商,研究解决问题的方法。比如我方准备将来大量购入对方的产品,就可以提出假设:如果我方大量购买你们的产品,那么在价格上是否有优惠?通过将真实的情况形成假设,实现双方坦诚的沟通,其实就是信息的共享,通过信息的共享,双方可以知晓对方关注的利益点,以及这些利益的权重及其内在的关系,这将为之后协议的签署提供重要的参考。

案例:20 世纪 80 年代,美国金融大亨卡尔·瑟雷安·伊坎(Carl Celian Icahn)兼并了经营不景气的环球航空公司。为使公司扭亏为盈,他决定减少飞行员 20％的工资,但遭到了飞行员工会的抵制。伊坎只好同工会进行谈判。当谈判陷入僵局时,伊坎对飞行员们解释道:"我要购买环航,本身就要花许多钱。我只能在得到了你们在工资问题上的让步时,才能这样做。"一名飞行员代表高声问道:"你为什么专门要同我们飞行员作对呢?"伊坎沉着地说:"不,我一向钦佩飞行员,这不是在作对。每当我乘坐航班旅行时,或者飞机震颤时,我都会想起驾驶舱里的那些飞行员。多么重大的责任,多么高尚的职业啊!你们干的是一件了不起的工作,我一辈子也不会够格的。"唱罢赞歌,他话锋一转:"但是,这里只有一个问题,就是你们的薪水确实太高了。如果你们坚持自己的想法,那就可能导致与钢铁工业一样的可悲下场。"由于伊坎使用了告之以后果与利害关系的谈判方式,飞行员们终于明白了伊坎的态度,开始退让了。在飞行员做了让步的前提下,协议总算达成。尽管开始时飞行员们对伊坎充满了敌意,可是由于他使用了赞扬加告知后果的两手策略,迫使对方败下阵来。由此可见,运用趋利避害的谈判策略能促使对方作出让步,从而达成协议。

（资料来源:毛晶莹.商务谈判[M].北京:北京大学出版社,2010.）

（二）对抗型谈判策略

对抗型谈判的策略与之前合作型谈判的策略有比较明显的区别,该策略具有比较强的隐蔽性、强迫性、设计性。

1. 谈判目标

首先,与合作型谈判一样,仍然先要通过分析最佳替代方案,了解自己和对手的底线与期望值。

2. 锚定效应

利用锚定效应影响对方的心理、诱导对方的行为是对抗型谈判策略中经常使用的一种方法。

所谓锚定效应是指在不确定的情境当中,最后的结果更加趋向初始信息。因此在锚定效应当中,初始信息扮演着非常重要的作用,该信息会成为对方判断的基点。比如谁先提出报价,先提出的报价价格就是一个"锚",而对方无论怎么还价,都是围绕这个价格提出的,就像不管船怎么晃动,都受到锚的影响。

3. 营造氛围策略

该策略一般应用于谈判的开始阶段,即在导入谈判议题之前,可以利用该策略营造轻松的谈判氛围。

该策略的实施需要提前计划,需要搜集对方谈判当事人的相关信息,如兴趣爱好、擅长领域等,然后有针对性地进行设计,让对方产生好感,从而拉近谈判双方的距离,使得关系更加融洽,从而更容易实现自己的谈判目标。

比如对方在某一方面具有明显的优点,就可以对其优点进行设计描述,但这里面也有需要注意的地方,如果过度地夸大,会引起对方的怀疑;如果描述的信息非常模糊,也不会给对方留下深刻的印象。此外,该策略需要隐藏自身的目的,如果对方产生了警惕性,该策略的效果将大打折扣。

4. 转移视线

该策略就是有目的性地转移谈判议题,其作用是为了拖延时间,比如针对某一个重大议题,己方尚未进行深入的研究,没有形成较好的应对方案,就可以通过该策略来争取时间。同时该策略也可以迷惑对方,转移对方的注意力。在实施该策略的过程当中,仍要注意对于己方目的的隐蔽,此外应当有针对性地提前计划好需要转移的议题。

5. 承诺与威胁

心理学家的研究发现,人们对于损失的敏感性要大于收益的敏感性。在谈判中,承诺往往是给出一个确定的选择,即某种行为会产生什么样的后果,但是承诺并未表明如果不进行某种行为将会有什么后果。承诺与威胁的最大区别也在于此。而威胁对于不确定性有着更丰富的解释,即如果不做某件事情会受到什么样的惩罚。

虽然威胁比承诺更容易引起对方的注意,但是使用该策略的时候,需要注意威胁本身是把"双刃剑",它虽然可以迫使对方"就范",但是也极有可能破坏双方的关系。如果想继续长期合作的话,要慎重使用该策略。此外威胁是否有效,与威胁是否能真正实现有关,如果威胁只是一种口头的恐吓,将会丧失效力。

6. 心理威慑

两辆车在一条公路上相向而行,速度都非常快。如果双方都保持该速度,而且不改变方向,最后的结果就是两车相撞、车毁人亡。另外一个结果就是其中一人改变方向,从而避免两车相撞。如果一方想要迫使对方改变方向,有一种做法就是让对方看到自己取下方向盘并且扔出窗外,以表示不改变方向的决心。该过程有两个关键点,首先是先做出该动作,其次要保证对方看到。该行为会对对方产生较大的心理压力,继而可能迫使对方改变行驶的方向。

所以,该策略具有非常大的心理压迫性。一方已经在进行某种行为,而另外一方如果不答应要求,那么该行为将产生非常严重的后果,对双方都无好处;如果答应了要求,该行为将停止,这对双方都有利。

使用该策略需要注意两个方面:首先,提出要求的一方应当确保对方认识到某种行为产生的严重后果;其次,应当让对方相信如果不答应要求,确实会产生严重的负面后果。

 **案例分析**

西安奔驰女车主哭诉维权事件

2019 年 4 月 11 日,一则"女车主坐在奔驰车引擎盖上哭诉"的视频广为流传。车主在视频中称,她在西安利之星奔驰 4S 店首付 20 多万元购买了一辆新车,不料还没开出 4S 店就出现发动机漏油的情况。此后,车主与 4S 店多次沟通,却被告知无法退款也不能换车,只能更换发动机。车还没开,却要换个"心脏",被逼无奈的车主只好到店内通过"哭闹"的方式维权。

这段视频被发布在互联网上并引发热议。西安利之星汽车有限公司与奔驰公司陷入舆论漩涡。最早跟进此次事件的媒体是陕西地方媒体,在视频经过网络发酵之后,中央媒体、地方媒体、自媒体纷纷予以关注。

4 月 11 日下午,利之星奔驰 4S 店回应表示:已和客户私下达成和解。4 月 12日,女车主接受采访声称并未和解。西安当地成立由工商、质监、物价部门组成的联合调查组,调查涉事门店汽车质量问题。4 月 13 日,市场监管部门再次责成利之星奔驰 4S 店尽快落实退款退车事宜,约谈女车主,并听取了其提出的八项诉求。当天下午,女车主在监管部门的陪同下,和利之星奔驰 4S 店负责人进行数小时沟通会谈,但最终未达成和解。女车主首次提出,自己在不知情的情况下,被西安利之星奔驰 4S店收取金融服务手续费,且未拿到发票。

4 月 13 日,维权的奔驰女车主称,"坐机盖"一事发酵后,利之星奔驰 4S 店员工打电话给自己,希望自己不要接受媒体采访,且要与 4S 店"口径一致",对方并称"会保护你"。

4 月 13 日,北京梅赛德斯—奔驰销售服务有限公司发布声明,表示已派专门工作小组前往西安,将尽快与客户直接沟通,力求在平等沟通的基础上达成多方满意的解决方案。4 月 14 日,西安市场监管部门公布"奔驰女车主维权"处理最新进展,市场监管部门已对利之星奔驰 4S 店立案调查,责成其尽快退车退款。4 月 14 日下午,北京梅赛德斯-奔驰销售服务有限公司再次发布声明称,不再向经销商和客户收取任何金融服务手续费。

4 月 16 日,西安市场监管部门成立专案组,同时税务机关已进入现场,对所有收据进行核实。当天,北京梅赛德斯-奔驰销售服务有限公司再次发布声明称,将立即暂停该授权店的销售运营,并对相关经销商的经营合规性展开调查,如发现存在不合法、不合规的经营行为,将终止其销售运营授权。4 月 16 日深夜,涉事 4S 店发布声明称,经与客户友好沟通,现已取得客户谅解并达成共识。

5月27日,西安高新区市场监管部门通报有关涉嫌违法案件调查处理结果:西安利之星汽车有限公司存在销售不符合保障人身、财产安全要求的商品,夸大、隐瞒与消费者有重大利害关系的信息以致误导消费者两项违法行为,被依法处以合计100万元罚款。2019年9月11日,奔驰汽车金融公司因外包管理违规,被罚80万元。

2020年1月13日,中消协联合人民网舆情数据中心发布了2019年十大消费维权舆情热点,"奔驰女车主哭诉维权引起各界反思"以80.5的社会影响力成为舆情热点之首。

(资料来源:蒋楠.公共关系学原理[M].北京:科学出版社,2022.)

阅读案例,讨论以下问题:

1. 结合案例分析利之星奔驰4S店在危机中的应对策略。

2. 请对利之星奔驰4S店的应对策略做出评价。

3. 请结合所学知识,给出自己的建议。

参考文献

［1］张莉,刘宝巍.管理沟通[M].北京:高等教育出版社,2021.

［2］德鲁克.卓有成效的管理者[M].北京:机械工业出版社,2020.

［3］朱凌,常清.情商高就是说话让人舒服[M].延吉:延边大学出版社,2016.

［4］威尔金森.引导的秘诀[M].北京:电子工业出版社,2021.

［5］牛津.精准表达[M].苏州:古吴轩出版社,2017.

［6］海因斯.管理沟通:策略与应用[M].北京:中国人民大学出版社,2020.

［7］杜慕群,朱仁宏.管理沟通[M].北京:清华大学出版社,2018.

［8］洛克,等.商务与管理沟通[M].北京:机械工业出版社,2022.

［9］百川.品《冰鉴》学管理[M].北京:外文出版社,2011.

［10］南怀瑾.论语别裁[M].上海:复旦大学出版社,2013.

［11］李艳冰.成功锦囊之生存之道[M].石家庄:河北人民出版社,2020.

［12］解进强.机遇决策行为及其影响机制研究[M].北京:对外经济贸易大学出版社,2016.

［13］刘祖云,等.组织社会学[M].北京:中国社会出版社,2002.

［14］李夏旭.现代心理咨询实务[M].上海:文汇出版社,2021.

［15］戴燚.经济新常态下企业的自主创新之路[M].上海:同济大学出版社,2019.

［16］倪琳,刘叙一.商务传播学教程[M].上海:上海交通大学出版社,2020.

［17］罗海燕.管理心理学[M].北京:中国工商出版社,2013.

［18］刘明新.进思[M].北京:光明日报出版社,2018.

［19］王淑玲.药店品管圈管理与实务[M].北京:中国医药科技出版社,2017.

［20］李伟.组织行为学[M].武汉:武汉大学出版社,2017.

［21］汪劲.生态环境监管体制改革与环境法治[M].北京:中国环境科学出版社,2019.

［22］博文.北大管理课[M].长春:吉林文史出版社,2017.

［23］柯维.高效能人士的第八个习惯[M].陈亦明,王亦兵,梁有昶,译.北京:中国青年出版社,2010.

［24］李道永.所谓管理好,就是会激励[M].北京:中国友谊出版公司,2018.

［25］孙成志.组织行为学[M].大连:东北财经大学出版社,2017.

［26］黎翔凤,梁运华.管子校注[M].北京:中华书局,2020.

［27］赵伊川.管理学[M].大连:东北财经大学出版社,2014.

［28］张圣华.管理学基础[M].青岛:中国海洋大学出版社,2017.

［29］刘倬.人力资源管理[M].沈阳:辽宁大学出版社,2018.

［30］朱仁崎,李泽.组织行为学原理与实践[M].长沙:湖南大学出版社,2018.

［31］陈春花.组织行为学:第4版[M].北京:机械工业出版社,2020.

［32］于秀娥.中外管理思想史：下［M］.北京：中国商业出版社,2011.

［33］鞠强.领导心理学［M］.上海：复旦大学出版社,2018.

［34］刘友金,张卫东,杨春艳,等.管理学：第3版［M］.徐州：中国矿业大学出版社,2018.

［35］吴晓义,姜荣萍,杜今锋.管理心理学：第3版［M］.广州：中山大学出版社,2015.

［36］迟到,刘美艳,周蓉,等.管理学：第2版［M］.北京：中国金融出版社,2017.

［37］郭咸纲.西方管理思想史：插图修订第4版［M］.北京：北京联合出版公司,2014.

［38］赵平.组织行为学［M］.北京：北京理工大学出版社,2021.

［39］刘毓庆.论语绎解［M］.北京：商务印书馆,2017.

［40］崔会保.组织行为学：第2版［M］.北京：中国铁道出版社,2016.

［41］刘飞燕,张云侠.管理学原理［M］.广州：华南理工大学出版社,2018.

［42］李志洪.麦肯锡领导力法则［M］.北京：台海出版社,2017.

［43］陈志云.重新定义团队：好团队是这样带出来的［M］.北京：北京工业大学出版社,2017.

［44］卡耐基,柳如菲.最受欢迎的卡耐基口才课［M］.上海：立信会计出版社,2015.

［45］崔瑞泽.金科玉律［M］.长春：北方妇女儿童出版社,2015.

［46］中共中央组织部人才工作局.深化人才发展体制机制改革：理论探索［M］.北京：党建读物出版社,2017.

［47］洪远朋.新编《资本论》导读：第1卷［M］.上海：上海科学技术文献出版社,2018.

［48］徐虹霞,王玉贵.吴文化的创新特质与苏南创新型社会的构建［M］.苏州：古吴轩出版社,2015.

［49］王晓初.政府人才管理的创新与发展：人才强国研究出版工程人才学者自选集［M］.北京：党建读物出版社,2017.

［50］魏江,严进,等.管理沟通：成功管理的基石［M］.北京：机械工业出版社,2019.

［51］格拉德威尔.引爆点［M］.钱清,覃爱冬,译.北京：中信出版社,2014.

［52］柏秉斯基.团队正能量［M］.北京：中国友谊出版公司,2012.

［53］苏勇,罗殿军.管理沟通［M］.上海：复旦大学出版社,2021.

［54］王群.礼仪宝典：第1版［M］.上海：复旦大学出版社,2010.

［55］周加李.涉外礼仪［M］.北京：机械工业出版社,2017.

［56］马玲玉,朱睿.基础礼仪实操教程［M］.北京：清华大学出版社,2017.

［57］英格丽·张.你的形象价值百万［M］.北京：中国青年出版社,2005.

［58］陈清清,李霞.员工礼仪［M］.北京：中国电力出版社,2017.

［59］李凌婧,冯芳,张艳辉.职场形象设计与礼仪［M］.北京：人民邮电出版社,2018.

［60］李丽.旅游行业礼仪实训教程［M］.北京：北京大学出版社,2012.

［61］胡爱娟,陆青霜.商务礼仪实训：第4版［M］.北京：首都经济贸易大学出版社,2018.

［62］孙继伟.从"危机管理"到"问题管理"［M］.上海：上海人民出版社,2008.

［63］宫玉振.善战者说［M］.北京：中信出版社,2020.

［64］徐辉.国际危机管理理论与案例分析［M］.北京：国防大学出版社,2011.

［65］杨英.管理沟通［M］.北京：北京大学出版社,2020.

［66］奥罗克.管理沟通：以案例分析为视角［M］.北京：中国人民大学出版社,2018.

［67］郑立德.谈判的力量［M］.北京：中国友谊出版公司,2021.

［68］王黎.谈判决定成败［M］.上海：学林出版社,2006.

［69］胡晓涓.商务礼仪［M］.北京：中国人民大学出版社,2018.

［70］吴兴华.多元视角下企业绩效与社会责任的关系研究［J］.中国人力资源开发,2010(6)：10-14.

［71］李灿.CSR边界与绩效评价框架重构［J］.求索,2010(1)：107-109.

［72］蔡月祥.CSR 评价模型及标准研究［J］.生态经济，2011(12)：126－129.

［73］苗婷婷，徐鑫.基于过程视角的 CSR 评价指标体系［J］.吉林工商学院学报，2010(3)：63－69.

［74］王艳丽，叶瑛.循环经济模式下社会责任评价指标体系的构建［J］.会计之友，2011(26)：21－22.

［75］王楠，苗迪.SPSS 因子分析在 CSR 评价中的应用［J］.价值工程，2012(3)：112－113.

［76］周兰，肖琼宇.基于信息披露视角的 CSR 评价体系设计［J］.北京工商大学学报：社会科学版，2012(3)：10－16.

［77］黄知然.CSR 评价体系及其机制研究［J］.吉林工商学院学报，2013(1)：73－76.

［78］陈清清.礼仪铸就成功［J］.浙江经济，2012(23)：53.

［79］陈清清.形象决定未来［J］.公关世界，2017(11)：125.

✈ 后 记

　　《管理与沟通智慧》是一门实践性很强的学问,既需要理论基础的铺垫,又需要不断进行实践探索。本书是对部分知识和实践进行系统梳理的成果,在体系上做了相对深入的思考。本书由多位学者共同合作完成,其中,第一章、第二章和第八章由中国计量大学金大伟老师完成,第三章、第四章和第五章由中国计量大学李登峰老师完成,第六章由中国计量大学虞华君老师完成,第七章由国家电网浙江省电力有限公司培训中心陈清清老师完成。本书在编撰过程中得到了国家电网浙江省电力有限公司培训中心的大力支持,特别感谢陈敢峰、舒胜锋、李小龙、冯春兰、杨眉、周秧、曾瑾、武威、樊军华、楼益旻、李伟、邓益民、陈金红、完泾平、邢海青、张海梁、李剑、陈顺军、由甲川、张宝文、万彪、张艳珍、吴谨、陈桂芬等各级领导和同事的技术支持,也特别感谢薛伟、应瑞婷、郭雨涵、方海潇、张宝文、万彪、陈欢婷、陈慧喆、汪溢镭、杨岑媛、王静怡等电网小伙伴们的倾情演示,以及高洪宇、俞海峰两位摄影师和张雯的友情支持,他们均对本书的出版给予了真诚的帮助,在此表示由衷的感谢! 同时,本书的出版也得到了浙江传媒学院马志强教授的帮助,以及上海交通大学出版社各位老师的大力支持与关照,是他们让本书得以最快速度与读者相见,在此一并致以最诚挚的谢意!

编　者

2022 年 10 月